青少年發展

周新富　著

五南圖書出版公司 印行

目　錄

緒論

　　本章包括三大部分，一是對於發展的概述，二是對青少年發展的特徵作一概括性敘述，三是闡述青少年發展的研究方法。個體一生的身心發展主要是由發展心理學所研究，本章首先針對身心發展的原理原則及爭議的觀點作一個初步的探討。其次是探討青少年時期的身心發展特徵，發展學者提出許多理論的觀點來剖析青少年的心理發展過程，分別從生物社會理論（biosocial theories）、有機體理論（organismic theories）、學習理論（learning theories）、社會學理論（sociological theories）、人類學理論（anthropological theories）等，對於青少年時期的特質也有不同的解釋，最有名的理論是霍爾（Hall）將青少年視為「風暴和壓力」（storm and stress）的時期，當然學者也提出不少的發現來駁斥霍爾的主張。第三部分是探討青少年發展的研究方法，分別就蒐集資料方法、研究設計、研究倫理作一探討。誠如陳冠儒和李三仁（2003）所言：我國的青少年由於身心尚未發展健全，又加上升學及課業壓力，在情緒上表現強烈、不穩定，具有暴起暴落的現象。有時父母或教師會期待青少年行為舉止如同成人一般，然而某些時候又期盼他們保有兒童的天真風貌，青少年會因此而手足無措，壓力因而產生，所以這個階段也是最富挑戰性。學習青少年發展的主要目的，就是從不同理論觀點來了解青少年身心發展特質，進而陪伴青少年走過充滿挫折與壓力的過渡期。

第一節　個體發展的概述

　　研究個體的身心發展是現代心理學的重要主題之一，經過發展心理學家多年的研究，對人類身心發展歷程的了解，已經獲得一些頗具共識性的概念（張春興，2013）。本節首先對個體發展的階段、範圍等基本概念作一敘述。

壹　發展的定義

　　發展心理學（developmental psychology）是心理學的重要研究領域，主要在探究個體生命全程（life-span）中身心變化與其年齡的關係。自個體生命開始的胎兒階段，一直持續到死亡為止，在這段歷程中，生理、認知、心理與社會等層面產生了質與量的變化，這些變化並非暫時的或偶發的，而是有方向性及結構性的持續推進至成熟的境界，這些改變多為有系統且前後彼此關聯的，這種變化我們稱為發展（development）（李淑杏等，2016；張春興，2013）。而個體的發展變化受到許多因素的影響，這些因素將在發展的議題中討論。

貳　個體發展的層面

　　個體的發展包括生理與心理兩個層面的生長與變化，心理層面又可分為認知與社會發展，這三方面的發展歷程是錯綜複雜地交織在一起，也就是個體的身心發展是環環相扣、相互影響。以下分別說明三層面的內涵（付建中，2018；張春興，2013；陳增穎譯，2022；Steinberg, 2017）：

一、生理發展

　　生理發展也稱身體發展，是指個體的生理結構與機能的變化，這種變化是按先天預定的節奏與程式進行的，是自然成熟與成長的過程。生理發展包含基因遺傳、大腦與神經系統發育、身高體重增加、動作技能精進、青春期荷爾蒙變化等。青少年身體的變化如何影響到心理發展和社會關係？是一項相當需要關注的主題。

二、認知發展

　　認知發展研究個體心理發展的一項重要主題，認知發展亦可稱為智慧發展，是探討個體思考與智力功能的變化。廣義的認知包含知覺、想像、理解、記憶、思考、推理、判斷、語言等能力的發展；狹義的內容則是侷

限在智力發展、認知歷程的探究。例如青少年對於假設情況及抽象概念（如友誼、民主）的思考比兒童有更好的表現。

三、社會發展

社會發展主要是在探討個體社會行為的變化歷程，社會行為是指個體與他人或團體互動時所表現的行為，包括對自己和他人的態度、對社會規範的遵守、對社會事物的價值判斷，以及所具備的社會能力等，例如人格、道德的發展，以及與同儕、家庭與學校關係等。有學者又稱此層面為社會情緒發展，意指個體在情緒、性格、人際關係、社會脈絡等方面的變化。

 ## 個體發展的階段

個體發展包含從出生到死亡的歷程，是依照一定順序進展的過程。心理學家將人生全程分成九個階段或時期，通常是依年齡劃分，當個體發展到某一年齡階段期，一般認為在行為表現上也符合某些標準，這種社會期待性的行為標準稱為發展任務（development task）。學者亦認為發展階段存在著「關鍵期」（critical period），關係個體在各階段發展的結果及造成對往後階段的影響；關鍵期在人類教育上是一個重要觀念，在個體成長中的某一段時期，其成熟程度正適合某種行為的發展，如失去發展或學習的機會，以後該行為即不易建立（張春興，2007）。表1-1為人生全程發展的分期，其中第五期的青年期（adolescence）或譯為青少年期、青春期，有關青少年定義及青少年發展任務將於下文中說明。

表1-1　人生全程發展的分期

期次	期名	發展重點	期限
1	產前期 （prenatal stage）	生理發展	從受孕到出生
2	嬰兒期 （infancy）	動作、語言、社會依賴	從出生到2歲
3	前兒童期 （early childhood）	口語發展良好，性別開始分化，愛好團體遊戲，完成入學預備	2-6歲
4	後兒童期 （late childhood）	認知發展，動作技能與社會技能發展	6-13歲
5	青年期（青少年期） （adolescence）	認知發展，人格漸獨立，兩性關係建立	13-20歲
6	壯年期 （young adulthood）	職業與家庭、父母角色、社會角色實現	20-45歲
7	中年期 （middle age）	事業發展到頂點，考慮重新調整生活	45-65歲
8	老年期 （old age）	退休享受家居生活，自主休閒與工作	65歲以上
9	壽終期 （death）	面對無可避免問題的身心適應	

資料來源：張春興（2013，頁353）

　　在上述分期之中，教育工作者比較關心的是自個體出生到青年期前的人生前段，因為個體從幼稚到成熟的階段，是一生中可塑性（plasticity）或可變性最大的階段，也是個體接受教育的階段（張春興，2007）。修習中等教育學程的師資生，將來要任教國中或高中，因此對於青少年身心發展的概況要有一定程度的認識，將來擔任教師後能給予學生適當的協助。

 ## 肆　發展的議題

　　個體的身心發展雖然是一個複雜的過程，但這個過程並非不可捉摸，而是有一般的規律和特性，在一定條件下總是具有一定的方向性和

順序性，而且是不可逆也不可逾越的。成熟論是葛塞爾（A. Gesell, 1880-
1961）對身心發展所倡導的理論，他提出發展的四項原則：1.由簡單至
複雜細膩的活動；2.精細複雜動作至整合動作；3.從頭到四肢尾端發展；
4.由近到遠的發展。雖然發展的原則常依可預知的模式進行，例如連續
性、階段性、不間斷性、不均衡性等，但共同模式下卻有個別差異存在，
因而產生個體的獨特性（unique）（引自蘇建文，2002）。但有些發展的
議題，學者一直爭論不休，例如遺傳或環境何者影響較大？是連續性或階
段性發展？早期經驗是否比後期經驗影響大？以下分別討論這些議題（陳
增穎譯，2022；張春興，2007，2013；蘇建文，2002）：

一、遺傳與環境

　　遺傳（heredity）是指個體在生命之初，藉由受精作用將父母的特徵
傳給後代的歷程。環境（environment）是指個體生命開始之後，其生活的
外在物質對個體所可能產生的一切影響因素，包含出生前在母體內的環
境，及出生後的周圍世界。遺傳與環境議題（nature-nurture issue）主要在
爭論二者對發展的影響孰輕孰重，遺傳論者主張影響發展重要的因素是遺
傳基因，環境論者則主張後天環境才是重點。許多研究者採用遺傳與環境
交互作用的觀點，如布朗芬布倫納（Bronfenbrenner）提出的生態觀點，
主張發展受微觀系統、中間系統、外部系統、巨觀系統及時間系統等五個
環境系統的影響。發展心理學家普遍接遺傳與環境對發展有以下三項主要
的影響：1.出生的發展主要由遺傳因素所決定；2.在幼兒階段，身體方面
的特徵受到遺傳的影響比較大，而在心理方面的特徵，則是環境的影響比
較大；3.個體發展至成熟階段，影響身心發展主要是環境的因素。

二、連續性與不連續性

　　連續性與不連續性（continuity and discontinuity）亦是對於個體發展原
則有所爭論議題。所謂連續性是指發展是連續不斷的歷程，透過無數次
的量所累積而成，例如幼兒學習語言是經由經年累月練習的結果，當個體

逐漸累積處理訊息的能力，即能習得複雜的知識與技能。連續論傾向於以下的主張：假如給予兒童適當的經驗和教育，則在相當早的年齡，兒童就能夠像成人一般地思考和動作，班度拉（Bandura）的社會學習理論、訊息處理論，以及維果斯基（Vygotsky）的認知理論均作這樣的解釋。不連續性又稱為「階段發展觀」，像皮亞傑（Piaget）認知發展理論、艾瑞克森（E. H. Erikson, 1902-1994）的心理社會理論和柯爾柏格（Lawrence Kohlberg, 1927-1987）的道德發展理論皆屬之，認為發展的歷程是由一系列質變所組成，例如兒童由不會抽象思考到可以進行抽象思考，即是發展不連續性、質變的例子。強調後天經驗的學者多半視成長為漸進、連續的過程；而重視遺傳的學者，則主張發展可以劃分為數個階段。對於這方面的爭論，學者一般採用折衷的觀點，認為個體的身心發展，在連續中呈現階段現象，而在各階段個體行為的改變，則是遺傳與環境兩類因素交互作用的結果。

三、早期與後期經驗

　　早期發展為後期發展的基礎是發展的一項原則，因發展具循序漸進的特色。學者在個體發展的一項爭論是早期—後期經驗問題（early-later experience issue），也就是早期經驗或後期經驗哪一方才是發展的關鍵因素？例如嬰幼兒或兒童期的負面經驗，會比發生在青春期的正向經驗還具有影響力嗎？早期經驗一般是指嬰兒期或兒童期的經驗，有些學者強調嬰兒在初生第一年左右，若沒有溫暖、撫育的照顧經驗，其後的發展恐不樂觀。重視早期經驗者認為，心理健康素質可以追本溯源到生命早期，佛洛依德（S. Freud, 1856-1939）的精神分析論即是此理論的代表，特別強調童年親子關係對於發展的深遠影響。但重視後期經驗觀點學者認為，兒童和青少年整個發展過程中具有可塑性，後期的呵護關懷與早期的關懷同樣重要，許多重視人生全程發展的學者，關注的是整體生命週期，不單只看兒童期的發展。提出「心理社會理論」的艾瑞克森強調發展是終生的變化，早期經驗與後期經驗都同樣重要。

四、主動或被動

　　主動或被動的議題（activity-passivity issue）是學者對個體是否為自己發展的主動影響者或者是環境影響之被動接受者的一種爭論，例如兒童是被動地接受父母親所提供的一切？或者兒童扮演著主動的角色，來決定父母親及環境與其互動的方式？主動論者認為兒童是主動接觸社會，並將獲得的經驗內化，例如認知學派認為發展的產生是內發的、主動的、整體的，主張兒童能主動獲得生活周遭的資訊，以建構成自己的知識。被動論者主張兒童被動接受社會的一切影響，行為論者認為發展是刺激與反應之間新關係建立的歷程，其中斯肯納（Skinner）的理論就認為發展是由環境所決定的，個體是被動因應，而且是在某種條件限制下所產生的反應。後來班度拉的社會學習理論，認為決定個體的發展不是只有環境因素，個人對環境中人事物的認知，以及個體的行為彼此交互影響，個體發展才脫離極端行為主義被動因應環境的說法。

五、成熟與學習

　　成熟（maturation）與學習（learning）的議題在探討個體的發展受到成熟或學習的影響誰大誰小？成熟與學習同樣會對行為產生持久改變，但二者之間的差異並沒有那麼明顯，有時不容易區別。成熟是個體在遺傳天賦的顯露，例如男生到了青春期開始產生嗓音的改變，但成熟不屬於經驗。葛塞爾提出的成熟論，認為影響發展的重要因素為成熟，他以同卵雙胞胎（identical twins）為對象，進行動作發展的實驗，一人提早進行爬行的訓練，一人則無訓練，結果發現兩個嬰兒會爬行後的表現無差異。葛塞爾遂反對過早的訓練，因為在給予訓練之前必須以成熟為基礎。學習是個體經由經驗，而使其行為或行為潛勢（behavior potential）產生較為持久的改變。這裡的經驗包含有計畫的練習及偶然情境下發生的生活事件，例如學校的教學、看到車禍。而行為潛勢是指已產生學習，但未能在行為上表現於外的現象。通常成熟對個體的影響在兒童與青少年期最為明顯，早熟或晚熟者在身心發展方面呈現顯著的差異。學者歸納成熟與學習對發展的

影響有以下的結論：1.年齡愈小受成熟的影響愈大；2.愈簡單、愈基本動作與行為，受成熟的影響愈大；愈複雜、愈特殊的動作與行為，受學習的影響愈大；3.成熟是學習的基礎。

第二節　青少年發展的概述

青少年發展是研究青少年期身心發展特徵及規律的學科，與生理學、青少年心理學、教育心理學、輔導原理等學科有密切的關係，在部分內容上亦會有所重疊。在青少年發展過程中，會遭遇到一些心理問題，如壓力、情緒等問題，在這個學科中，也針對心理問題提供解決的策略，供家長、教師提出一些參考的意見。本節首先對青少年的定義作一論述，其次探討青少年發展的特徵及任務。

壹　青少年定義

個體的發展時期大致分成兒童期、青少年期、成年期，所以青少年期是介於兒童期和成年期之間的過渡。英文adolescence一詞，有譯為青年期、青春期，《張氏心理學辭典》（張春興，1995）稱為「青年期」，是指由青春期開始到身心漸臻於成熟的發展階段，女性約自12歲到21歲之間，男性約自13歲到22歲之間，從後兒童期到成年期之間的一段大約十年期間稱為青年期。青年期開始個體身體上有了重大的改變，最大的改變是性生理成熟了，原屬孩子的個體，改變為能生育孩子的個體，改變的最初幾年稱為「青春期」（puberty），青春期的長度約2-3年，女生約11-14歲之間，男生約在12-15歲之間，青春期只是青年期的一段（張春興，2013）。

美國學者菲利普（Philip）認為adolescence一詞源自拉丁文的*adolescere*，作動詞用，意指「成長」或「趨於成熟」，這人生的第二個十年稱為「青少年期」（黃俊豪、連廷嘉譯，2004）。在此時期中，個人的生

理、心理與社會特質由兒童轉變為成人，在身體、情感、社交、智力與意志等方面已經發展成熟。一般又細分為青少年期前期、中期、晚期（洪光遠、連廷嘉譯，2018）；或是分為早期、晚期，前者約為中學階段，是變化最明顯的時期，後期大約持續到25歲（陳增穎譯，2022）。在發展心理學的分期中，並沒有將青少年列為一個人生發展的時期，是近來心理輔導與教育學為描述高初中學生行為特徵所使用的一名詞，正好是青年期的前段，與青春期所指的涵義相近（張春興，2007）。adolescence與英文teen-ager（指13至19歲的人）一詞的範圍相似，同樣可稱為青少年，大多數的人都在就學期間。英文有youth一詞，中文稱為青年，依聯合國大會的界定，大約介於15-24歲之間。我們也經常聽到「少年」（juvenile）這個名詞，這個名詞是法律用語，指12歲以上未滿18歲的人，例如我國的《兒童及少年福利與權益保障法》（2021），所稱的少年即指12-18歲的人。

綜合以上的討論，本書將adolescence稱為「青少年期」，主要是指年齡介於12-18歲之間的中學生，而將進入大學就讀的大學生已進入成人前期，他們所面臨的社會、心理和健康問題與國高中生是不一樣的，因此本書主要以探討國高中生的身心發展為主，大學生的部分所涉及的討論比較少。

青少年的特質

不同世代（cohort）的青少年有不同的成長環境，會深深影響他們的發展、關係、適應與問題，以1980年後出生的千禧世代（millennials）為例，他們大量使用科技產品，生活離不開網際網路，但是同時也導致負面的影響，輕易接觸到裸露的情色資訊及暴力和激進團體的言論。加上家庭的變遷、受教育年數的延長、性革命及安全感的變遷等因素的影響（洪光遠、連廷嘉譯，2018），新世代的青少年其身心發展與其父母或師長會有非常大的差別。但學者從對青少年的研究當中，試著發現原理原則，如此可以掌握青少年的發展軌跡（developmental trajectories）。

一、對青少年的刻板印象

　　青少年是改變與挫折的時期，巨大和主要的改變都發生在這個人生階段，使青少年容易感受到風暴與壓力，某些社會文化之中，認為青少年是「風暴與壓力」（storm-and-stress period）時期，或譯「狂飆期」，情緒不安且有問題行為產生。這項理論最早由心理學家霍爾（G. S. Hall, 1844-1924）在1904年撰寫《青少年》一書中提出，被稱為「青少年心理學之父」，提出個體發展的「復演論」（recapitulation theory），認為個體的發展重複著人類種族進化的歷程，青少年期復演著人類的浪漫主義時代。他從生物學的觀點強調青少年期是一段生理與性成熟的時期，生物基礎因素是導致青少年所有行為與心理變化的主要原因，外在環境的影響是微不足道的。在青少年這個時期是一段動盪不安、衝突不斷與情緒紊亂的時期，大多數青少年從兒童期過渡到成人期時，都會有狂暴與衝突（turbulence and conflict）的經驗，例如與父母和權威人士產生衝突、情緒敏感容易暴起暴落、較兒童期承受更多的壓力等（黃德祥等譯，2006；陳增穎譯，2022；Lerner, 2002）。霍爾認為這些介於情緒兩極的搖擺波動將持續到20歲左右，而且幾乎無可避免，因為是受到基因遺傳的影響，是生物決定的，很少受到環境的影響（洪光遠、連廷嘉譯，2018）。

　　雖然現代科學家已不再相信青少年的問題是與生俱來的，以及情緒問題是青春期的荷爾蒙所導致的理由，但是很多的科學家仍然強調生物因素對青少年的影響扮演重要的角色（Steinberg, 2017）。

二、風暴與壓力期的再省思

　　霍爾的對青少年期的看法到今日仍然受到許多人的相信，但有些人認為這樣的觀點只有部分正確，許多青少年具有相當穩定、無衝突的生活的經驗，這方面的論述以人類學家米德（M. Mead, 1901-1978）的研究最為著名。她遠赴南太平洋的薩摩亞島（Samoa）進行研究，1950年發表《邁向薩摩亞的成年路》一書，發現薩摩亞的青少年並不像霍爾所說必然會經歷風暴叛逆的階段，甚至沒有多少心理的混亂，能夠平順漸進地由兒童期

轉換到成人期的文化。薩摩亞人從不需要突然改變自己的思考或行動方式，也不需要像成人般捨棄兒童所學，所以青少年時不會出現突然的改變或行為型態的過渡，這稱為文化制約的連續性，例如成年打獵工作即是童年打獵遊戲的延伸（洪光遠、連廷嘉譯，2018）。米德的研究動搖以生理學為主的青少年行為解讀方式，證明青春期並非一定是危機四伏的緊張時期，米德的研究也使學者認識到社會環境對青少年發展有重要的影響（馮維，2019）。

提出場地理論（field theory）的勒溫（K. Lewin, 1890-1947）也從文化的觀點來解釋青少年為何有時成熟有時幼稚，又為何青少年常感到不快樂。因為青少年期有一部分屬於兒童期，部分屬於成人團體，家長、教師一下把青少年當兒童，一下又當成人，但是有些孩子氣的行為不被接受，有些成人的行為又不被接受，如喝酒、抽菸、開車等，因此青少年即產生進退兩難的困境，勒溫比喻青少年是「邊際人」，意謂青少年在逃避成人責任時，經常會出現兒童行為；而想要成人特權時比較會出現成人行為（陳增穎譯，2022）。隨著青少年日漸成熟，青少年尤其需要自由，以便擴展新領域、新經驗，所以父母與教師減少指導與限制是必要的，如果青少年對於家庭過於依賴，將會與文化中所要求的獨立相衝突，青少年即會面臨更多的衝突與壓力（黃德祥，2005）。

米德和勒溫的理論雖然著重的觀點不同，但都由社會環境來思考青少年的發展，認為青少年成長所在的文化社會對其發展有強烈的影響，不是如霍爾僅強調生理因素，也不是佛洛依德和皮亞傑重視生理與個體經驗的交互因素。

 ## 參 青少年期發展的特徵

《社會學辭典》將「青少年期」定義為：指生命歷程（life course）中介乎童年和成年之間的階段，其標誌是性徵出現，但還未達到完全的成年地位或還未完全脫離原生的家庭。青年人必須選擇自己的生涯（career）和性伴侶以及他們的一般生活方式（life style），因此青少年期是教育選

擇和參加工作的時期，也是生命週期中個人嘗試性行為和休閒行為的一個
階段。它也可能是一個懷疑既存價值觀念的時期，一個反抗父母的行為模
式的時期。對獨立的追求、自覺意識的加強和對自我的把握不定，也可能
導致心理上的危機和心理上的失衡（周業謙、周光淦譯，1998）。這個定
義將青少的身心發展特徵作了一個簡介，雖然發展受到社會文化因素的
影響很大，但是受生物性因素的影響是不可避免的，因此可以歸納出原
則，對於千禧世代或更後的世代的青少年發展仍有參考價值，以下將青少
年發展的特徵作一說明（張春興，2013；黃德祥，2005；郭靜晃，2006；
Steinberg, 2017）：

一、青少年期間內的變化太大

　　青少年期長達十年之久，加上社會的變遷，例如兒童的發育提早、年
輕人需要更長的時間來完成學業等，因此青少年時期的年齡上下限均有展
延的趨勢，往下提早到國小高年級，往上則延伸到24歲。時限的延長，使
得青少年期間身心變化加大，有學者甚至主張青少年期是由幾個不同階段
所組成，早期是10-13歲，中期是14-17歲、晚期是18-21歲。想想看11歲的
小男孩，大多數時間花在嘻哈音樂、FB、打棒球，但是21歲的大學生開
始陷入愛情、擔心未來工作、準備要租房子等，二者有極大的差異。在討
論青少年發展時，不能只與兒童期或成人期作比較，不同階段的青少年之
間的差異也要重視。

二、青少年期的開始與結束不易認定

　　青少年時期是人生重要的轉折期，個體從不成熟的兒童期進入成熟的
成人期，要開始全職工作、結婚生子。在心理學上對青少年並沒有確定的
年齡界線，而是以個別的生理、心理與社會三方面發展程度為標準，何時
開始何時結束頗難認定，但仍有一定的範圍與界限可以遵循。由表1-2可
發現從不同的層面可以判斷青少年成熟與否。青少年從青春期開始對性感
到興趣，在生理上已經能懷孕生子；在心理發展上，他們更加聰明，更能

為自己做更好的決定，隨著時間，他們更加獨立，社會也同意他們可以全職工作、結婚、投票等。但是有些社會因為早婚，或要參與勞動，因而沒有青少年期或是時間很短，因為社會認為兒童長大就是成人，這樣的社會與工商業社會對青少年的看法有極大的差異。

表1-2　青少年期不同的界限

觀點	青少年期開始	青少年期結束
生物	青春期開始	有能力懷孕生子
情緒	開始能與父母分開	獲得所認同的獨立感（attainment of separate sense identity）
認知	具有更佳的推理能力	鞏固更佳的推理能力
人際	喜歡與父母相處轉變成喜歡與同儕相處	增進與同儕親密關係的能力
社會	開始成人的工作、家庭和公民角色的訓練	完全達到成人的地位與特權
教育	進入國中就學	完成正式的學校教育
法律	具有少年的身分	具有成人的身分
年代學（年齡）	到達青少年的年齡，大約10歲	到達成人的年齡，大約21歲
文化	進入儀式的訓練階段	完成儀式的訓練

資料來源：Steinberg（2017, p.3）

三、身心發展失卻平衡

　　往昔青少年生理成熟較晚，心理成熟較早，現代青少年則相反，例如女性的初經時間提早。以前生活艱苦，兒童自幼參與生產工作，故心理成熟較早。現今青少年身體早熟而心理晚熟的後果，形成身心發展失衡，其心智能力無法控制身體成熟而衍生的衝動。

四、在不連續文化下成長

　　傳統農業社會，價值觀、道德標準等文化幾乎是代代相傳少有變動；

現今都市工業化，社會多元化，以致文化失去連續性。如此新生代成長過程中，在生活和知識上，就難免出現父母不能教子女，這種文化不連續的現象對新生代的成長將產生不利的影響。

五、自我追尋中感到困惑

艾瑞克森強調青少年對自我認同的追尋是一種常態的危機，是必須經歷的一種自我衝突狀態，因此建立自我認同（personal identity）是青少年時期的重要發展任務。現今社會教育普及化，青少年在前途發展上的選擇機會增多，兩性交往與婚姻的選擇也更加自由，但兩方面的選擇都需要自我追尋的能力，因欠缺主觀條件的情境之下，導致身在不連續文化中長大的多數青少年，對自己的前途感到困惑。

 ## 青少年期的發展任務

青少年是結束依賴性的兒童期而邁向獨立自主成年期的過渡時期，當個體達到某一年齡階段時，就是個人生物、心理與社會特徵改變的時期，為了順利跨過這個時期，青少年需要去因應三大方面的改變，因此就有「發展任務」（developmental tasks）此一概念的產生，這是社會對青少年在行為發展上應該達到某種程度的期待，因此在教育上會給予所需的學習或訓練（張春興，2013）。

一、青少年發展面臨的挑戰

青少年期在身體、認知、情緒、社會等方面，都會產生許多的改變，這些改變也是青少年期所要面臨的挑戰，以下分別說明之（黃德祥等譯，2006）：

㈠生理的挑戰

青少年具有生物學（biology）的屬性，青少年必須面對生理特徵的改變，例如身體外表，以及生理功能的改變。了解與接納生理的改變，可以

使青少年免於恐懼、迷惑與疏離，因此這階段的發展任務是使青少年了解
與面對這些生理上的改變。

仁心理的挑戰

心理改變與生物改變交織在一起，這也是青少年對生理改變的一種反
應。青少年的認知、思考與情緒等心理的改變，呈現出新的特徵，認知是
抽象與假設性的，情緒則是對愛情與關係改變的一種情愫。青少年的發展
任務是要去因應新的心理特質，為了與周遭世界順利的互動，青少年需要
體認抽象與假設不同於現實；為了要避免健康與適應的問題產生，青少年
需要找尋社會可接受的方式去解決他們的性衝動。

三社會與文化的挑戰

青少年是社會與文化的一部分，他們必須學習社會世界中的各種活動
與角色。青少年的發展任務就是要去找尋與其生理及心理相適配的社會角
色。為了適應社會角色，個人對自己必須有良好的自我意識及自我認同。
其中「自我界定」能使個體在面對社會環境時，了解自己是怎樣的人，並
能扮演適當的角色。青少年建立社會角色的統整是「適應功能」的重要
展現，這項發展任務能使青少年以健康的、積極的與成功的方式，回應生
理、心理與社會對發展的影響。

二、赫威斯特的發展任務理論

對於青少年時期發展任務的理論與主張，最有名的即是艾瑞克森的
「心理社會發展論」（psychosocial development theory），以及赫威斯特
（R. J. Havighurst, 1900-1991）提出的「發展任務理論」，其理論是將艾氏
理論加以精緻化而成。艾瑞克森的理論將於青少年社會發展中討論。赫威
斯特將人的一生分為六個時期，每個時期都有符合社會期待的發展任務與
課題，青少年是指13-18歲的個體，是人生發展的第三個時期，他亦認為
每一階段任務的達成，不僅能帶給個人幸福，更能奠定下一階段任務成功
的基礎。但是發展任務在不同的文化之間也有所差異，所要求的必備能力
與成就也是不相同的。這個時期所要發展的任務有以下八項（洪光遠、連

廷嘉譯，2018；Havighurst, 1972）：

1. 能與同年齡的男女同儕發展新的及更加成熟的關係（achieving new and more mature relations within age-mates of both sexes）。

2. 能表現合乎自己性別的性別角色（achieving a masculine or feminine social role）。

3. 接受自己的身體和容貌並有效地善用之（accepting one's physique and using one's body effectively）。

4. 想要並做到具有社會責任的行為（desiring, accepting, and achieving socially responsible behavior）。

5. 在情緒上能夠獨立於父母及其他成人（achieving emotional independence from parents and other adults）。

6. 為經濟的生涯做好準備（preparing for an economic career）。

7. 為結婚及家庭生活做好準備（preparing for marriage and family life）。

8. 建立引導行為的價值觀念與倫理系統，以發展自己的意識形態（acquiring a set of values and an ethical system as a guide to behavior-developing an ideology）。

第三節　青少年發展的研究方法

　　教育與心理的研究有許多相似的地方，而最主要的差異是心理學比較常用實驗研究，而發展心理學的研究則是著重在長時期的研究。青少年發展雖然引用許多發展心理學的研究成果，但是在研究的應用上，主要還是以教育情境為主，尤其是學生的輔導。本節僅在針對青少發展所用的研究方法作一敘述，了解眾多的理論及研究發現是如何以科學研究的步驟來進行的。以下分別從蒐集資料方法、研究設計、研究倫理來說明。

蒐集資料的方法

研究者青少年發展的第一項任務，就是要了解研究資料要如何取得，一般將資料分為量化與質性兩類，前者是數字，後者是文字，人類學的民族誌（ethnography）是質性研究的典型代表。現在如中央研究院等學術機構，建立了長期追蹤的資料庫，讓研究者在取得研究資料更加方便。以下針對常用的蒐集資料方法作一簡要說明（郭靜晃，2006；蘇建文，2002；Santrock, 2008）：

一、自我報告法

自我報告法是發展心理學家在蒐集資料與考驗假設時最常用的方法，又可細分為調查法與標準化測驗。

㈠調查法

訪談法（interview）與問卷法（questionnaire）合稱為調查法（survey），研究者最常應用來詢問青少年、教師或父母有關知覺、情感、信念或思想特徵等發展的問題，雖然這並不是一種嚴謹的研究方式，但是因為使用方便，故受到廣泛使用。訪談法的對象可以是個人或小團體，受訪者以口頭回答問題即可，問卷法則由受研究者親自填寫。一般常用的方式為結構性晤談或結構性問卷，所有的參與受試者都以相同的順序回答同樣的問題，研究者能在短時間內蒐集大量而有用的資料。調查法可以研究各式各樣的主題，例如宗教信仰、性癖好、對槍枝管制的態度等，可以面對面、電話或網路方式進行。但對於一些敏感問題則無法得到真實答案，例如有些青少年不敢坦承他們有使用藥物。

㈡標準化測驗

通常測驗被設計來測量某一種特殊的能力或行為特質，如智力、興趣、態度、性格等，這些測驗都是經過標準化的流程編製而言，有良好的信度及效度，而且有常模可供比較，可以了解青少年在身心發展方面的相對位置。

二、觀察法

由研究者直接觀察記錄個體或團體的行為活動，從而分析研判變項之間的關係稱為觀察法（observational method）。觀察法是最原始也是應用最廣的一種方法，研究者直接觀察青少年的日常生活情境中的行為，這叫做自然觀察法，例如在學校、社區、運動場等青少年經常聚集的地方進行觀察。有時在預先設置的情境中進行觀察，稱為控制觀察法，可以控制某些與研究目標行為無關的變項，例如在實驗室中進行觀察青少年的攻擊行為。研究者通常會使用下列的方法來減少觀察者的影響：1.在隱藏的位置以錄影機來拍攝受試者的行為；2.觀察前先到觀察的場所與受試者相處一段時間，讓受試者習慣觀察者的存在，行為表現較為自然之後，才開始蒐集資料。

三、個案研究法

個案研究法（case study）是對個人、家庭或團體進行深入探究的一種研究方式，結構性晤談法、問卷法與行為觀察法等所得的資料，都可以用在個案研究。在教育上應用最廣是對學生的個案輔導，但是要由具專業證照的人員來執行。由個案研究法可以了解青少年的恐懼、希望、幻想、創傷經驗、成長歷程、家庭關係、健康等內在世界與行為。

四、民族誌的方法

民族誌是一種參與性的觀察，經常使用在人類學的觀察研究，近年來發展心理學在研究文化對兒童與青少年的影響時，便採用這種研究方式。在一個多樣性文化並存的社會中，想要了解少數民族兒童與青少年所面對的挑戰與文化衝突，使用民族誌研究方法，可以得到詳細且具有深度的文化特質描述資料。

五、生理測量法

愈來愈多的研究採用生理測量（physiological measure）以了解不同人

生時期的發展，例如研究荷爾蒙濃度與氣質、情緒、心境、同儕等關係。因為隨著春青期的到來，研究者要判斷荷爾蒙濃度的變化狀況，必須分析青少年受試者的血液樣本。隨著神經影像學技術的進步，逐漸帶動青春期大腦活動的研究，例如以核磁共振攝影技術運用來比較非飲酒及重度飲酒青少年，在進行記憶任務時大腦影像之差異情形。

六、經驗取樣法

經驗取樣法（experience sampling method）意指研究參與者隨身攜帶電子傳呼器，研究者隨機傳呼他們，被傳呼到的參與者要回報當下的情況，例現在位於何處、在做什麼、跟誰在一起、現在的情緒狀態等。這種方法常運用在探討青少年如何消磨時間、花多少時間與父母和同儕相處、情緒狀態等主題。

 研究設計

研究設計是由上述蒐集資料的方法組合而成，通常研究設計可包含多種蒐集資料的方法，像質性研究所採用的方法大都是訪談及觀察法，其與量化研究的差別是以文字的描述為主，所用到的統計數字很少。通常描述性研究（descriptive research）是最簡單的研究設計，前面所提到的蒐集資料方法都可用在此設計中。例如要了解青少年的身體變化，測量身高、體重等成長紀錄，並以曲線圖來呈現，是發展心理學常用的研究設計。但描述性研究無法探討變項的相關或因果關係，須用到相關或實驗研究，分別說明如下（柯華葳、游雅婷譯，2011；周新富，2021）：

一、相關研究

從調查法可以獲得青少年身心發展的變項，為探討變項之間的關係，研究者可以採用相關研究（correction research）設計。相關研究旨在了解兩個或多個變項之間是否有關係存在，或進而依據此等相關作預測之用，例如要探討青少年學習動機與學業成就的關係，以相關係數來說明變項的

關聯程度，係數愈高表示變項的相關愈高，但是不能解釋變項之間具有因果關係。而事後回溯設計亦是在探討變項之間可能的關係，問題的設計即要求受試者回憶並描述他們較早的經驗，例如研究者要探討青少年的早期教養問題，可以由青少年對父母育兒經驗的描述，來了解其父母的教養方式。

二、實驗研究

實驗研究法（experimental research）是研究者在精密控制的情境下，操縱一個或多個自變項，並觀察依變項隨自變項的變化而發生的變化情形，只有實驗研究才能確定現象的因果關係，但是研究的結果較難適用於自然的情境之中。因此教育方面的實驗研究通常是採用準實驗研究（quasi-experimental research），其與實驗研究最主要的差別是研究樣本未被隨機分派（random assignment），而遷就現有的「班級」。例如要探討同儕課輔對青少年學業成就的影響，先以抽籤的方式隨機將受試者分成兩組，實驗組要上同儕課輔課程，另一組稱為控制組，不必上同儕課輔課程，一段時間後，以標準化成就測驗取得兩組學生的分數，再比較兩組的分數是否有顯著差異。研究者如果要實驗上過性別平等課程，是否會降低性別刻板印象？因為不能將原來班級打散，再隨機組成新班，研究者只好採用準實驗研究來進行，選擇兩個班級，一班為實驗組，一班為控制組。

 ## 時間跨度的研究設計

青少年發展的研究與年齡的轉變有密切的關係，這類研究無法用實驗研究法來進行，因此發展出時間跨度的研究（time span of research）。從時間觀點來看，研究可以區分成橫斷研究（cross-sectional research）與縱貫研究（longitudinal research）兩大類，這類的研究設計是青少年發展比較特別的設計，但二者各有優缺點，因而結合優點發展出橫斷後續研究（cross-sequential study）。以下就這三種研究設計說明其特色（周新富，2021；蘇建文，2002；Santrock, 2008）：

一、橫斷研究

　　橫斷研究是指在相同的時間點研究不同年齡的青少年，這種設計的一個重要優點是，研究者可以在很短的時間內蒐集到不同年齡青少年的資料，例如研究10歲、15歲、20歲青少年的自尊，可以同時對不同年齡的青少年進行施測。同時這種設計也可應用到不同社會背景、不同學校或不同社會團體的人來進行研究，例如研究者可以比較各種不同社經水準的家庭，探討其教養方式有何差異。但是橫斷研究有一個缺點稱為族群效應（或譯世代效應）（cohort effects），因為在研究裡，每個年齡層的參與者是不同的人，亦即他們來自不同的族群，他們之間的差異可能是在成長過程中經歷過相似文化環境或歷史事件，而不是生理成熟或心理發展所導致。

二、縱貫研究

　　縱貫研究是指在不同時間點重複觀察同一參與者，間隔的時間可能是幾天，也可能是幾年，也就是以長期追蹤的方式研究受試者的成長歷程。以自尊的縱貫研究為例，研究者首先測量10歲兒童的自尊，在他們15歲及20歲時分別再測量一次。這種研究設計可了解青少年發展的穩定性和變化，以及早期經驗對往後經驗的影響。但是缺點則是研究耗時、需要較多的研究經費，以及研究樣本可能因搬家、輟學、失去興趣而流失。

三、橫斷後續研究

　　橫斷後續研究亦稱為連續研究設計（sequential research designs），是結合橫斷和縱貫研究的優點，先自不同年齡層抽取參與者，然後再長期追蹤研究這些受試者。這種設計有三種主要的優點：1.確定族群效應是否會影響我們的結果；2.能在同一個研究中同時進行縱貫及橫斷比較；3.連續設計常比標準的縱貫設計更為有效率。例如從11歲、14歲及17歲的年齡層中，分別抽出研究對象，他們會在一段時間後再被重新測試，研究最好能持續三年，這樣11歲樣本成長到14歲，14歲樣本成長到17歲，研究者可蒐

集到受試者從11歲到20歲的資料。

 ## 研究倫理

　　研究倫理係指進行研究時必須遵守的行為規範，隨著人權意識的高漲，研究者要確切了解研究倫理，以避免與研究對象及相關人員發生衝突，並提升教育與心理研究的品質。研究因為經常牽涉到觀察或測量人的行為或身心特質，研究者應特別注重以人作為研究對象時應遵守的規範（周新富，2021）：

一、尊重個人的意願

　　即所謂知後同意（informed consent），要讓受試知道他們要參與什麼研究、可能會面臨哪些風險，並且徵得當事人及其家長（監護人）的同意（未成年人）後，才能對其進行研究，即使徵得同意，當事人亦可隨時終止參與。

二、確保個人隱私

　　為保障同意接受研究者的私人興趣及特質，進行教育研究時要遵守匿名（anonymity）及保密性（confidentiality）原則，前一項原則是指研究者無法從所蒐集到的資料判斷出提供此資料的個人身分，後一項原則是指外界無法探悉某一特定對象所提供的資料。

三、不危害研究對象的身心

　　研究者有責任及義務確保每一研究對象在研究進行過程中，不會受到生理或心理上的傷害，包括造成身體受傷、長期心理上的不愉快或恐懼等。

四、遵守誠信原則

　　在採取實驗的方法時，有時必須以善意欺騙研究對象來進行，例如

隱瞞自己的身分、研究的目的、研究的程序等。誠信原則的遵守規範有三項：1.儘量選擇不必隱瞞研究對象的方法來進行研究；2.如果確實沒有其他可行的方法，必須有充分的科學、教育或其他重要的研究理由，才可以使用隱瞞的途徑；3.如果不可避免使用隱瞞的途徑，事後應儘速向研究對象說明原委，避免讓對方留下「受騙」的不愉快感覺。

自我評量

一、選擇題

(　) 1. 青少年是從兒童轉變為成人的過程，就有如狄更斯（C. Dickens）《雙城記》的書中曾提到：「這是一個最好的時期也是最壞的時期。」下列何者描述青少年時期的發展特徵較不適切？　(A)情緒易高低起伏變化多　(B)在個體化與一體化間拉扯　(C)會有理想化的思維模式和標準　(D)已統合發展出穩定的自我概念

(　) 2. 下列哪一項敘述並非青少年階段的發展特徵？　(A)對同性別的角色學習較多　(B)希望擺脫父母的約束而追求獨立　(C)因歸屬感的需求使得從眾性較為明顯　(D)家庭的影響力逐漸大於同儕間的影響力

(　) 3. 依據美國的心理學家赫威斯特（R. J. Havighurst）倡導的發展任務論，「發展適當的性別角色，接納自己的性別」，是屬於哪一時期的發展任務？　(A)幼兒期　(B)兒童期　(C)青少年期　(D)成年期

(　) 4. 下列有關遺傳與環境影響因素之敘述，何者最正確？　(A)遺傳特質的展現不受環境之影響　(B)人格傾向穩定性發展　(C)優質環境對潛能啟發不受限於遺傳限度　(D)智力受環境因素影響較大

(　) 5. 下列對於遺傳、環境、成熟與學習的說明，何者正確？　(A)環境對智力、特殊才能影響較大；遺傳對語言、人格及社會行為影響較大　(B)隨著個體的成長，學習因素對行為的支配力逐漸比成熟因素小　(C)複雜的高級心理機能，受遺傳及成熟的影響較大　(D)遺傳、環境、成熟與學習一直發生交互作用，此種交互作用隨個體生長程度的改變而改變

(　) 6. 下列何種理論特別強調「發展非連續性」（Developmental Discontinuity）？　(A)維高斯基的社會文化理論　(B)班度拉的社會學習理論　(C)皮亞傑的認知發展理論　(D)訊息處理取向

(　) 7. 下列何種理論特別強調「發展連續性」（developmental continuity）？　(A)艾瑞克森的心理社會發展理論　(B)班度拉的社會學習理論　(C)皮亞傑的認知發展理論　(D)佛洛依德的心理分析理論

（　）8. 下列何者對於發展過程模式的描述是不正確的？　(A)發展的順序是由身體中心（內）至身體遠端（外）來發展　(B)後期發展建構在早期經驗的基礎上，所以兒童早期應給予多一點的刺激　(C)發展是一個從簡單到複雜的過程　(D)發展的狀況是遺傳和環境交互作用所產生的結果，通常我們指的結果包含生理和心理兩個部份

（　）9. 心理學家霍爾（Stanley G. Hall）指稱青年期為風暴期，意指：(A)青年人情緒表現如暴風後的平穩　(B)青年人的情緒表現的暴起暴落現象　(C)青年人生體發展的快素徒增現象　(D)青年人的思想暴起暴落

（　）10. 有關發展研究的縱貫設計，下列敘述那些是正確的？1.縱貫法是長期追蹤，有助於瞭解人類行為發展的個別差異　2.縱貫法費錢費時費力　3.縱貫法是長期追蹤，樣本具代表性　4.縱貫法有隔代研究問題，使研究適用性受質疑　(A)134　(B)123　(C)124　(D)234

（　）11. 下列何種情形不符合研究倫理？　(A)經過家長同意，訪問國中一年級學生　(B)為了研究順利進行，隱匿研究者的身分　(C)在研究開始前，告知研究參與者可能的風險　(D)將研究對象化名，以確保研究資料的機密性

（　）12. 假設欲研究3-15歲兒童的詞彙發展情形，因此研究者選取3、7、11和15歲四組研究參與者，於2010年首次施測詞彙測驗，接著於2014、2018和2022年同樣施測詞彙測驗，以12年時間完成研究，比較兒童隨年齡增長的詞彙表現，以及同一時間點不同年齡兒童的詞彙表現，並了解是否有世代效應（cohort effect）的問題。請問該研究使用何種研究設計？　(A)橫斷研究　(B)縱貫研究　(C)橫斷後續研究　(D)實驗研究

（　）13. 宗浩利用教育實習的機會，在沒有告知實習學校校長與老師的情形下，在學校進行觀察研究，請問他主要違反了那一項研究倫理？(A)知情的同意　(B)機密性　(C)匿名性　(D)資料所有權

（　）14. 人類學者米德（M. Mead）發現並非每一個青少年均會經歷所謂發展上的「狂飆期」，此乃根基於何種論點？　(A)社會功能論(B)生物演化論　(C)文化決定論　(D)社會學習論

(　　　) 15. 有關勒溫（Lewin）對青少年發展之主張，何者為非？　(A)青少年處於成人與兒童間的「邊際人」，無法享受成人社會的特權，且又得放棄兒童期所擁有的東西　(B)成人應提供青少年足夠的空間，尤其讓他們有充分的「自由」，促使其生活空間能擴展與統整　(C)青少年會因生活空間的區域分化有如成人般的細密，而容易過於偏激及理想化　(D)影響個人某時某地行為的所有因素總和，稱為生活空間（life space）

(　　　) 16. 媽媽有時候說：「大雄你這麼大了還在看卡通，關起電視去讀書。」有時候又說：「大雄你太小，不可以一個人去看電影。」大雄常常覺得心理衝突，既不被算做大人，又不能做小孩原來能做的事。下列哪一種理論勾勒出青少年所處的情況？　(A)米德（M. Mead）的人類學觀點　(B)黎溫（K. Lewin）的場地理論　(C)霍爾（G. Hall）的風暴論　(D)赫威斯特（R. Havighurst）的發展任務論

參考答案

1.(D)　2.(D)　3.(C)　4.(B)　5.(D)　6.(C)　7.(B)　8.(D)　9.(B)　10.(C)　11.(B)
12.(C)　13.(A)　14.(C)　15.(C)　16.(B)

二、問答題

1. 發展的議題之中，「遺傳與環境」、「早期與晚期經驗」的影響熟輕熟重的爭議存在已久，請以相關的發展理論說明你對這些爭議的看法。

2. 霍爾（Hall）提出青少年發展的特質是「風暴與壓力」的時期，經常會有情緒上的困擾，你認為霍爾的理論能否解釋你的青春期發展經驗？

3. 你如何定義「青少年」？你贊成將青少年期展延嗎？你認為青少年時期愈拖愈長，會造成什麼影響？

4. 依赫威斯特（Havighurst）的發展任務論，青少年階段的發展任務為何？你覺得還有哪些重要任務沒有提到？

5. 青少年發展的研究設計之中，有所謂的「時間跨度研究」（time span of research），請說明這些設計的方式及優缺點。

6. 研究青少年發展的第一項任務，就是要取得研究資料，請問哪些方式可以協助研究者取得資料？請依量化、質性資料分別說明。

第二章

青少年的生理發展

　　青春期開始，男女生的身體產生很大的變化，像是認知能力的增強、身高及體重快速增加、性器官的成熟等，這是受到大腦的發育，以及體內生長激素的分泌所導致，內分泌系統在青春期發揮了極大的影響力，促使青少年的生理產生改變，這些發展都是在生物遺傳與環境的交互作用下進行的。其中男生的成長與發育大約比女生晚兩年，雖然每個人的成長速度不同，但都是有相同的軌跡可循。促使青少年身體變化的重要生理因素有三：大腦的發育、內分泌腺的影響、性器官的成熟，這是本章所要探討的三項主題。研究發現青少年的大腦是不斷地在成長，尤其是大腦皮質中的額葉，由大腦的研究可以發現為什麼青少年參與危險行為（risk-taking）會增加，以及情緒為什麼會變化無常，所謂危險行為是指那些有可能帶來某種非期望結果的行為，例如尋求刺激、物質濫用、危險駕駛等（Balk, 1995）。內分泌系統從青春期開始大量分泌性激素，促使青少年的第一性徵及第二性徵的發展，因此內分泌系統也是本章所要討論的重點。在身體的成長方面，由於包含的範圍相當廣泛，本章僅以身高、體重及性生理的發展為主要探討內容。

第一節　青少年大腦的發展

　　近年來科學家已經注意到青少年的大腦和兒童的大腦並不一致，在青春期時大腦仍然在持續發育中，很多關鍵的腦部構造要等到二十多歲才會成熟。加上功能性磁共振造影（functional magnetic resonance imaging, fMRI）的科技應用在大腦各種功能區的研究，讓我們更加了解大腦不同部位如何表現其認知功能。這項科技是藉由測量大腦區域神經活動所引發的血氧濃度相依對比（blood-oxygen-level-dependent, BOLD）訊號，進而推論與行為表現或認知功能有關的大腦活動（Arnett, 2018）。腦由四個主要部分構成：腦幹（brain stem）、間腦（diencephalon）、大腦（cerebrum）及小腦（cerebellum），個體的心理能力主要由大腦掌管，因此本節僅探

討大腦在青少年階段的成長狀況。

 壹　神經系統

　　神經系統的細胞稱為神經元（neuron），是一種能夠傳遞訊息的特殊細胞，沒人知道神經系統有多少個神經元，單在人腦中大約有100-1,000億個神經元。神經系由三類神經元所組成，分別是感覺神經元、運動神經元和中間神經元，它們依靠各自的外形、功能、位置將其他神經元相互聯結起來，組成巨大的神經系統。例如當學生在教室上課時，感覺神經元將教師的話語、文字的訊息傳入大腦，中介神經元協調運動神經元的輸出，並控制姿勢的調整與眼睛的移動，再對運動神經元下達拿筆記下重點的指令（王建雅、陳學志，2009）。

一、神經元的結構

　　神經元的細胞結構基本上是相同的，是由細胞體（cell body）和細胞突起（neurite）所構成，細胞體位於腦、脊髓和神經節中，細胞突起可延伸至全身各器官和組織中，細胞突起是由細胞體延伸出來的細長部分，分可分為樹突（dendrites）和軸突（axon）。因此神經元包含細胞體、樹突、軸突三個部分。每個神經元可以有一個或多個樹突，可以接受刺激並將興奮傳入細胞體，但每個神經元只有一個軸突，可以把興奮從細胞體傳送到另一個神經元其他組織，如肌肉或腺體（蔡曙山，2021）。有效的學習便是不斷啟動神經的發展，讓神經元的樹突愈長愈茂密，連結也愈細密，因此便不斷地增加分支，神經通路（pathway）也愈來愈順暢，於是資訊的傳遞在腦部如暢行無阻的電流（趙德昌，2004）。

二、髓鞘化

　　神經纖維（nerve fiber）一般是指軸突及包於其外的構造，軸突外有的包有髓鞘（myelin sheath），有的則無。所謂髓鞘化是腦神經元的軸突被髓磷脂包裹的過程，包裹軸突的用意在使神經元間訊息傳遞速度可以增

加,有髓鞘化軸突傳遞訊息的速度是沒有髓鞘化軸突傳遞訊息的一百倍。髓鞘化(myelination)的活動在青少年期間最活躍,一直持續到成人初期。覆蓋著髓鞘的軸突使大腦的某些部分看起來是白色的,因此稱為白質(white matter),大腦灰質(gray matter)的顏色來自於細胞體、樹突和沒有髓鞘的軸突(孫景文譯,2000)。青春期的一個重大變化是大腦前額葉的白質增加,灰質減少,白質增加是因為髓鞘形成的增多,也可能是軸突的直徑擴張(陳增穎譯,2022)。

三、神經元修剪

大腦發育的另一個重要面向是神經元之間的連接大幅增加,稱為突觸形成,神經元之間的連接發生在突觸(synaptic),兩個神經元並不會接觸,而是存在著空隙,稱為突觸間隙(synaptic cleft)。但不是所有的聯結都出現在軸突末端的突觸上,有許多的聯結直接位於軸突上(孫景文譯,2000)。在出生時每個神經元平均形成2,500個突觸,到兩三歲時達到15,000個突觸的巔峰,然後開始進行所謂「神經元修剪」的過程。所謂修剪(pruned)是將單獨的神經元或神經元間沒有用的突觸刪除,修剪的原則是用進廢退,如果這個神經元無法成為持續作用神經迴路中的一分子,它很容易就被修剪了。到了1990年代,科學家發現在青春期前會發生第二波突觸增生,負責自我控制、判斷、情緒調節、組織、計畫等執行功能的額葉,在10-12歲開始成長,通常女孩比男孩要早一點。在青春期後期額葉出現顯著的改變,向外伸出的分支經過神經元的修剪被刪減成精簡、有效率的網路(趙德昌,2004)。

四、神經傳導物質

當神經衝動沿軸突運動時,引起一系列可能導致訊息傳遞到其他細胞的事件。在一個神經元的末端小結裡面有稱為突觸的液囊,內含神經傳導物(neurotransmitters),從一個細胞到另一個細胞傳遞訊息的化學物質。神經傳導物可以增加或降低神經的激發,興奮性傳導物可激發神經元,抑

制性傳導物可抑制激動。目前尚不知有多少種傳導物質，較熟悉的如腎上腺素、正腎上腺素、腦內啡（endorphins）、多巴胺（dopamine）等（孫景文譯，2000）。隨著青春期發育開始，神經傳導物出現變化，前額葉與邊緣系統的傳導物質多巴胺含量增加，多巴胺的增加與冒險行為、立即性酬賞行為（賭博、賽車與電玩）和成癮物質使用增加有關（陳增穎譯，2022）。相關研究已證實多巴胺與獎賞行為、運動、注意力、決定和其他認知過程有關，但非正常的高度多巴胺則與精神分裂有關（孫景文譯，2000）。

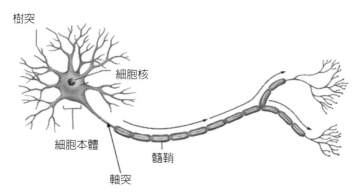

圖2-1　神經元細胞

資料來源：梅錦榮（1991，頁16）

 ## 大腦的構造與功能

　　人類的大腦可以分為三個主要區域：1.後腦（hindbrain），包含腦後方的所有構造；2.中腦（midbrain），位於腦中央；3.前腦（forebrain），包含腦前方的所有構造。前腦相當大，覆蓋了中腦和部分後腦，其中大部分屬於大腦（cerebrum），是人類思考及許多心理功能的中樞（危芷芬等譯，2015）。大腦被大腦縱裂（longitudinal fissure）分隔成左右兩大腦半球，再由胼胝體（corpus callosum）連接起來。胼胝體是由大量的神經纖

維組成,主要在傳遞及交流訊息。大腦包含大腦皮質(cerebral cortex)及深部的腦核(cerebral nuclei)(卓貴美,2005)。以下分別介紹大腦皮質及邊緣系統的構造及功能。

一、大腦皮質

大腦半球表面覆蓋著一層灰質,深層為白質,稱為大腦皮質,是由各種神經纖維所構成,負責較高級的認知和情緒功能,同時對內臟活動也會有調節作用。兩半球可以分成四葉,分別是額葉(frontal lobe)、頂葉(parietal lobe)、顳葉(temporal lobe)、枕葉(occipital lobe)。額葉位於大腦前端,是最大的皮質,與理智思維有關,包括思考、分析、記憶、計畫、決定、注意力集中、衝動控制等,其中有一區稱布洛卡區(Broca's area),主要功能為管制語言的表達,此部分受損會導致個體在理解上沒有問題,但說話卻緩慢吃力、語法紊亂。負責運動功能及控制眼球運動也在額葉,並具有語言的功能,在青少年時期還在不斷發育。頂葉位於大腦頂端,負責身體感覺功能及空間的知覺,亦與數學思考及高層次的知覺有關。顳葉位於大腦側邊,掌握聽覺訊息、語言及短期記憶,在青少年時會持續成熟,研究發現威尼克區(Wernicke's area)受損的病人,無法理解別人說的,語言表達缺乏邏輯。枕葉在大腦後端,掌控視覺訊息,其功能最為單純。大腦的皮質若從功能來分,可區分成感覺區(sensory area)、運動區(motor area)、聯結區(association area),感覺區包括皮膚覺、視覺、聽覺,視覺區在枕葉,聽覺區在顳葉。運動區的神經元與身體的肌肉相連接,以便指揮軀體各部的活動。聯結區是感覺區與運動區以外的資訊處理區域,主掌推理、分析、思考、判斷、解決問題、語言等複雜的心智活動(王建雅、陳學志,2009;危芷芬譯,2017;溫世頌,2003)。

人腦在青春期之前,大腦皮質還會經歷一波擴張,然後再修剪掉。而且大腦皮質各主要區域的變化時程不同,例如頂葉最早攀上擴張高峰,其次是額葉、顳葉晚一些,枕葉最晚。最值得注意的是額葉皮質,男生在12歲,女生在11歲擴張到極致,變得很厚,然後就進入修剪期逐漸變薄。許

多精神分裂症患者在青春期之後發病，推測與前額葉皮質神經網絡正在進行精細的雕琢有關。因為前額葉皮質接收所有中樞處理過的內外訊息進行綜合研判，因此有人認為前額葉是大腦執行長，作為神經領導統御的角色（王道還，2004）。大約持續到18-25歲，額葉的發育才算完成，大腦各區域的連接才得到強化，此時前額葉為了解決問題，會與大腦其他區域協調出最佳的神經連接方式。這項發現支持大腦是有可塑性，也支持教育可使青少年發展高層次的認知功能（陳增穎譯，2022）。

　　大腦功能雖有重疊之處，但各有專司的範圍，某些功能重在左半球，有些則重在右半球，這種現象稱為大腦功能的偏側化，簡稱腦側化（brain lateralization），或稱為大腦功能的不對稱性（asymmetry）。由腦分割病人的研究顯示，左腦主管語言、數理邏輯、分析性問題解決、正向情緒反應；右腦則主管非語言的空間知覺、藝術、整體性問題解決、負向情緒反

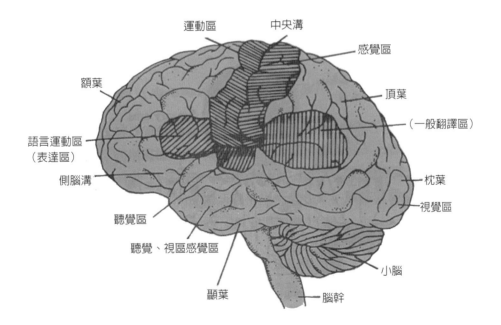

圖2-2　大腦皮質的分葉及各部分功能

資料來源：卓貴美（2005，頁449）

應。因此有「左腦人」比較有邏輯，「右腦人」比較有創造力的說法，有學者提出「右腦教育」，藉以激發個體的藝術才華。因為右手聯結左腦，使用右手的人具有左腦的優勢，左撇子是右腦人，因而主張把慣用的右手改成左手，即可成為具有創造力的藝術家。但是這樣的說法缺乏具體的證據，況且改變用手的習慣，也未必能輕易地改變大腦半球的既存優勢（溫世頌，2003；葉重新，2011）。

二、邊緣系統

邊緣系統（limbic system）在大腦皮質之下，又稱為邊緣葉（limbic lobe），包括：杏仁核（amygdala）、海馬迴（hippocampus）、扣帶迴（cingulate gyrus）等，與下視丘、腦下垂體相連，為控制情緒及動機的中樞。邊緣系統和情緒有關，杏仁核是形成情緒記憶的關鍵，尤其是恐懼反應；海馬迴主司學習、記憶與動機，二者皆在青春期時成熟。位於額葉前方的前額葉（prefrontal cortex）是「理性中心」，但發展得比邊緣系統慢，而邊緣系統是「情緒中心」，下視丘是「本能中心」，例如恐懼、飢餓等。當某人的杏仁核比較強，而前額葉比較弱時，就比較容易生氣、對別人發脾氣。通常女生的海馬迴成熟得較快，而男生的杏仁核成熟得較快（洪光遠、連廷嘉譯，2018；葉重新，2011）。青少年時，額葉尚未發展完備，因此青少年的大腦比較可能透過杏仁核來處理訊息，如此一來，青少年的反應就容易比較情緒化。此外，腦造影研究顯示，青少年難以控制的衝動現象，是「額葉未成熟」以及「杏仁核過度活躍」兩者共同影響的必然結果。再加上雌激素和睪固酮濃度的上升，很可能造成青少年尋求刺激和好冒險的行為，也可能造成他對身體意象、性，以及社會情緒課題相當在意的現象（張文哲譯，2016）。青少年後期和成年初期髓鞘形成增加，使前額葉與邊緣系統的連結更加堅固，對於情緒控制更加嚴格（洪光遠、連廷嘉譯，2018）。

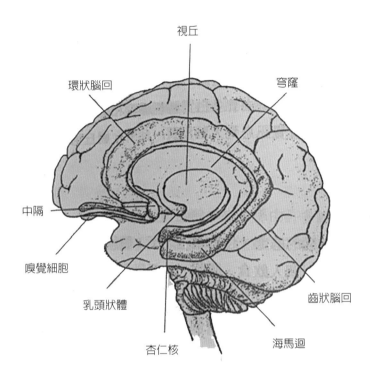

視丘

環狀腦回

穹窿

中隔

嗅覺細胞

乳頭狀體

齒狀腦回

海馬迴

杏仁核

圖2-3　大腦的邊緣系統

資料來源：葉重新（2011，頁50）

第二節　青春期內分泌的變化與身體的發展

　　青春期是嬰兒時期以外，生長速度最快的階段，發育是個體必經的過程，而主宰發育的中樞是腦部的下視丘，青春期的啟動是由下視丘開始活化，會分泌激素刺激腦垂體分泌性促素，並作用在睪丸或卵巢，使之分泌性荷爾蒙，這一些作用會促使第二性徵外觀的變化。青春期是兒童逐漸長大成為成年人的一個過渡階段，約在10歲開始，直到20歲左右才結束。女孩子通常較早開始，約在8-13歲開始，男孩子則在9-14歲開始，每個人發育的時間都不同，無論時間早或晚，當發育一開始，大部分人都會很快

趕得上正常的發育進度（童怡靖，2020）。青春期最明顯的轉變是身體發育，生理上漸趨成熟，具備生育的能力。本節即針對內分泌的變化與身體的變化加以說明。

 ## 青春期內分泌的變化

內分泌不僅與青少年的身體成長與發育息息相關，也對情緒與個性產生影響。以下將影響青少年身心發展的內分泌腺系統及影響作一扼要的說明。

一、內分泌系統

所謂的內分泌系統（endocrine system）是指體內所有的內分泌腺體，這些內分泌腺含有許多的分泌細胞，而且為無管腺，主要製造化學傳遞物質，稱為激素（hormones）或稱荷爾蒙，是經由微血管分泌入血液循環中，以影響及調節特定生理功能（卓貴美，2005）。激素對身體細胞有促動作用，因為身體的每一個目標細胞都具備可辨認特定激素分子的受器，受器將激素推入細胞中，因而對生理發展產生影響；有一些腺體也會因為身體內在狀態改變而活化，像是到了青少年期身高、體重的生長，以及性器官的發育與成熟（危芷芬譯，2017）。個體內分泌系統重要的腺體有以下幾項（郭靜晃，2006；卓貴美，2005；危芷芬譯，2017；黃德祥，2005；蔡任圃，2004）：

㈠下視丘

下視丘（hypothalamus）與腦下腺前葉相連繫，為神經細胞所組成，其分泌的物質可刺激或抑制腦下腺前葉的激素分泌。二者的關係說明神經系統與腦下腺之間的複雜交互作用，當壓力出現時，例如恐懼、焦慮、疼痛、情緒事件等，下視丘的某些細胞會影響腦下腺，促使分泌腎上腺皮質刺激素，影響腎上腺和其他器官，產生大約30種荷爾蒙，幫助身體適應危機情境。

(二)腦下腺

重要的內分泌腺之一是位於下視丘下方的腦下腺（pituitary gland），由前中後三葉所組成，又稱為腦下垂體（pituitary body），也稱為「主腺」，因為它所製造的多種激素可以直接控制其他內分泌腺的活動。前葉分泌的生長激素（growth hormone），是控制身體成長與發育的關鍵，過多成巨人症，過少成侏儒症。腦下腺所釋放的激素也會引起其他內分泌腺的活動，像是甲狀腺、性腺和腎上腺外層。

(三)松果腺

松果腺（pineal gland）又稱松果體，位於腦部胼胝體下方，會依年齡有不同而改變，兒童的松果腺比較大，進入青春期會逐漸退化。松果腺分泌的褪黑激素可以調節生理週期，與人類日夜調整有關。褪黑激素在體內的濃度，於3-5歲時達到最高峰，隨後濃度逐漸下降，直到15-18歲，因此有科學家認為褪黑激素濃度的降低與青春期的啟動有關。

(四)甲狀腺

甲狀腺（thyroid gland）是體內最大的內分泌器官，成人重約20克，位於喉嚨下方，分泌甲狀腺激素以增加身體的新陳代謝速率，增加產熱作用，亦可促進思考速率及警覺性；當兒童甲狀腺激素分泌不足時，常會造成智能發育不足，但若分泌過多，可能引起焦慮、不安、失眠、畏寒、體重過輕等症狀。

(五)副甲狀腺

副甲狀腺（parathyroid gland）是四顆小豆狀的腺體，位於甲狀腺後面，分泌副甲狀激素，其作用為控制人體中鈣質的新陳代謝作用，特別是鈣離子與磷酸根離子的恆定，以維持神經系統與肌肉的正常運作。

(六)胸腺

胸腺（thymus）為具內分泌機能的淋巴器官，分泌胸腺激素，其功能與免疫緊密相關。初生時胸腺約重10-15克，隨年齡增長，胸腺繼續發育，到青春期約30-40克，此後胸腺逐漸退化，淋巴細胞減少。胸腺的功

能為產生T淋巴細胞，整個淋巴器官的發育和個體免疫力都必須有T淋巴細胞，胸腺為周圍淋巴器官正常發育和機體免疫所必需。生長激素和甲狀腺素能刺激胸腺生長，而性激素則促使胸腺退化。

㈦胰臟

胰臟位於後腹腔，為一包含內分泌腺與外分泌腺的器官。胰臟的內分泌腺是將分泌物送進血液裡，循環全身以發揮作用，胰臟的內分泌細胞主要可以製造胰島素（insulin）、升糖激素（glucagon）、體制素（somatostatin）等，負責調控血糖。胰島素能增加周邊組織吸收葡萄糖、促進肝臟合成肝醣；升糖激素能促使肝醣分解，提高血糖；體制素在抑制胰島素、升糖激素的分泌，以維持正常的血糖濃度。至於外分泌腺是將分泌物送進消化道裡，將各種食物分解成小分子以利吸收，這種分泌物稱為酶或酵素。

㈧腎上腺

腎上腺（adrenal gland）位於兩側腎臟的上方，左右各一。腺體分腎上腺皮質和腎上腺髓質兩部分，周圍部分是皮質，內部是髓質。腎上腺髓質分泌腎上腺素和正腎上腺素，前者的主要功能是作用於心肌，使心跳加快、加強；後者的主要作用是使小動脈平滑肌收縮，從而使血壓升高；而腎上腺皮質主要分泌類固醇，具有抗壓力、抗發炎等功能。腎上腺素使身體準備應付危機，會與交感神經共同影響平滑肌及汗腺，也會使胃腸血管收縮、心跳加快。正腎上腺素也會動員身體準備應付危機，它刺激腦下腺分泌激素，作用於腎上腺外層，然後刺激肝臟增加血糖濃度，提供身體快速行動所需的能量。

㈨性腺

性腺（gonads）又稱生殖腺，主要指男性的睪丸、女性的卵巢。睪丸（testes）分泌男性激素睪丸酮（睪固酮），促進生殖能力、激發性慾，對性器官發育、第二性徵形成有所影響。卵巢（ovaries）分泌黃體激素、雌性激素，促進卵子成熟，影響性器官的發育、第二性徵的形成。

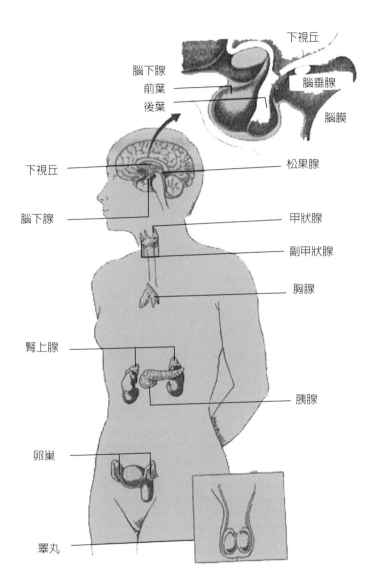

下視丘

腦下腺
前葉
後葉

腦垂腺

腦膜

下視丘

松果腺

腦下腺

甲狀腺

副甲狀腺

胸腺

腎上腺

胰腺

卵巢

睪丸

圖2-4　內分泌系統

資料來源：葉重新（2011，頁57）

二、引發青春期的腺體

在內分泌系統中，與青春期關係密切的腺體有下視丘、腦下垂腺及性腺，三者組成回饋迴路，在青春期發揮重要的影響性。以下分別說明這些腺體的作用及影響（卓貴美，2005；蔡任圃，2004；Feldman, 2008；Arnett, 2018）：

㈠HPG回饋迴路

下視丘與腦下腺相串聯，大腦才能監控正常的基本驅力，如吃、喝、自我保護和性行為。所謂HPG系統是指由下視丘、腦下腺、性腺所構成的回饋迴路（feedback loop）如圖2-5所示。下視丘會分泌促性腺激素釋放素（gonadostat）或稱為性釋素（gonadotropin-releasing hormone, GnRH），就像家中的恆溫器控制著電暖器，冷的時候就會開始啟動。同樣地，促性腺激素釋放素控制體內的激素數量，穩定地控制性激素分泌一定的數量。下視丘在青春期時會比兒童期分泌更多的激素，促使腦下腺也分泌更多的激素，腦下腺主要分泌兩種激素：促濾泡激素（follicle-stimulating hormone, FSH）、促黃體激素（luteinizing hormone, LH），FSH刺激男生的睪丸製造精子，刺激女生的卵巢製造卵泡；LH則是影響男生睪丸酮（androgens）的製造，影響女生雌激素（estrogens）和卵的製造。睪丸酮和雌激素並不是青春期才開始生產，當從受孕那一刻開始，這兩類激素即會出現在身體內，只是數量很少。不論男女生都會同時製造這兩種性激素，但是男生的睪丸酮濃度較高，女生則是雌激素濃度較高。大約受孕後的8-24週，性激素的分泌會導致性別的分化，高睪丸酮濃度的胎兒發展成男生的睪丸，高濃度雌激素發展成女生的卵巢，進一步會再影響腦細胞與神經的發展，最後再影響男女生的腦部結構分化及性別相關行為的差異。

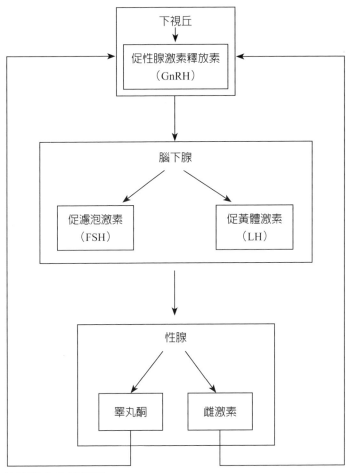

圖2-5　促性腺激素回饋迴路

資料來源：Feldman（2008, p.41）

㈡激素與情緒

　　科學家對體內的激素促使青春期的開始有完整的了解，但對於青春期時激素與情緒的關係還不是很清楚，但確定二者是有關聯的。當某些激素分泌太多會導致青春期的沮喪和敵意，特別是男生的睪丸酮分泌太多與反社會行為產生相關。而性別也存在差異，較多的激素使男生感到較多的憤怒和煩惱，女生則是憤怒和沮喪。性激素的分泌也會影響到心情

（mood），青春期開始，激素增加快速，心情的起伏變大，青少年需要努力適應身體內的重大改變。後期青少年即使激素濃度還是很高，但青少年已能適應，心情比較不受影響。如果這時候青少年又面臨家庭或學校生活的壓力，更容易影響激素的變化，導致更大的情緒化與嚴重的心情起伏。

(三)與青春期有關的其他激素

除了性腺之外，腎上腺所分泌的腎上腺雄激素（adrenal androgens）也會影響整個青春期。通常這類激素9歲或6歲開始製造，其作用是產生對異性的吸引力，根據兒童的經驗報告，性吸引力約從10歲開始，有時會更早。促性腺激素的分泌代表青春期的開始，比腎上腺雄激素的分泌晚了兩年。

真正促發青春期開始的原因還不是很清楚，有研究認為是瘦體素（leptin）達到一定的數量之後所引發，瘦體素是由脂肪細胞（fat cells）所分泌的蛋白質，比較肥胖的女生青春期會提早到來，遭受疾病和營養不良的兒童，以及持續費力的運動的兒童，他們的青春期大都會延後，這些現象可驗證這項假設。也有研究指出肽類激素（kisspeptin）傳出訊號，刺激促性腺激素的分泌，從而引發下視丘—腦下腺—性腺軸（HPG axis）的運作。這項發現對於青春期延遲的青少年也許會有治療上的幫助。

青少年身體成長現象

青少年身高與體重的發展最常被當作外顯的成熟指標，由於不同人種、不同經濟環境、不同文化與世代之間的身高與體重常有明顯的差異，因此青少年身高與體重的發展並非永遠一致的（黃德祥，2005）。

一、身高

青春期開始的第一年，個體身高快速增加，由於女生青春期出現早於男生，因此在國小階段女生都長得比大多數同年齡的男生高。根據統計在

青春期開始的第一年之中，男生的平均身高增加6-8公分，女生的平均身高增加6-7公分左右。這種從青春期開始身高急速增加的現象，謂之青春期生長陡增（puberty growth spurt）。女生達到生長陡增頂峰的年齡約在12歲左右，男生達到頂峰的年齡約在14歲左右，頂峰過後身高的增加率即急遽下降。男女生身高的發展分別約在18歲及16歲左右停止。從圖2-6中可以發現女生在10-12歲、男生在13-15歲左右的一段時間，他們身高的發展最為特殊（張春興，2007）。

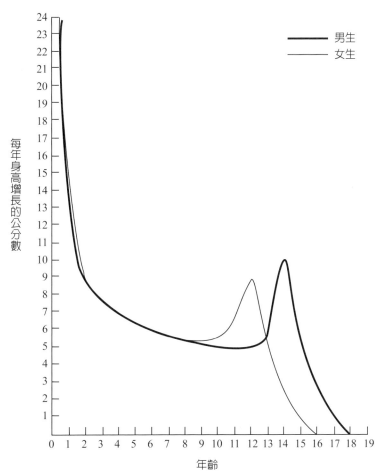

圖2-6　青春期生長陡增現象

資料來源：張春興（2007，頁73）

二、體重

　　青少年階段體重發展的增加量亦相當顯著，而增加的速度男女稍有不同，男生體重快速增加的年齡平均在12-14歲之間，而女生在9-12歲之間，這顯示女生身體發育的成熟較男生為早。12歲以後男生的體重就超越女生。女生體重發展平均在14歲左右漸趨穩定，男生體重達到穩定的年齡要到17歲左右（衛生福利部國民健康署，2018）。因為骨骼、肌肉、脂肪組織之增加而使體重增加，青春期結束，男生脂肪減少，肌肉與脂肪之比為3：1，但女生脂肪會增加，肌肉與脂肪之比為5：4，女生體脂肪是男生的2倍，因此女生在青春期常易有肥胖情形（黃德祥，2005）。

　　根據衛生福利部提出的2010-2011年臺灣營養健康狀況變遷調查結果顯示，全國國中生過重及肥胖（obesity）狀況，在男性方面，七至九年級過重及肥胖的盛行率分別則為27.6%、29.8%、33.9%，以九年級所占的比例最高；女性在七至九年級過重及肥胖的盛行率分別則為22%、27.1%、20.9%，以八年級所占的比例最高（衛生福利部國民健康署，2018）。WHO針對5-19歲兒童肥胖所下的定義為身體質量指數（body mass index, BMI）大於或等於同年齡孩童標準中位數2個標準差以上，其計算公式是以體重（公斤）除以身高（公尺）的平方（kg/m^2）。以此標準我國肥胖男童排名亞洲第五，女童排名亞洲第四。造成青少年肥胖的現象日益嚴重，對其身體意象（body image）、健康、教育和生活品質均造成莫大危害，必須從健康飲食、身體活動及充足睡眠三方面調整生活型態（王英偉，2018）。

三、骨骼

　　骨骼和關節形成身體的骨架，提供身體活動所需要的槓桿作用。女生的骨骼大小和骨化狀況約在17歲左右接近成熟，男生約在19歲接近成熟，男肩寬，女臀渾圓。臉部相貌有明顯改變，有些青少年臉部發育會有不對稱現象，因而帶來困擾，其實這只是一兩年之短暫現象，以後男性輪廓分明，女性則線條柔和（周念縈譯，2004）。青春期後，女性的雌激素分泌

增多，促進骨骼成熟與骨化，所以女性一般較男性矮一些（香港體育教學網，2016）。

四、生理系統

中樞神經系統、循環系統、呼吸系統及消化系統是人類維生的四個重要系統，這四個系統在青少年時期就接近成熟狀態（黃德祥，2005）。以下僅扼要介紹四個系統的發展（黃德祥，2005；香港體育教學網，2016；周念縈譯，2004）：

㈠中樞神經系統

中樞神經系統（central nervous system）由腦和脊髓組成，是整個神經系統的控制中心，負責接收和整合從周邊神經系統得來的訊息，然後再按需要做出反應或發出動作指令。青少年時期的中樞神經系統發展過程正處在一個快速變化，以及大腦神經網絡大規模重整的發育時期。

㈡循環系統

心臟在青春期快速成長，到了青春期末期時，大心臟透過較小的動、靜脈在輸送血液，因此有些青少年會有胸部暫時性的不舒服感。青春期開始由於性腺與甲狀腺等分泌旺盛，容易引起血壓上升，稱為「青春性高血壓」。一般多見於身體發育良好、身高增長迅速的青少年，不過隨著年齡增長，血壓會漸趨成年人水平。

㈢呼吸系統

肺臟在青少年期才快速成長，一般以肺活量來衡量肺部成長的情形，男女生的肺活量差異並不明顯，青少年肺活量比兒童期增加，但比成年人低。

㈣消化系統

青少年階段胃的形狀變得又寬又長，胃容量增加很多，胃酸濃度增加，以便消化食物，正常的青少年此時食慾大增，食物的消耗量可能達到成人的兩倍。不過青少年容易遭遇消化不良的困擾，加上壓力日增，促使

胃酸過度分泌，容易引起胃痛或胃潰瘍。

五、體能發展

　　青少年的肌肉組織發育，會造成兩性及同性間的力氣（strength）及運動表現不同，男性一般比女性擁有大的肌肉，因此男生的力氣超過女生。運動能力方面，由於骨骼、肌肉、神經系統等充分發展，男女生在運動能力（包含速度、靈敏、平衡等）皆有明顯的進步。

第三節　青春期生殖系統的發育

　　青春期除了會出現青少年成長的陡增之外，生殖系統的發育也是特徵之一，生殖系統完全成熟需要幾年的時間，同時身體也會出現廣泛的變化，如同青少年的成長一樣，生殖系統的發育也是女生比男生早開始（周念縈譯，2004）。生殖系統的功能主要為製造生殖細胞及製造激素，通常稱為第一性徵（primary sex characteristics），主要是指個體的生殖器官，男性主要為睪丸、陰囊、陰莖等，女性主要為卵巢、輸卵管、子宮、陰道等。此外男女生的第二性徵（secondary sex characteristics）也持續產生變化，第二性徵包括兩性的生理變化，例如女生的胸部發育、男生的變聲等，其發展有一定的階段，學理上稱為譚納階段（Tanner stages），以判斷青少年的發展程度（Feldman, 2008）。表2-1為青春期男女身體變化的順序，可以了解男女生性成熟的發展過程。以下分別就男女生性成熟（sexual maturation）的發展狀況加以說明。

 男生的性成熟

　　男性生殖系統（male reproductive system）從外面來看，主要有陰囊（stratum）、陰莖（penis），陰囊內含睪丸（testis），連接著副睪（epididymis）、輸精管（vas deferens）、精囊（seminal vesicles）、攝護腺

表2-1　青春期身體變化的順序

女孩		男孩	
開始出現年齡	特徵	開始出現年齡	特徵
1. 7-13	胸部發育	1. 10-13.5	睪丸、陰囊發育
2. 7-14	陰毛長出	2. 10-15	陰毛長出
3. 9.5-14.5	身體成長	3. 10.5-16	身體成長
4. 10-16.5	初經	4. 11-14.5	陰莖發育
5.陰毛長出後兩年	腋毛長出	5.陰莖發育同時	變聲、喉結出現
6.腋毛長出同時	腋下長出汗腺、油脂腺，臉上長粉刺	6.陰毛長出後兩年	鬍鬚、腋毛長出
		7.腋毛長出同時	腋下長出汗腺、油脂腺，臉上長粉刺

資料來源：Steinberg（2017, p.20）

（前列腺）（prostate glands）、考伯氏腺體（Cowper's glands）等，陰莖內包含有尿道（urethra）及海綿體（corpus cavernosum）。青春期開始，男生的性成熟主要表現在以下幾方面（江漢聲，1997；卓貴美，2005；洪光遠、連廷嘉譯，2018；Dolgin, 2011；Arnett, 2018）：

一、睪丸功能的成熟

睪丸最主要的功能是產生睪丸酮及精子（sperm），當男性激素進入血液時，會促使男性第二性徵的顯現。睪丸中的精子，從開始生長到成為成熟的精細胞，完整的歷程約需10天。精子自睪丸製造出後，進入副睪儲藏，但大部分是儲存在輸精管中。精子與前列腺液、考伯氏腺液（尿道球腺液）混合成為精液，射精時肌肉運動加上纖毛運動，會促使精子經副睪、輸精管、射精管、尿道而射出，一次射出約為3cc，每cc約一億二千萬個精子。考伯氏腺體也會在青少年時達到成熟，其分泌的鹼性液體能潤滑並中和尿道的酸度，使精液得以安全通過，在性興奮與射精之前，也會分泌少量液體，且內含精液，有可能會使女性受孕。所射出的精子內含23

個染色體，頭部外覆有一尖體，尖體內含酵素，可幫助精子穿透卵子而受孕。

二、陰莖的發育

陰莖的主要功能有三：排尿、勃起（erection）以便性交、將精液射入陰道。陰莖的長度與周長在青少年時期會加倍增長，最急速的成長在14-16歲之間，通常需要三年時間才能達到成人階段。陰莖圓柱形末端膨大的部分是龜頭（glans of penis），上面有包皮（prepuce）覆蓋著，經常會因衛生或宗教理由而以切除，如今切包皮並非健康的必要考量，只要能維持包皮內的清潔衛生即可。陰莖的長度平均為10至12公分之間。陰莖的大小、長短與性的滿足、性能力無關。到了青春期，陰莖的勃起現象會更加頻繁，青少年常無法控制突然的勃起，有時會感到尷尬。

三、夢遺

青春期睪丸開始產生精子，攝護腺和精囊也開始分泌，由於精囊中的精液充滿，會在睡夢中夢到有關性的事物，或睡夢中性器官受到摩擦，致使體內的精子及精液不由自主的經尿道排出體外，由於常發生在睡夢中所以稱為夢遺（nocturnal emissions）。夢遺是男性青春期後正常的生理現象，和月經的成熟象徵是一樣的，但循環週期是不同的，夢遺可能隔數天出現，但絕不會影響健康。研究指出大部分的男孩在13歲前就可能開始射精，困惑之餘會得到快感與成熟感，然而大部分的男孩不會告訴任何人他但已經開始射精。

四、第二性徵的發展

從青春期開始，男生的第二性徵也開始產生改變，雖然這些性徵不一定與生殖功能有關，但卻可以此區分出男性和女性的身體。這些改變如下：1.皮膚變得粗糙、油膩，油脂分泌增加，排汗量也逐漸地增加；2.開始變聲，聲音變得低沉，也由於喉頭甲狀軟骨發生變化，喉結明顯凸出；3.長出鬍子，亦開始長出陰毛和腋毛，全身體毛亦加長和加密；4.身高和

體重開始增加，體形比女性更高大，肩膀胸膛寬濶，肌肉發達。然而因為發展的速度不同，有些男孩還沒開始發育，陰莖尚未發育、體型仍像個小學生，跟發育已充分的同學相比較時，有可能會感到自卑。甚至有1.6%至8%的男生會出現女乳症（gynecomastia），胸部會暫時隆起，這是因為體內系統受到過量的雌激素所導致。

 貳　女生的性成熟

　　女性生殖系統（female reproductive system）的主要功能有分泌雌激素、排卵、懷孕及分娩。生殖系統的內生殖器官包括卵巢（ovary）、輸卵管（oviduct）、子宮（uterus）、子宮頸（cervix）及陰道（vagina）；外生殖器官統稱為陰戶（vulva），包括大陰唇（labia majora）、小陰唇（labia minora）、陰蒂（clitoris）、陰道口（vaginal orifice）、處女膜（hymen）、大前庭腺（Bartholin's glands）及陰阜（mons pubis）等。女性因生殖器官與男性不同，所以青春期開始與男性的顯著差別就是乳房的發育及月經的出現。第一次月經的來臨對女孩子心理有重大的意義，如同男孩子第一次射精一樣。女生性器官的成熟主要表現在以下幾方面（江漢聲，1997；卓貴美，2005；洪光遠、連廷嘉譯，2018；Dolgin, 2011；Arnett, 2018；Balk, 1995）：

一、陰道、子宮與陰戶的發育

　　陰道是女性性交的器官，也是精子、胎兒及月經通過的管道，大約8-10公分長。在青春期的發育，會使其增加長度，黏膜內層會增生變厚，變得較有彈性，且轉成更深的顏色。子宮為肌肉組織，位於骨盆腔內，在膀胱和肛門之間，其功用是孕育胎兒。兒童時期的子宮很小，青春期開始，內膜層受到激素的影響而每月增長一次，準備受精卵子來著床，成為胚胎，若沒有受孕，內膜層則脫落而成為經期。生產時子宮肌肉的收縮強而有力，可以將嬰兒順利推出體外。此外，青春期時大陰唇、小陰唇及陰蒂都快速擴充，變得更突出。

二、卵巢的成熟功能

卵巢位於骨盆左右兩邊，像男性的睪丸一樣，有製造卵子及分泌激素兩項功能。卵巢有許多的原始濾泡，青春期受到腦下腺分泌的FSH激素的刺激而開始發育，成為成熟的濾泡，並可分泌雌激素。成熟濾泡受到LH激素的刺激而產生排卵（ovulation），排卵時輸卵管的管壁肌肉跟著收縮，把排出的卵吸入管內，將卵子送入子宮方向。性行為後，精子從陰道入子宮，向輸卵管方向移動，如果受精發生，輸卵管的蠕動會慢慢將受精卵移動到子宮。

三、月經來潮

月經週期的形成是受到FSH及LH的刺激，左右兩邊的卵巢每個月輪流有一個卵會成熟，並釋出卵到腹腔稱為排卵；若卵未受精，亦未著床，則增厚的子宮內膜、血管及腺體便會剝落，經由陰道排出的現象稱為月經（menstruation）。月經週期平均為28天，不同女性的週期長度是有差異的，大約在下次月經時期之前的第14天稱為排卵期，會有一個卵進入到輸卵管裡。青少年女生平均在12歲時開始月經週期，但可能提早或延後。初經（menarche）的出現通常並非是女性開始青春期的信號，它是出現在整個過程的中間，是在身高體重的成長速率達到最高點之後。初經來潮的早晚，除了受生理基因的控制，還受後天環境因素的影響，因為現今女孩的營養及健康比較好，因此月經來得比較早。

四、第二性徵的發展

卵巢的濾泡細胞可以分泌雌激素，又叫動情素（estrogens），在青春發動時期除了刺激性器官的發育，還促使第二性徵的出現。女生的第二性徵包括：1.乳房發育，這是最早的第二性徵，大致在8-12歲時，乳頭會首先突起，漸漸乳頭、乳暈及乳房都會增大；2.皮下脂肪增加，尤其是臀部，使女性身體輪廓與男性不同；3.陰毛的出現，乳房發育不久就有陰毛的出現，平均在12歲開始長出，初時少及細，後來變多，且粗及曲捲；

4.腋毛長出，陰毛出現的兩年後，腋下開始長毛；5.骨盆腔擴大，預備將來生育；6.高度普遍比男性矮，初期生長激素使身體長高，但動情素會刺激骨頭的生長較早停下來；7.皮膚細緻，柔軟光滑。

 ## 參　早熟與晚熟的影響

　　個體的性發展不一定與年齡相一致，因此在性成熟上有很大的差異。學者將性發展分成不同的等級（階段），男生的性成熟依據生殖器和陰毛的發展分等級，女性則依胸部和陰毛。譚納（Tanner）是一位英國的小兒科醫生，他於1962年首創性成熟的分類系統，分為以下五個等級：G1第二性徵沒出現；G2開始出現第二性徵；G3進一步發展；G4更成熟階段；G5達到完全成人的發展（Balk, 1995）。導致發育速度的差異乃是因為遺傳基因、家庭、社會與文化等因素所造成，個體因而可能出現早熟（early maturation）、適時成熟（on-time maturation）或晚熟（late maturation）的個別差異現象。

一、男生的早熟與晚熟

　　2012年美國《兒科》（Pediatrics）發表美國男孩性早熟的研究指出，美國男孩出現青春期性徵的時間，提早了六個月至兩年，我國的男生也有相同的現象。推測男生性早熟的原因如下：1.營養太好，飲食西化、攝取熱量太高的食物；2.環境荷爾蒙，塑化劑等環境荷爾蒙濃度高、長時間接觸暴露；3.性訊息（sexual exposure）太多，戲劇、電玩充斥性暗示及暴力（羅梅英，2015）。對男生而言，研究發現早熟或晚熟是優劣並存。早熟的男生發育比較早、身體高壯、好交際、易受同伴之肯定，也受到成人的認可，讓他們承擔更多的社會責任，因此較易成為領導者。早熟男生與正常成熟的同齡女生在心理體驗上更接近，再加上體育活動表現更突出，使他們更受到異性的歡迎，因而與異性的互動較具信心（陳金定，2015）。至於早熟男生的缺點則是比較容易表現反社會行為或偏差行為，例如逃學和學校學習的問題，到了成年初期，則有比較容易有藥物濫用、喝酒及

參與高危險活動等問題。究其原因，外表的成熟使成人減少監督，再加上他們交往的同儕都是年齡比較大的，因此具有較高偏差行為的可能性（Steinberg, 2017）。

至於晚熟的男生則會因社交互動問題而感到自卑，與早熟者相較，他們的外表矮小、體格、力氣與協調性均不如早熟者，因而會出現負面的自我知覺及自我概念，進而影響其自尊。因為外表無吸引力，因而在社交上容易受到拒絕，導致變得自我羞愧與退縮。為了提高他們的自尊及同儕地位，會以喝酒及參與反社會行為，以各種補償行為來確保自己被同儕接納（洪光遠、連廷嘉譯，2018）。然而青少年晚期，晚熟者追上來了，除了改變先前的不利地位，也獲得晚熟所帶來的優勢，他們表現出較高的智力好奇心、探索行為、社交主動性（social initiative）（Steinberg, 2017）。

二、女生的早熟與晚熟

根據國外的研究，女生性早熟的發生率為男生的10倍，且很多是不明原因的性早熟（羅梅英，2015）。早熟女生因為發育早，容易成為男性注意的焦點，比一般女生提早約會。但早熟女生與早熟男生處境完全不同，她們則遇到了最困難的適應問題。早熟的女生，身材變高大、胸部又發育，與同儕顯得相當不一致，且胸部之發育引來注意，導致常會感到尷尬與自我羞愧。因此早熟的女生比較具有情緒上的困擾，例如退縮、焦慮、飲食疾患及負面的身體意象，若能克服，則成年後有較好的適應。在與同儕相處方面，她們比較不受同年齡同儕的歡迎，因而喜歡與年齡較大的同儕交往，因此而可能發生過早的性行為，以及有較多的偏差行為（陳金定，2015；Steinberg, 2017）。

晚熟的女生外表看起來像小女生，在社交上會遭遇到不利的條件，例如容易被他人忽視、不受歡迎等，因此比較晚才開始與異性約會。但是比起早熟的女生，她們比較少受到父母與其他成人嚴格的批評與監督，以及有比較長的時間可以適應不利的社交困境，因此比較具有自信及自我肯定（郭靜晃，2006；洪光遠、連廷嘉譯，2018）。整體來說，早熟男生比晚熟男生更有優勢，而早熟女生比晚熟女生則是處於劣勢地位，早熟女生在

青春期以後的發展要面臨更多的適應問題。

 身體意象與飲食疾患

　　所謂身體意象（body image）是一種個人對自己身體特徵主觀性、綜合性及評價性的概念，包括個人對自己身體各方面的了解與態度，也反映出個人所感覺到他人對其身體外觀的看法。簡單地說，身體意象就是個人對自己身體的看法（陳佳君，2010）。身體意象是人與環境互動之後的結果，不是一個靜態的過程，而是經由人、時、地三者交互作用之下所產生的動態結果。

一、身體意象困擾

　　身體意象的概念說明體型滿意度是個體知覺及評價身體外表後獲得內在感受，此感受容易受身材高矮或胖瘦評價影響，特別是知覺矮小、體重肥胖時，通常獲得滿意程度是低的（陳志明等，2019）。青春期的男女生都很在意自己的外表長相，特別是容貌、體重、身高。男生擔心自己不夠高大強壯，女生擔心自己不夠苗條、身材不好，大多數研究發現女性比男性更在乎自己的身體形象，女性對身體不滿意的程度比男性高，女性的身體意象困擾比男性嚴重。所得到的結果就反映在對於瘦身的渴望、高度對自我身體監控及不斷地進行節食等情況，甚至在男性身上也發現了類似的情況（郭旗成、林燕卿、李新民，2020）。相關研究發現（Cardi, Leppanen, & Treasure, 2015），因不滿體型而發生飲食問題者，總會發展許多行為來控制體重，像是限制食物攝取或透過多種運動額外增加熱量消耗。陳志明等人（2019）對高中職舞蹈班女學生的研究，就發現身體意象知覺差距、身體檢視及飲食態度存在顯著的正向關係，理想與實際體型知覺的落差確實會影響女性舞者的飲食態度，進而導致年輕女性舞者發生飲食問題。郭旗成等人（2020）對高中職學生的研究，發現女生的身體意象困擾明顯高於男生，而且高中職學生身體意象困擾與憂鬱情緒有顯著正向關聯。

二、飲食疾患

由上述研究發現身體意象的困擾是導致飲食問題的核心因素，也就最重要的變項，其他如親子關係、同儕壓力敏感性以及對大眾媒體的反應等，皆是影響青少年飲食異常發展之因素。相較於女性以身體意象、外貌比較與減重壓力為主之表現徵狀，男性特別在衝動、情緒迴避等，呈現與飲食的關聯性（陳宇平、郭麗安，2022）。

飲食疾患（eating disorder）或稱飲食異常、飲食障礙、飲食失調，用來描述不正常的飲食型態，通常包含了嚴格的禁食，如厭食症（anorexia nervosa），以及反覆大吃大喝後，刻意嘔吐或使用瀉藥、過度運動來保持身材，如暴食症（bulimia nervosa），這是青少年及年輕女性常見的心理及行為問題之一。另有一種狂食症（binge-eating disorder）與暴食症患者類似，不同的是狂食症患者並不會出現催吐與絕食等補償行為（古琪雯，2003；趙楡茹，2008）。青少年出現的飲食疾患症狀，經常與過重、肥胖及憂鬱有關，在發展中的非西方國家愈來愈普遍，已成為嚴重的身心健康問題。飲食疾患個案群相當集中，大都出現在青春期後期以及成年早期，相當於高中及大專學生階段，早年研究發現每年每十萬人中飲食疾患的發生率，女性約為15%、男性則為1.5%，女性約為男性的十倍，但近幾年來，女性與男性比例已改變為3.6比1，男性增長速度快於女性（陳宇平、郭麗安，2022）。飲食疾患除了飲食行為異常之外，常合併其他明顯的身體症狀，如月經停止或不規則、生長遲緩、心臟功能惡化等，並有心理或社會適應障礙，如自我傷害、藥物或酒精濫用等問題（古琪雯，2003）。因此對於有飲食異常行為的青少年，應該從中學校園進行預防介入最為適合，即便已發展為疾病者，若得到治療亦有不錯的復原機會（陳宇平、郭麗安，2022）。

自我評量 ....

一、選擇題

(　　) 1. 青少年階段的生理發展受到內分泌腺體的影響很大。下列何種內分泌腺體，在進入青春期之後會逐漸退化？　(A)甲狀腺（thyroids）(B)松果腺（pineal gland）　(C)副甲狀腺（parathyroids）　(D)腦下垂體（pituitary body）

(　　) 2. 有關青少年發展的描述，下列何者較正確？　(A)早熟的女孩較外向且愛表現　(B)早熟的男孩較不受同儕歡迎　(C)青少年在乎自己的成就大於外貌　(D)兩性的第二性徵出現之順序相當一致

(　　) 3. 下列關於青少年在生理方面之早熟與晚熟的敘述，何者較不正確？(A)早熟的女生比早熟的男生遭遇較多的困擾　(B)晚熟的男生比晚熟的女生較會受到同儕的排斥　(C)早熟的女生比早熟的男生較會贏得成人的信賴　(D)早熟的男生比早熟的女生較會被選為同儕團體的領導者

(　　) 4. 由兒童期進入青春期的女性，其心理層面描述何者較正確？　(A)身體意象越來越負向　(B)多數女性認為初經象徵成熟因而有較正向的感受　(C)早熟的女孩心理適應比晚熟者為佳　(D)女性荷爾蒙的增加與攻擊行為有某種程度的正向關連

(　　) 5. 青春期的快速成長與生育能力趨於成熟的現象與下列何者有直接關係？　(A)松果腺、腦下腺、甲狀腺　(B)腦下腺、性腺、腎上腺(C)下視丘、胼胝體、海馬迴　(D)下視丘、腦下腺、性腺

(　　) 6. 小光常有上課不專心、容易衝動發言、做事缺乏計畫性等行為表現。他最有可能是哪一腦區的功能有所缺損？　(A)胼胝體　(B)邊緣系統　(C)顳葉皮質區　(D)前額葉皮質區

(　　) 7. 下列有關青春期的生理變化，何者正確？　(A)大腦神經元的突觸修剪持續增加　(B)青少年男孩的發展較女孩來得快和早　(C)一生中，身高和體重增加最快速的階段　(D)松果體分泌的激素刺激了第二性徵的發展

(　　) 8. 十一年級的小茵經醫師診斷可能罹患暴食症。下列關於暴食症的敘

述何者正確？　(A)患者常有體重超重的問題　(B)患者通常不在意身體意象　(C)女性與男性患者人數的比例相差不大　(D)患者發作時常伴有焦慮、憂鬱的情緒

(　　) 9. 曾老師發現八年級的某位學生出現負面自我知覺，有依賴傾向，經常想辦法引起注意，也容易因為社交拒絕而變得退縮。該位學生最有可能是下列哪一類型？　(A)早熟的男孩　(B)晚熟的男孩　(C)早熟的女孩　(D)晚熟的女孩

(　　) 10. 關於青少年時期的生理發展，下列哪一項敘述較不正確？　(A)骨骼的骨化作用快速進行　(B)是一生中神經系統發展最快的時期　(C)男生肌肉組織的發育較女生佔優勢　(D)四肢成長的速度大於頭部成長的速度

(　　) 11. 林老師發現國一班上的志明同學有體重過重的現象，試問他應該注意哪些因肥胖（obesity）所伴隨的可能問題？甲、犯罪行為　乙、性別認同的建立　丙、人際關係與社會焦慮　丁、有被動、依賴的傾向　(A)甲乙丙　(B)甲乙丁　(C)甲丙丁　(D)乙丙丁

(　　) 12. 有關青少年大腦發展之敘述，下列何者不正確？　(A)大腦仍保有可塑性（plasticity）　(B)髓鞘化（myelinization）持續發生　(C)突觸修剪（synaptic pruning）持續發生　(D)前額葉皮層（prefrontal cortex）已發展完成

(　　) 13. 下列何種大腦發展的特性現象，較能說明為何青少年比兒童或成人更容易從事危險行為？　(A)大腦胼胝體的發育尚未成熟　(B)腦幹在出生時雖已成熟，但邊緣系統在青春期時尚未成熟　(C)青春期時腦內多巴胺之分泌量比其他發展階段皆來得多　(D)前額葉皮質的發展速度趕不上邊緣系統的發展

(　　) 14. 小新的大腦海馬迴受損，他最可能出現下列哪一種問題？　(A)無法控制情緒常發脾氣　(B)身體動作不協調時常跌倒　(C)無法判斷對話中的弦外之音　(D)記不住老師課堂的教學內容

(　　) 15. 關於青少年大腦發展的敘述，下列何者錯誤？　(A)大腦仍然可以產生新的神經細胞　(B)大腦結構產生許多改變，例如在邊緣系統、胼胝體等區域　(C)大腦訊息傳遞變得更有效率是因為前額葉

白質的明顯增加　(D)決定大腦效率的主因是生理因素，和環境、經驗的關係有限

參考答案

1.(B)　2.(D)　3.(C)　4.(A)　5.(D)　6.(B)　7.(A)　8.(D)　9.(B)　10.(B)　11.(D)
12.(D)　13.(D)　14.(D)　15.(D)

二、問答題

1.九年級的大雄有身材肥胖困擾的問題。(1)請舉出兩項大雄可能會面臨的心理或社會困擾。(2)針對大雄身材肥胖的問題，請列舉三項教師輔導的具體作為。

2.在青春期中，哪些內分泌腺體會影響性器官的發育？並說明是如何影響。

3.何謂身體意象（body image）？身體意象對青少年有何影響？其影響是否存在性別差異？（請說明理由）

4.請從大腦發育的觀點，解釋青少年為何情緒容易衝動。

5.青春期出現的早晚（早熟或晚熟），對於青少年的心理與社會發展有何重要的影響？

6.從青春期開始，男女生的性成熟開始發展，請說明男女生第一性徵及第二性徵的發育各有哪些現象。

7.何謂飲食疾患？青少年階段比較常見的飲食疾患有哪些？請敘述其狀況。

第3章

青少年的智力與
認知發展

　　認知（cognition）是指人類如何獲取知識的歷程，所謂認知發展是指個體自出生後在適應環境的活動中，對事物的認識以及面對問題情境時的思維能力與能力表現，隨年齡增長而逐漸改變的歷程（張春興，2007）。認知心理學家致力於發展能透視學習本質的理論，特別是個人如何產生知識的結構，以及個人如何創造、學習推論與解決問題的策略。學者的焦點集中在個人如何處理訊息、如何監控與運作其思考，以及其思考之結果。所提出的理論，包括認知發展理論、認知結構理論、訊息處理理論等（周新富，2022a）。青少年無論是生活或學習，都需要不斷地知覺、注意和記憶大量的外界資訊，以及思考各種問題，這些都是屬於認知活動（馮維，2019）。大部分人都會同意青少年比兒童來得聰明，除了知道比較多的知識、得到比較多的資訊以外，青少年的思考方式也變得更加進步、更有效率，因此認知能力能優於兒童（Steinberg, 2017）。本章首先探討青少年在智力測驗方面的成長與變化，其次就認知發展理論剖析青少年的認知能力的發展，最後就訊息處理理論的觀點來探討青少年的認知發展情形。

第一節 心理測量取向觀點

　　心理測量學（psychometrics）是指依據心理學理論，使用一定的操作程序，獲得人的心理能力、人格及心理健康等數值（張厚粲、龔耀先，2009）。這種取向的先鋒是法國的心理學家比奈（Binet），於1904年受政府委託編製智力測驗，作為區別兒童學習能力的工具。1905年與另一學者西蒙（Simon）合作，編製了世界上第一個智力測驗比西量表（Binet-Simon Scale）。從此開創了心理測量學的研究路線，往後學者不斷編製出更多的心理測驗。本節以心理測量取向探討智力測驗的面貌及其相關的智力理論，最後討論青少年在智力發展的差異情形。

壹　智力的定義

　　「智力」（intelligence）一詞，歷來界說不一，心理學家所下的定義不出兩個取向：概念性定義或操作性定義，像以下的解釋屬概念性定義：智力是抽象思維的能力；智力是學習知識的能力；智力是解決問題的能力；智力是適應環境的能力。以下的說法就屬於以具體可操作的方式來界定智力：智力是根據智力測驗所測得的分數；學生的智力可由其學業成就推知（張春興，2007）。大部分的學者都同意智力與能力有關，且這種能力會與生活經驗有密切關係，能力愈高者愈能快速學會新的知識和技能，因此智力可界定為：個體用來理解世界，以及有效應付各種挑戰的綜合性能力（Conger & Galambos, 1997）。

 貳　智力理論

　　智力理論是心理學家對人類智力組成的系統解釋。智力究竟是只包含一種能力？還是由數種不同能力組合而成？如果不能在理論上先認定智力的內涵，智力測驗將無法編製（張春興，2007）。所有的智力的心理測量學理論都依據因素分析方法，不同的研究者對於同一因素結構可能賦予不同的定義和解釋，因此產生眾多不同的智力理論。

一、二因素理論

　　1904年由英國的斯皮爾曼（Spearman）提出的二因素理論，認為人的智力由一般因素（General）和特殊因素（Special）所組成，其中一般因素來自於遺傳，是智力結構的基礎和關鍵，亦是智力測驗所要測量的；而特殊因素只表現在特殊性的活動上，只具有偶然意義。1963年卡特爾（Cattell）將智力分成流體智力（fluid intelligence）和晶體智力（crystallized intelligence）兩類。流體智力受先天遺傳因素的影響較大，指的是推理和在新情境中問題解決的能力；晶體智力又稱固定智力，則是受後天學習因素影響較大的智力，主要是語文詞彙及數理知識記憶的表現（張春興，

2007，2013；鄭昭明，2010）。

二、智力群因論

美國心理學家塞斯頓（Thurstone）於1938年首先提出智力群因素論，他認智力的核心不是單一的G因素，而是許多主要的、基本的、彼此相關的能力因素群，其中最基本的七種基本能力因素是：語言理解、語詞流暢、數字運算、空間關係、聯想記憶、推理和知覺速度。1959年吉爾福特（Guilford）提出智力結構理論（structure-of-intellect theory），通常被視為塞斯頓理論的擴展。他將智力分為三個向度：思維運作、思維內容和思維產物，這三個向度的變化組合可以產生180種心理能力（5種內容×6種運作×6種產物），人類智力即由這180種不同的能力結構所組成。其中思維運作向度中的擴散思考，在心理特徵上即是創造（creativity），吉爾福特用流暢性、變通性與獨特創性來界定（張春興，2007，2013；鄭昭明，2010）。

三、多元智力理論

採用心理測量取向的智力理論，未免將人類的智力窄化，因此近年來有些心理學家企圖擺脫傳統取向而建立新的理論。美國心理學家加德納（Gardner, 1993）提出多元智力理論（theory of multiple intelligences），認為人類的心理能力包含以下八種：語文智力（linguistic intelligence）、邏輯─數學智力（logic-mathematical intelligence）、視覺─空間智力（visual-spatial intelligence）、肢體─動覺智力（bodily-kinesthetic intelligence）、音樂智力（musical intelligence）、人際智力（interpersonal intelligence）、內省智力（intrapersonal intelligence）、自然觀察者智力（naturalistic intel-ligence）。後來增加「存在智力」（existential intelligence），是指陳述、思考有關生與死和終極世界的傾向，即人們的生存方式及其潛在的能力。傳統智力測驗只將前三種視為智力因素，後五種能力雖然在社會生活中相當重要，但一向未被視為智力，尤其是後四種能力不容易客觀測量。

四、智力三元論

對傳統智力理論提出挑戰，且具有相當影響力的理論是由史登柏格（Sternberg, 1985, 2003）所提出的智力三元論（triarchic theory of intelligence），傳統智力測驗所測到的智力商數（IQ），只能代表三元論中的分析性智力，因此智商是否等於智力的問題已成心理學上的新爭議。史登柏格以訊息處理論的觀點來分析認知活動中所需要的能力，將人類的智力分成下列三部分（Sternberg, 1985, 2003）：

㈠實用智力

實用智力（practical intelligence）指個體能與每天生活環境成功互動的能力，表現在三種形式：1.適變，即能適度地改變自己以符合環境的要求；2.選擇，即從多種可能的情境中，針對需求與情境做出適當的抉擇；3.改造，即遇到不易適應又難選擇的情境時，個體能改變環境以達成目的。

㈡創意智力

創意智力（creative intelligence）指個體善於隨機應變，且能表現高度工作效率，因此個體在面對新情境時，能以頓悟方式結合新舊經驗，有創意地解決新問題。

㈢分析智力

分析智力（analytical intelligence）指個體解決問題時，表現的思考、計畫、判斷、執行等心智活動的能力，是學業成就的重要成分，也是傳統標準化智力測驗所要測量的能力。分析智力包括三種訊息處理成分：1.後設認知成分，即監控和評鑑心理的處理過程；2.表現成分，對計畫或決定付出行動；3.知識獲得成分，即學習新訊息以實現計畫。

 ## 智力測驗

自從比奈和西蒙編製了第一個智力量表之後，有關智力的心理測量學

日益蓬勃發展，例如美國斯坦福大學（Stanford University）修訂的斯比量表（Stanford-Binet Intelligence Scale）、美國魏克斯勒（D. Wechsler）所編的魏氏兒童智力量表、魏氏成人智力量表、魏氏學前智力量表等。智力測驗是測量智力的工具，除以理論為依據之外，還要經過標準化的過程，例如項目分析、建立常模、建立信效度等，過程嚴謹而繁瑣。以下僅針對比較常用的智力測驗，說明如何對所測得的分數加以解釋（張春興，2007，2013；鄭昭明，2010；Steinberg, 2017）：

一、比率智商

第一個智力測驗比西量表，共30個題目，其編製目的是為鑑別學童學習能力，也就是為了比較智力的高低，而作為編班依據。比奈首先採用心理年齡（mental age，簡稱MA）的概念，各年齡兒童在量表上通過的題目層次及題目數，即代表他的心理年齡。兒童的實足年齡（chronological age）可由出生年月確定，心理年齡高於實足年齡，則表示兒童的智力較高，反之則低。

比西量表傳到美國之後，斯坦福大學教授推孟（Terman）將之修訂成斯比量表，是當代具權威的個別智力測驗。最大的改變是將原來表示智力高低的心理年齡，改用智力商數或簡稱為智商（intelligence quotient, IQ）來表示，智商乃是心理年齡與實足年齡的比值，因而稱之為比率智商（ratio IQ）。其公式如下：

$$智商（IQ）＝心理年齡（MA）÷實足年齡（CA）×100$$
$$（IQ = MA/CA×100）$$

實足年齡是以月數表示，例如12歲6個月就是150個月，心理年齡代表答對的題數，也是以月為單位，例如13歲9個月是165個月，乘以100是為了要消去小數。這位國中生的智商是165/150×100，IQ = 110，顯示國中生的智力稍高於平均數。如果一個兒童的MA等於CA，則其IQ就是100，100表示中等；100以下的IQ表示在平均之下，而100以上IQ表示在平均之

上。這種智商的缺點是，就是人的實足年齡一直在增長，但是心理年齡並不會一直成長，所以用比率智商來測量，會造成同一個人年齡愈大所測得的智商會愈低，這跟實際的狀況不太符合。比率智商另一個問題是各年齡層的標準差可能不一樣，因此無法做不同年齡間的比較。

二、離差智商

比率智商的一些問題導致被離差智商（deviation IQ）取代，這是美國心理學家魏克斯勒所創用的計量方法。離差智商是採用標準分數來表示智力的高低，先將測驗所得的原始分數轉換成Z分數（標準分數），再以100為平均數，以15為標準差。將Z分數轉換成IQ分數，其計算公式如下：DIQ = 15Z + 100。假如國一學生的離差智商是130，正好是平均數以上兩個標準差的位置，在理論上高於97.72%（50% + 34.13% + 13.59%）的人，由圖3-1可以得知每個變異數所占的面積即代表人數的百分比。由於離差智商在使用上優於比率智商，因此斯比量表自1960年第三次修訂時，就一直採用離差智商，其公式如下：DIQ = 16Z + 100。

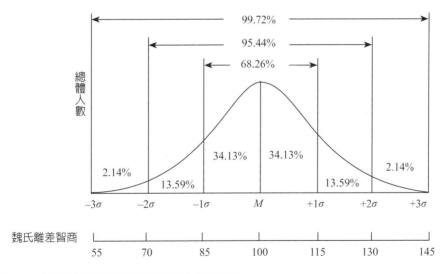

圖3-1　離差智商常態分配人數所占的百分比

資料來源：張春興（2013，頁422）

　　魏克斯勒所編製的智力測驗稱魏氏智力量表（Wechsler Scales），其中適合青少年中晚期施測量表為魏氏成人智力量表（WAIS-R）。中文版的魏氏成人智力量表目前是2015年修訂的第四版（WAIS-IV），由中國行為科學社出版，測驗內容分語文量表與作業量表，再區分語文理解、知覺推理、工作記憶和處理速度四項組合分數，適用年齡為16-90歲。魏氏兒童智力量表（Wechsler Intelligence Scale for Children, WISC）適合青少年前期使用，中文版是2018年修訂後的第五版，測驗內容分為語文題材和作業題材，共包含14個分測驗，適用年齡為6-16歲，這兩種智力量表皆採用個別施測方式（陳心怡等，2015）。

 ## 肆　青少年在智力測驗的表現與啟示

　　心理學家的研究發現傳統智力測驗的分數從兒童到青少年會有快速的成長，一直發展到青少年中晚期達到高峰，之後呈現平穩發展，到成年早期才逐漸下降。因青少年中期之前的教育介入，能改善智力測驗的表現，然而對於中輟生其智力測驗則是沒有變化，甚至偏低，在學的青少年，其語言能力會有顯著的進步（Steinberg, 2017）。如果依卡特爾的理論，將智力測驗內容分為流體智力、晶體智力兩類，比較二類智力在青少年期的發展情形。流體智力主要是以推理和訊息處理速度為代表，例如歸納推理、空間推理和知覺速度，這類智力在12歲達到高峰者約占80%，到了20歲後開始下降。晶體智力所測得的能力以知識獲得的深度及廣度為代表，例如字彙、一般訊息（general information）和語言理解，這類智力在18歲達高峰者占80%，但晶體智力仍會持續上升，表示這類智力與後天的學習和生活經驗有關（Conger & Galambos, 1997）。由上述對智力測驗的研究之中，我們可以得到以下的啟示（陳增穎譯，2022；Santrock, 2008；Steinberg, 2017）：

一、避免誤用與不當期望

　　智力測驗應用在學校教育上可以作為實施編班或分組教學的依據，

智力測驗尚有預測未來教育成就的功能，可以作為輔導學生適性發展的一項參考指標。在特殊教育方面，可以用來安置常態分配兩個極端的學生，當個別智力測驗結果未達平均數負二個標準差即是智能障礙，平均數達正二個標準差或百分等級九十七以上即是一般智能資賦優異。尤其在輔導方面，要避免因為分數而導致對青少年的刻板印象或不當期望，例如對智力測驗分數低的學生予以歧視或低期望，對於分數高的學生就視為高材生，而給予較高的課業要求。

二、兼顧社會智能的培養

加德納的多元智力及史登柏格的智力三元論皆強調社會智能的重要性，例如實用性智力、人際智力、內省智力等，雖然這些智力還具有爭議，但不可否認，將來離開校園後，這些社會智能高的學生成為管理者、企業家或政治家的可能性很高。學校教育偏重傳統智力測驗所測得的能力，例如數理、語文等一般智力，建議能增加有關社會智能的課程與活動，例如領導能力、情緒管理等。

三、善用環境經驗提升智力

多數學者皆同意智力受到遺傳與環境交互作用的影響，遺傳固然會影響青少年的智力，但改善環境可以大大提高智力測驗的分數。俄羅斯心理學家維果斯基認為智力發展是在廣大的社會情境之中發生，依此觀點環境因素對青少年智力發展是重要的。兒童在學校要面對考試的挑戰，在真實世界中也要面對一系列的考驗，要讓兒童或青少年能在每天的情境中有更好的學習，所給予的任務就不能太簡單或太難，但要對其能力有一些挑戰，這就是「近側發展區」（zone of proximal development）的概念。經由教師、成人或學生同儕的協助，刺激青少年達到更進一步的表現，這樣的過程稱為鷹架作用（scaffolding）。

第二節 認知發展理論的觀點

本節從認知發展理論的觀點來探討青少年的認知發展，主要是以皮亞傑的理論為主，再輔以艾爾肯（Elkind）的理論，從理論來認識青少年認知發展的特徵。

 ## 皮亞傑的認知發展理論

研究認知發展的學者以瑞士心理學家皮亞傑（Jean Piaget, 1896-1980）最為著名，其認知發展理論（cognitive-developmental theory）是以自己三個子女在自然情境下的觀察紀錄所建構而成，被公認為二十世紀發展心理學上最權威的理論。皮亞傑探討心智能力為什麼會發展，其發展的過程又是如何？他認為幼兒從出生到成人的認知發展不是一個數量不斷增加簡單累積過程，而是結構組織與再組織的過程，因此按照認知結構的性質把整個認知發展劃分為四個時期（period）或階段（stage），每一階段均產生與上一階段不同的認知能力，代表兒童獲得了適應環境的新方式，所以又稱為「階段理論」。由於每個階段各有其行為上的特徵，各階段的發展有一定的順序，不能顛倒也不能省略某個程序，以下即分別說明認知發展的各個階段（周甘逢、劉冠麟，2003；張文哲譯，2005；張春興，2007；黃志成、王淑芬，2001；Piaget, 1981）：

一、認知發展的機制

根據皮亞傑的理論，嬰兒出生不久，便開始主動運用他與生俱來的一些基本行為模式，來對環境中的事物做出反應而獲取知識。每當遇到某些事物時，便用既有的認知結構去核對、處理，這就是皮亞傑所說的「基模」（schema）。而個體最原始性的基模多為感覺動作式的，也就是通過個體的感覺、動作了解周圍的世界，而基模被視為人類吸收知識的基本架構，因而將認知發展或智力發展，解釋為個體的基模隨年齡增長而產生

改變。

　　當個體的認知結構或基模因環境限制而主動改變的心理歷程稱為適應（adaptation），適應的方式有二：同化（assimilation）及調適（accommodation），同化即是將新遇見的事物吸納入既有基模之內，此一新事物即同化在他既有的基模之內，同化亦是既有知識的類推運用。調適是在既有基模不能直接同化新知識時，個體為了符合環境的要求，主動修改其既有基模，從而達到目的的一種心理歷程，例如遇到難懂的概念就與同學討論。認知結構或基模的功能，能夠在同化與調適之間維持一種波動的心理狀態，皮亞傑稱此種心理狀態為平衡（equilibration）與失衡（disequilibrium），能夠輕易同化環境中新知識經驗時，在心理上他自會感到平衡，不能同化環境中新知識經驗時，在心理上就會感到失衡。皮亞傑認為失衡是好的，因為兒童能因此產生發展的動力。認知發展的過程即兒童透過經驗和互動，不斷地以同化與調適新訊息的方式來主動建構知識。

二、認知發展的階段

　　皮亞傑依照研究的結果，將人類自出生至青少年期的認知發展劃分成四個階段：感覺動作期（sensorimotor stage）、前運思期（preoperational stage）、具體運思期（concrete-operation stage）、形式運思期（formal-operational stage），各個階段有其獨特的思考方式，但個體的認知發展有快有慢，因此存在著個別差異，各時期的特徵請見表3-1。

㈠感覺動作期

　　此期約0-2歲，嬰兒已具有視、聽、痛、觸、味覺等感覺，且面對物體時，能覺察出顏色與形狀。此期幼兒主要靠身體的動作及由動作獲得感覺去認識他周圍的世界，口的吸吮和手的抓握是幼兒用以探索世界的主要動作。

㈡前運思期

　　約2-7歲，正值接受幼兒教育的年齡，這段時期在教育上特別重要。當幼兒遇到問題時固然會運用思維，但他在思維時是不合邏輯，尚未完全

表3-1　皮亞傑的認知發展期的思考特徵

期別	年齡	特徵
感覺動作期	0-2歲	1.憑感覺與動作以發揮其基模功能 2.由本能性的反射動作到目的性的活動 3.對物體認識具有物體恆存性概念
前運思期	2-7歲	1.能使用語言表達概念，但有自我中心傾向 2.能使用符號代表實物 3.能思維但不合邏輯，不能見及事物的全面
具體運思期	7-11歲	1.能根據具體經驗思維以解決問題 2.能理解可逆性的道理 3.能理解守恆的道理
形式運思期	11歲以上	1.能作抽象思維 2.能按假設驗證的科學法則解決問題 3.能按形式邏輯的法則思維問題

資料來源：張春興（2007，頁90）

達到合理地步。幼兒能使用語言表達想法，能使用符號代表實物，也能用直覺來判斷事物，但只會作單向思考，尚無法應變。

(三)具體運思期

又稱為具體操作期，大約是7-11歲，此一時期兒童面對問題時，能依循邏輯法則來推理，但這項能力只限於眼見的具體情境或熟悉的經驗。

(四)形式運思期

從11歲開始，即進入形式運思期，這時期的思維能力漸趨成熟，可以不藉具體實物，而能運用概念的、抽象的、形式的、合乎邏輯的方式去推理。個體的思維能力到此已發展成熟，以後只是從生活經驗中增多知識，而不會再提升其思維能力。

 貳　青少年期認知發展之特徵

形式運思期自11至12歲才開始而後持續一生，依據研究，本階段的

最小年齡大都發生在青少年早期階段，由於邏輯思考能力的成熟，青少年可以跳脫現實的窠臼，任意馳騁在想像、創造、思維的空間中，並能夠從事系統組織、分析、假設、推理等高級思維活動。有關形式運思期的認知結構特色，皮亞傑稱之為「INRC群組」（INRC group），任何問題必須運用此四種重要思考轉換群組而獲得答案：1.確認轉換（identity transformation），即思考問題時能辨認出單一屬性；2.否證操作（negation operation），即思考問題時能反駁現存問題；3.逆向（reciprocal transformation），即思考問題時能考量其相反立場；4.相關轉換（correlative transformation），即思考問題時能思考與此問題相關的其他問題。能活用這四種轉換群組，我們的認知結構才能適宜地處理純粹抽象的問題（黃德祥等譯，2006）。依據皮亞傑（Piaget, 1981）的說法，形式運思主要表現在五種層面：1.內省反思；2.抽象思考；3.組合性思考；4.邏輯推理；5.假設演繹推理（hypothetic-deductive reasoning），指根據假設前提（不是衍自事實），加以演繹而得到結論的推理方式。依據皮亞傑的理論，青少年的思考具有以下五項特徵（Lally & Valentine-French, 2022; Steinberg, 2017）：

㈠可能性的思考

青少年並非永遠在進行著抽象思考，事實上青少年大部分時間是在做具體問題的解決。但自己經歷過或直接觀察到的具體事物，只是「可能存在的事物」中的一部分而已，青少年不只對眼前存在的事物進思考，對眼前不存在的其他可能性亦加以思考，有系統地推演各種不同的可能性，例如演繹推理（deductive reasoning）與假設性思考（hypothetical thinking）即屬此類。獲得形式運思推理能力必須經歷將歸納推理（inductive reasoning）轉換為演繹推理，演繹推理能力主導青少年時期的發展，青少年不僅試圖證實自己現有的信念，也能積極評估問題爭議之處。假設性思考即對所面對的問題先提出一系列的假設，然後根據假設進行驗證，從而得到答案。

㈡抽象概念的思考

青少年第二個思考特徵是有系統的、抽象性的思考出現，兒童期的

思考偏重具體的和可觀察的事物，青少年則具備處理抽象概念能力，所謂抽象概念是指不需透過感官而直接經驗到的事物。青少年能對有關人際關係、政治、哲學、宗教和道德進行思考，抽象概念如友誼、信心、民主、公平、誠實等主題，亦能以更佳的方式來思考。

㈢對思考的思考

青少年第三認知能力的特徵是與思考本身有關，稱為「對思考的思考」（thinking about thinking），內容之一是對自我的檢視與探索，由於青少年在內省（introspection）和自我意識有明顯增強，內省用來思考有關自我的情緒，自我意識則是思考別人對自己的想法，這兩項是自我檢視和探索的重要工具，經由這個歷程而逐漸建立自我認同感。這項思考能力有時也會引發問題，稱之為青少年的自我中心主義（egocentrism）。另一項思考內容是後設認知（metacognition）有關的思考，這部分將在訊息處理論中說明。

㈣思考顧及多元層面

青少年第四項思考的改變是在思考時，能顧及事物的多元層面，不像兒童期一次只思考一個面向。老師問國中生：為什麼美國會發生南北戰爭？學生會從幾個層面來思考，因為南北戰爭是由很多因素所導致的。青少年看問題採用多元觀點，了解別人的人格不是只有一個面向，也了解處在不同的社會情境也會有不同的解釋。因為青少年具有多層面思考的能力，使他們了解何謂「諷刺」（sarcasm），例如當聽到國中生揉著眼睛，用很誇張的聲調說：這是我參加過最有趣的演講！成年人會從說話內容、說話方式、情境脈絡的組合，來了解說話人所說內容的意義，及說話人是真誠的或是諷刺的。這項能力使青少年會用諷刺、隱喻（metaphor）、嘲笑等方式傳達出語言的多元訊息。

㈤青少年的相對主義

青少年另一項認知改變的特徵是看事情不再是非黑即白的絕對觀點，而是相對的，這稱之相對主義（relativism）。與兒童相比較，青少年可能

質疑他人的主張，且比較不可能將「事實」視為絕對真理。相對主義的增加會使父母感到憤怒，因為青少年對每件事的質疑是與父母爭論不休的原因。兒童期會認為父母的價值是絕對正確，青少年期則開始質疑父母的價值全是相對的，這時親子之間的紛爭將會與日俱增。

青少年的認知發展對行為的影響

　　根據皮亞傑的理論，青少年階段的認知發展進入形式運思期，開始能用抽象的、邏輯的推理方式去思維以解決問題，青少年既能夠思維他們自己的想法，也開始有能力把別人的思維歷程概念化（張春興，2007）。但是成年人常不滿青少年的行為，總覺得無法接受或無法了解青少年的想法；青少年好爭辯、向權威角色挑戰，可能是因為認知發展所引起的人格與行為轉變，這些概念大部分是由艾爾肯（Elkind, 1967）所提出的，這都導因於青少年在這時期的自我中心的認知。以下列出四項加以說明（江南發，1990，2005；洪光遠、連廷嘉譯，2018；張春興，2007；Elkind, 1967）：

一、理想主義

　　當青少年的認知發展更加成熟，反省思考能力即會促使他們去評量自己所有的知識，他們也開始有較多的道德實踐能力，同時也具備區別現實與可能的能力，使他們能夠辨識成人世界的實然，也能勾勒其在理想情況下的或然。青少年領會實然與或然的能力，促使他們成為空想的理想主義者（idealistic）。這種理想主義源自他們會以假設與想像的方式思考世界會是什麼樣子，因而對事情的看法經常會持有極端的觀點，並且採取批判的態度，當他們發現真實與理想不符合時，即會對成人表現出吹毛求疵的不滿，這也是青少年經常與父母或權威人物引發爭論的原因之一。雖然這種批評多半都只在口頭上的抱怨或譏諷，但有時則會促使青少年去參與有利於他人的服務性活動。

二、明顯偽善

　　青少年受到理想主義的影響，會在行為上表現出明顯偽善（apparent hypocrisy）的特徵，他們高談著理想主義，但實際行為總是與之相違背，這是因為青少年還沒有能力將通則理論連結到特定的行為實踐。青少年初期即能構想出一些通用原則，例如不應該製造汙染，但他們卻不知道如何實踐，因為他們的智力還未發展成熟，而不是人格上的缺陷。青少年晚期由自我中心逐漸轉成為社會中心（sociocentrism），偽善的出現會更明顯。青少年另一種形式的偽善，即假裝成他們不是某一種樣子（pretend to be what they are not）。例如他們被期望要喜歡上學，但事實上他們根本不怎麼喜歡上學。他們有不能表達、不能感覺、不能渴望的壓力，被要求要壓抑自己的欲望，因此在行為上表現偽善，自己的行為表現不能依據自己的好惡，而要表現出符合他人期望的行為與情緒。

三、假性愚蠢

　　假性愚蠢（pseudostupidity）或譯為擬似愚蠢，即青少年所稱的「耍笨」，即以非常複雜的方式處理問題而導致失敗，這不是因為問題太複雜，而是因為問題太簡單了。依據艾爾肯的說法，青年少早期的個體，在面臨有待解決的問題時，雖能構思各種替代方案，但卻未能分配他們的優先順序或決定何種方式較為適當，而顯現擬似愚蠢的情況，似乎他們在處理大多數問題都在玩弄多重選項測試的把戲，例如在餐廳點餐時，盯著菜單看了20分鐘，卻無法決定自己要吃什麼。青少年的這項行為表現使他們看起來笨笨的，但並不是不聰明，而是因為缺乏生活經驗的關係。

四、自我中心主義

　　「自我中心」原是由皮亞傑的認知發展理論所提出，藉此說明個體在前運思期與環境互動的過程中，因為無法明確區分主客體交互作用或主客關係性質時所表現出來的一種普遍性的思維特徵。當主客體在環境中交互作用時，中間出現了障礙，而導致整個環境中只有主體。即只能主觀

看世界，不能客觀地予以分析。受皮亞傑的影響，美國心理學家艾爾肯擴展到青少年所出現的心智結構，而從社會認知（social cognition）的觀點，協助說明這個階段的經驗和行為特質，發展出青少年自我中心主義（adolescent egocentrism）的概念，探討自我中心如何影響到思考過程，以及對青少年的情緒及危險行為的影響。艾爾肯認為青少年的自我中心現象國中時達到高峰，青少年晚期則逐漸消失，主要存在著兩個特徵：想像觀眾（imaginary audience）和個人神話（personal fable），以下分別說明之：

(一)想像觀眾

青少年進入形式運作期後，開始擁有內省能力，他們也比較能精確地察覺自我及自我的想法，因此自我意識特別地強烈，看事情都會先想到自己而不是別人。想像觀眾的產生主要是源於不能區分自己想法中的主觀面與客觀面所致，青少年相信他是眾人注意的焦點，自己是舞臺上的主角，然而在實際的社會情境中，這些觀眾都是青少年自己腦海中虛構出來的。為回應這群觀眾的需求，他們會很注意服飾、髮型、身體外貌，或是表現出耍酷行為，以吸引觀眾的目光。例如：國中女學生對於自己的胸部開始發育感到相當苦惱，因而走路彎腰駝背，擔心成為別人的笑柄，殊不知這些「異樣」可能在別人眼裡根本微不足道。想像觀眾有助於解釋青少年為何具有極端的自我意識，以及為何青少年會有從眾行為，甚至為何愈來愈要求隱私權，他們唯一可以放鬆的時刻是自己獨處的時候。

(二)個人神話

個人神話和想像觀眾一樣，也是一種動機性構念（motivational construction），亦是在國中階段達到高峰，至青少年晚期後逐漸下降。個人神話是過度區分自己的感受與別人的不同，致使青少年過分誇大自己的獨特性，往往自以為他們的信念、感情及理想都是非常特殊的、舉世無雙的。這類自認為獨特的情感、思想和經驗，事實上並不存在，而是一種「自欺欺人」的謊言。例如有些人會有一種獨特感覺，以為自己不會受傷、死不了的；有些青少年認為未婚懷孕只會發生在別人身上，而不會是自己；或是認為自己不會出車禍，於是駕車橫衝直撞。個人神話這個概念

具有三項特性：青少年認為自己的思考方式、想法與感情與眾不同，是不容易被別人了解的，因此具有獨特性（uniqueness）；在從事冒險行為時，也因往往高估自己的能力，相信自己具有全能性（omnipotence）；而一廂情願地認為不好的、惡運的事情是不會發生在他身上的，這種信念稱為不可毀滅性（indestructibility）。因為青少年自我中心主義與他們的危險行為相關聯，許多學者都對此主題深入研究。

第三節 訊息處理理論的觀點

皮亞傑的理論對個體的認知發展提供了科學的證據，尤其是形式運思期對青少年如何思考提出詳細說明，讓我們了解認知發展的全貌。後續學者接續皮亞傑的研究，對其理論提出許多的修正與補充。例如認知發展個別差異的問題，有研究指出僅17%至67%的大學生以形式運思期的方式思考，也有青少年還以具體運思期方式來思考，也有研究不支持11歲以後才會進行抽象思考的觀點。針對皮亞傑理論的缺失與不足，有學者成立新皮亞傑學派（neo-Piagetian），認為皮氏未對青少年在處理訊息的注意力、記憶、認知策略等方面多加著墨（陳增穎譯，2022；Santrock, 2008）。了解青少年如何快速自動地處理訊息，以及使用何種認知策略來處理訊息，才能更清楚了解青少年在認知發展的進步情形。訊息處理論在青少年思考的運作歷程提出解釋，本節以訊息處理論的觀點來探討青少年的認知發展歷程。

壹 理論概述

訊息處理論（information processing theory）不是一個認知理論，而是一個包含許多理論的架構，有著共同的核心假設，例如所有認知活動皆是將外在訊息轉換為抽象表徵的心理運作歷程。該理論視個體的大腦為主動處理訊息的系統，讓他在基本上不學而能接收與吸取生存環境中的訊

息。訊息處理研究的學者，其所要探究的問題主要是個體如何運用生理上既有的「裝備」（device）去處理環境中的訊息，從而由獲得知識的心理功能（張春興，2007）。彌勒（Miller, 1956）首先使用一步一步（step-by-step）的訊息處理，其理念與高速運算的電腦處理資訊有關，他提出的串節（chunking）概念與短期記憶有關。接著阿金生和謝弗林（Atkinson & Shiffrin, 1968）提出廣為接受的模式，認為處理訊息流程會經過一系列獨立卻又互有關聯的處理單位來儲存，他們以感官記憶、短期記憶、長期記憶三個儲存模式（store model）來說明這個過程，其歷程參見圖3-2。

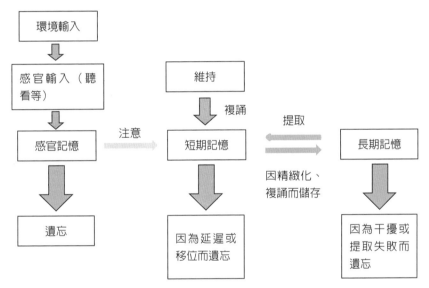

圖3-2　訊息的儲存模式

資料來源：Atkinson & Shiffrin（1968, p.93）

　　訊息處理論以電腦人工智慧處理資訊的方式來解釋人類的認知能力，感官受納器（receptor），主要在接收環境中的各種刺激，當個體憑著視、聽、味、嗅等感覺器官接受刺激而引起的短暫記憶即成為「感官記憶」。感官記憶中的某些訊息因為個體的「注意」而會儲存於短期記憶區裡，假如環境中的刺激沒有引起個體的注意，這些記憶則會很快消失。進入到「短期記憶」（short-term memory）的訊息如果沒有立即處理也是會

很快消失，短期記憶可以維持的時間大約是20秒，在這時間內，訊息如果沒有複誦即會消失。遺忘短期記憶的原因，主要是記憶本身自然的消退和未處理，若經過精緻化或複誦，將輸入訊息加以編碼（encoding）以後，如此則儲存到維持時間更長的「長期記憶」之中。當需要提取長期記憶區內的訊息時，可以藉由檢索提取出相關的資料，送至短期記憶區內運作，再將運作的結果對環境或刺激做出回應。長期記憶的容量沒有限制，具有相當永久性，記憶遺忘的原因可能是消退、干擾和提取的問題（Anderson, 2010）。

訊息處理模式的學者大致遵循著上述架構進行研究，直到柯雷克與洛哈特（Craik & Lockhart, 1972）提出處理層次模式（levels of processing model）來取代較靜態的儲存模式，研究不同的層次的知覺刺激對處理訊息的影響，例如從表層編碼進行到深層的抽象編碼的實驗，若對刺激的處理深度愈大，該訊息就愈能儲存在記憶中。後來有學者提出平行分配處理模式（parallel distributed processing model）和連結模式（connectionist model），反對三階段的儲存模式，認為大腦處理訊息的歷程不是一步一步的直線進行，而是在相同時間由某個範圍的活動同時執行，也就是由幾個記憶系統平行且同時進行。在上述模式的基礎之下，再發展成連結模式（Rumelhart, Hinton, & McClelland, 1986），認為大腦具有不同形式的網絡，資訊都存在許多不同的位置，愈常連結的單一概念或訊息愈易記住（Anderson, 2010）。

 ## 青少年訊息處理的改變

訊息處理理論對於青少年認知發展改變情形的研究，主要聚焦在以下五項技能的改變：

一、注意

注意力是學習過程中的一個重要的因素，學習者必須首先對於某件事物引起注意，然後才有學習的發生。注意力是一個高度複合的概念，可

以視為是種意識的本質、感覺輸入的過濾器或是有限的處理容量（張春興，2007）。「注意過濾模式」（filter model）視注意力為有選擇性的過濾器，當感官接受刺激時，只讓有特別需要的訊息進入意識中（鍾聖校，1990）。學者將注意力區分成持續性注意力（sustained attention）、選擇性注意力（selective attention）、分配性注意力（divided attention）與執行性注意力（executive attention）等四種。持續性注意力是指個體在連續與重複的活動中，有能力可以維持一致的行為反應。選擇性注意力是個體會將注意力集中在所需要的刺激上，而將其他訊息刺激予以忽略的現象。分配性注意力又稱為「分散性注意力」，是指個體可以同時針對多重任務產生適當反應的能力，例如一邊聽課，一邊做筆記。執行性注意力將注意力放在目標上，監測任務進行情況，例如修正錯誤、處理問題（林鋐宇、周台傑，2010）。

　　注意的改變被認為是記憶改變的關鍵，研究發現青少年在選擇性注意力高於兒童期，能夠專注在單一刺激而不會分心，而且青少年比兒童具有更快的處理速度、更佳的處理能力與自動化程度。在持續性和執行性注意力方面，由於青少年和準成年人需要從事龐大、複雜的任務，要花要更長的時間才能完成，因此維持注意力以完成任務的能力顯得十分重要。研究發現持續性注意力在青少年期不斷進步，這與大腦前額葉成熟有關；而執行性注意力增加，也使得有效完成複雜學業任務的克制力提高許多（陳增穎譯，2022）。

　　青少年在分配性注意力上也比幼兒及兒童有較佳的表現，研究以同時執行兩項以上的工作，看不同年齡組的表現如何，例如邊走路邊與朋友說話，結果發現3-4歲組相當困難、5歲組有進步、國小及青少年的表現較佳。但這樣的研究有一項缺失，多工處理（multitasking）的表現視工作的複雜度而定，而受到情境因素的影響，例如焦慮、緊張、本身的技能等。經典的研究是閱讀故事時同時兼顧聽和寫的活動，而故事是新的訊息，再以考試呈現多工處理的成效。研究顯示人類的注意系統有其限度，無法兼顧同時處理多項工作，例如邊開車邊做別的事，開錯路、延緩煞車等狀況就會出現。研究亦指出，青少年經常一邊看書（寫作業）一邊操作電子媒

體，如果任務是一件複雜又有挑戰性，這時會降低工作專注力，也會使記憶力變差（Paris, Ricardo, Rymond, & Johnson, 2021）。

二、記憶

有用的資訊必須被記憶得夠久，才能作進一步的處理。前文提到記憶的三階段模式，在每個階段將訊息做不同的處理，以下分為編碼、儲存（storage）、提取（retrieval）加以說明。

㈠編碼、儲存

無論是在自動化處理（automatic processing）或是費力處理（effortful processing）的認知過程中，皆會使用到三種編碼方式：意義編碼（semantic encoding）、視覺編碼（visual encoding）、聲音編碼（acoustic encoding）。聲音編碼的方式如把教材編成歌曲來學習，視覺編碼如使用圖像來學習，根據實驗發現意義的編碼比起視覺、聽覺更容易記住，有關語文資訊最好使用意義編碼。白斐歐（Paivio）於1971年提出「記憶雙碼理論」（dual code theory of memory），認為保留在長期記憶內的訊息有兩種形式：視覺（visual）和語文（verbal），分別對應於情節記憶和語意記憶。這個理論認為形成心像有助於學習，因而建議同時以視覺心像和語文聯想兩種形式來儲存訊息，這樣會比只用一種方式更容易回憶。有學者提出「自我參照效果」（self-reference effect）這項編碼原則，指記憶材料與自己有關聯時的記憶效果較佳，較容易回憶。以下分別探討編碼在三個記憶階段的作用：

1. 感覺記憶

沒有編碼能力感覺記憶很快就消失，編碼能力在嬰兒期沒什麼改變，但到了兒童和青少年就有能力編碼，就能善用感覺記憶能獲益。感覺記憶不管是觀察（sight）、聲音、味道或三者的交織等訊息，當我們不視為有價值的訊息，這些訊息就不會進入短期記憶之中（Paris et al., 2021）。

2. 短期記憶

短期記憶是短暫的儲存系統，用來處理感覺記憶，處理之後個體有

需要的訊息就會進入長期記憶，不需要的訊息就會遺忘，學習新知識只靠短期記憶，長期記憶則負責儲存知識。短期記憶又稱為工作記憶（working memory），因為正在活動的記憶，或是從長期記憶提取出來的記憶都在這裡運作，就如同電腦的螢幕上正在處理的文件，要儲存到硬碟才能成為長期記憶（Lally & Valentine-French, 2022）。短期記憶一次可以處理多少訊息的容量（capacity）呢？彌勒（Miller, 1956）的研究發現一般人在一瞥之下只能記下7位數字，其個別差異是5-9位數字，這稱為記憶廣度（memory span）。短期記憶的容量雖然有限制，但透過「意元集組」（chunking）作用，可將訊息中多個小意元（chunk）集合成一個大意元，再以大意元為單位去記憶，以學英文為例，初學者將字母視為一個意元，以後擴充為單字、片語、句子為一個意元，如此即可突破限制（張春興，2007）。

　　根據研究年齡在工作記憶容量是有顯著的差異，幼兒比兒童小，5歲只能保留4個數字，青少年和成年可以保留7個數字，而且處理速度加快，有能力過濾無關的刺激以得到有效率的記憶運作。短期記憶沒有複誦只能保留短暫時間，青少年或成人大約20-30秒，幼兒不提醒不會使用複誦，使用心像策略比起機械式複誦更能延長記憶時間。短期記憶與學業成就有密切關係，兒童在閱讀或數學上的低成就，通常是工作記憶上有困難，無法跟上教師的作業指示、講課速度，當要求多個步驟的工作時，即會跟不上或遺漏幾個步驟。對於這些學生，教師在溝通時要使用相同的字彙、較短的句子、重複工作指示，並將複雜工作分拆成小步驟（Paris et al., 2021）。

3. 執行功能

　　在青少年期的認知中，因大腦的成熟，特別是前額葉皮質（prefrontal cortex），伴隨著經驗，對工作記憶系統的執行功能（executive functions）產生很大的影響。青少年可使用訊息參與高階的認知活動，例如做決定（making decisions）、推理、批判思考、創造性思考、後設認知等，這些複雜的認知過程稱為執行功能。執行功能亦稱中央執行（central executive），圖3-3即在說明工作記憶階段中央執行所擔負的角色是選擇策略及

整合訊息，而語音迴路（phonological loop）負責語音為基礎的訊息，經由複誦而保留訊息。有關視覺空間訊息的處理由不同的部門執行，這部門稱為視空圖畫簿（visuospatial sketchpad）（鄭昭明，2010）。

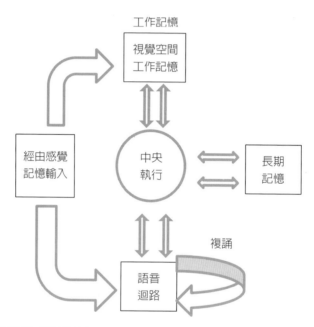

圖3-3　工作記憶與感覺記憶及長期記憶的互動

資料來源：陳增穎譯（2022，頁127）

　　執行功能負責監控、管理認知過程的活動與資源的使用，使認知發展和學習變得更有效率，自我調整學習（self-regulatory learning）即屬執行功能的一部分，包括抑制行為和認知彈性（cognitive flexibility）的能力，例如注意力控制、減少干擾思緒、保持認知彈性。認知控制又稱為抑制控制（inhibitory control），是指抑制強烈想要做某件事的衝動，抑制行為是認知控制的一環。認知控制從兒童期開始發展，青少年和成年期控制能力持續提升，幾乎隨時都在從事必須做好認知控制的活動，例如專心、三思而後行、持續執行無聊但重要的事。認知彈性是指能夠使用替代方案來適應環境的需求，在青少年及成人初期，調整行為以適應某種情況之前，

必須意識到自己應該改變思考方式，並且要有動力去這麼做。研究發現在兒童期時，父母若提供認知刺激的環境，則會有較高的執行功能，特別是父母以溫暖的方式回應子女、以鷹架構築（scaffolding）方式協助兒童解決問題。在人生的第二個十年中，執行功能的強化是促進智力發展的重要因素，可以決定青少年的注意力要如何分配（Lally & Valentine-French, 2022）。

4. 長期記憶

　　長期記憶是保持訊息長期不忘的永久記憶，長期記憶的容量是無限的。但不是所有的長期記憶都能清楚地記住，有些訊息要透過提示（prompts）才能回憶起來，例如事實或程序性知識能輕鬆地回憶起來，像你記得美國首都是哪裡、如何騎自行車，但如果問你去年夏天去法國渡假時，你所的住的旅館叫什麼名稱？你可能要靠提示才能想起來（Paris et al., 2021）。

　　儲存在長期記憶中主要有兩類型的記憶：外顯記憶（explicit memory）和內隱記憶（implicit memory）。外顯記憶又稱為陳述性記憶（declarative memory），是一種對於過去經驗或事實資訊的記憶，在主觀感受上是有意識覺察的（conscious awareness），例如我們在考試時努力回想的教材內容；依訊息內容的差異，又分為語意性記憶（semantic memory）和情節性記憶（episodic memory）。語意記憶是語言和語言有關的知識，以及與語言、文字、概念有關的知識和事實。情節記憶是與個人生活經驗有關的記憶，在特定的時間、地點所發生的事情，將之編碼記憶下來，其中有一部分是有關自己成長歷程的敘述，稱之為自傳式記憶（autobiographical memories）。但並非所有重要事件都有清晰的記憶，研究發現青少年很少能記住出生到兩三歲前發生的事情，這個現象被稱做「嬰兒失憶」（infantile amnesia），這種現象與大腦的成熟度、語言能力有關，幼兒期的記憶需要成人的刺激才能回憶起來；然而青少年對於兒童期的生活經驗，卻能夠更詳細地敘述（Lally & Valentine-French, 2022）。

　　內隱知識又稱為非陳述性記憶（nondeclarative memory），指的是一種對於經驗與訊息的無意識記憶（unconscious memory），包括程序性記

憶（procedural memory）和情緒性制約（emotional conditioning）。程序性記憶是有關如何做事的訊息，即動作技能的記憶，例如刷牙、游泳、開車等，有些技能需要練習很多次，但一旦精熟後就不會忘記，例如小學時學會騎腳踏車，以後二十年不再練習仍然不會忘記。這種記憶是經由觀察學習與實際操作練習而學得的行動性記憶，在學習的初期必須受意識支配，到了純熟階段，程序性記憶的提取將會以自動化的方式出現，像運動員或音樂家，他們的傑出表現是無法意識到自己是如何做到的（Lally & Valentine-French, 2022）。情緒性制約的記憶具有無意識與非意圖性（non-intentional）的特性，例如「直覺」或「似曾相識」的記憶幻覺皆屬之，但這類型記憶與學校教學的關聯性較低（鄭昭明，2010）。

（二）提取

要將訊息編碼及儲存需要專心工作，但存好的訊息當在需要的時候要如何取出？這個步驟稱為提取（或稱檢索），即將儲存在長期記憶中的訊息經解碼的過程，使之還原為編碼前的形式，並表現於外顯行為。我們每天都要提取訊息來處理生活中的每件事情，例如整理髮型、開車等，提取訊息的方式有三種：回憶法（recall）、再認法（recognition）、再學習法（relearning）。回憶法是最常用的方式，我們一邊說話一邊回憶，不需要任何的線索（cues）。再認法發生在當我們已經學過的訊息，但是當記憶已經模糊的情況之下，就無法回憶起來，例如考試時的選擇題即靠再認得到正確答案；或是高中畢業二十年後，同學的名字已記不得，靠同學錄的照片幫我們回憶同學的容貌。再學習法用起來比較耗時，當訊息已經遺忘後，仍可能留在記憶中，透過重新學習，可以快速地恢復記憶。例如學過的英文太久沒用都忘得差不多了，但是當要被派去美國出差或進修，則要再正式學習英文的課程，但我們可以很快就學會了（張春興，2007；Steinberg, 2017）。

三、訊息處理速度

青少年在注意力廣度與記憶力兩者的變化可能都是肇因於同一種機

制：心智處理速度（processing speed）。處理速度意指人腦接收和使用訊息的速度，它會影響注意刺激和其細節的快慢，以及思考的速度。研究者以9-12歲、12-15歲、15-18歲三組學生為對象，探討他們在處理速度的差異，發現9-12歲的處理速度明顯低於其他兩組，其他兩組則是差異不大。青少年在組織策略技巧得到大幅進步，比兒童更能作計畫、想出解決問題的策略，以及在不同情境彈性使用不同策略。另一項研究是探討兒童和青少年在使用學習策略的差異比較，研究者訪談學生在教科書的學習上用了哪些學習策略，例如畫底線、作筆記、標示重點（highlighting）、作摘要等。結果發現青少年使用的學習策略多於兒童，且學習效率比兒童高。青少年處理速度的增進與神經和髓鞘化的發展有所關聯，這種發展也促使短期記憶的增進，因而提升了智力、推理與問題解決能力（洪光遠、連廷嘉譯，2018；Dolgin, 2011；Steinberg, 2017）。

四、思考的組織

兒童中期以後開始進入學校學習知識及有效的學習策略，因而對於記憶的儲存和提取更有效率。到了青少年階段則是生活經驗與新知識相結合，他們的知識基礎（knowledge base）因而得到擴展，當要學習新訊息就更加容易。前文提到青少年有控制衝動、自我調整學習的能力，但如果處在高壓力、高需求的特殊情境下，青少年還是會做出危險的決定，衝動和追求感覺刺激的青少年就不是非常有效的決定者，例如青少年常因酒醉和受到誘惑，而做出偏離常軌的決定，如果加上同儕的壓力，則會做出更多的冒險行動（Lally & Valentine-French, 2022）。訊息從長期記憶裡提取出來之後就必須進行某種方式的運作，其中三種較高層級的思考歷程：推測（inference）、思考（thinking）和推理（reasoning），在青少年階段能力都有所增強。無論是歸納推理、演繹推理、批判思考、創意思考或問題解決等能力都高於兒童期，因為青少年比兒童能記得更多訊息、考量所有可能關係，促使思考更合乎邏輯（Paris et al., 2021）。

五、後設認知

後設認知（metacognition）或稱為元認知，是「對認知的認知」（cognition about cognition），是個人對自己的認知歷程能夠掌握、控制、支配、監督、評鑑的一種知識與技能。後設認知也是「對思考的思考」（think about thinking itself），通常在思考歷程中監控自己的認知活動，例如有意識的記憶策略、閱讀的理解能力等。後設認知的角色是執行認知系統的控制程序，即負責整個系統的監控及處理的指導，後設認知包含上述「執行功能」的數個面向，如計畫、評鑑（監控進度）、自我調整、選用特定策略等。提升青少年的後設認知能力，對改善閱讀、寫作、考試和家庭作業的成效有很大的助益（Paris et al., 2021）。

學者將記憶策略發展分為四個階段，第一是無策略階段；第二是部分使用，即在某些情況下使用；第三階段是完全使用但不受益，雖使用某一記憶策略，但未能提高學業成績；第四階段是使用且受益，不但會使用記憶策略，而且導致成績提高（Gaultney, Bjorklund, & Schneider, 1992）。研究發現6-10歲兒童能穩定增加記憶策略的使用，而在10歲組的兒童，很多人能夠使用兩種以上的策略來回憶訊息，這些兒童的記憶表現顯著高於其他兒童（Sodian & Schneider, 1999）。與兒童期相比，青少年愈來愈有能力監控與管理認知資源，以有效符合學習任務的要求，也因為後設認知能力的增加，青少年的學習成效因而提升。一項長期研究可以印證上述的說法，12-14歲青少年愈來愈懂得使用後設認知的能力，並將之應用於數學和歷史課程，其中14歲組比年幼者更能有效地監控自己對教材的理解（陳增穎譯，2022）。

自我評量 ....

一、選擇題

(　) 1. 下列敘述何者較接近維果茨基（L. Vygotsky）主張的社會文化學習觀點？　(A)提供楷模引導學生學習　(B)鼓勵不同能力同儕間的互動　(C)重視基模於學習中的重要性　(D)依學生認知發展階段進行教學

(　) 2. 有關皮亞傑（J. Piaget）的認知發展論，下列何者較正確？　(A)個體具建構知識的主動性　(B)後天教養更勝於先天遺傳　(C)主張認知發展為連續的過程　(D)強調社會文化對認知發展的影響

(　) 3. 小光在選擇參加哪些課後社團時，很清楚自己喜歡自然科學，也知道自己不擅長語文類和音樂類的活動，因此不想參加這幾類的社團。從迦納（H. Gardner）多元智能的觀點，小光選擇社團時展現哪一種智力？　(A)人際智力　(B)內省智力　(C)自然觀察智力　(D)數學邏輯智力

(　) 4. 小永個性非常活潑，他的學業成績並不是很突出，不過他常常會將表面上看起來並不相干的事物關聯在一起，出現一些獨特的想法。小永的表現較屬於史坦柏格（R. Sternberg）智力理論中的哪一種智力？　(A)創意智力　(B)實用智力　(C)分析智力　(D)內省智力

(　) 5. 在青少年階段會自認為是焦點，想別人一定都在看他，因此造成青少年出現搖擺不定的想法和行為，變得手足無措，此一現象為何？　(A)個人神話　(B)焦點人物　(C)想像觀眾　(D)顧影自憐

(　) 6. 艾爾肯（D. Elkind）提出個人神話（personal fable）概念來說明青少年自我中心主義的現象，此概念的定義為下列何者？　(A)青少年願意去冒險從事夢想性的活動　(B)青少年非常自我關注，且覺得自己總是站在舞臺上　(C)青少年對自己思維的反思能力愈來愈強，甚至跳離現實　(D)青少年相信自身的經驗是獨一無二的，且自己是不會受到傷害

(　) 7. 期中考快到了，爸爸和小新討論出一些方法來幫助他學習，下列何者不屬於後設認知策略？　(A)檢討學習方法是否有效　(B)檢討考

題，調整複習方式　(C)整理歸納老師上課的重點　(D)針對各科性質規劃讀書時間與策

(　) 8. 下列關於智力理論的敘述，何者正確？　(A)桑代克（E. Thorndike）提出智力包含普通因素與特殊因素　(B)卡泰爾（R. Cattell）認為晶體智力的發展大約20歲就達到巔峰　(C)史坦柏格（R. Sternberg）認為傳統智力測驗可以測量出適應型智力　(D)基爾福（J. Guilford）提出智力涵蓋思考的內容、運思、成果三個向度

(　) 9. 國一的小和來自新移民家庭，平常就能夠很自然的使用國語以及越南語溝通。相較於只習慣使用國語溝通的同學，小和在下列哪一項能力的發展較為有利？　(A)執行功能　(B)情緒覺察　(C)圖形辨識　(D)知覺廣度

(　) 10. 根據皮亞傑（J. Piaget）的理論，下列哪一項是典型青少年期才會發展出的思考特徵？　(A)能夠理解保留概念　(B)以具體實物或經驗來理解事物　(C)運用遞移式推理來理解新的事物　(D)採取有系統的假設檢驗來解決問題

(　) 11. 青少年有時說一套做一套，例如：青少年可能抱怨兄弟姊妹擅闖其房間、未經允許拿走東西，卻忽視自己也常未經同意使用父母房間或拿走東西。根據艾爾肯（D. Elkind）的理論，這是屬於下列哪一種傾向？　(A)個人神話　(B)明顯偽善　(C)假裝愚蠢　(D)彌賽亞情結

(　) 12. 關於青少年認知特徵的敘述，下列何者錯誤？　(A)小敏能夠思考問題的來龍去脈，此為可能性思考　(B)汶華能夠透過推理預測行為後果，此為後設思考　(C)香燕能夠事先思考解決問題的步驟，此為計畫性思考　(D)麗蓉重新評估自己之前的價值觀，此為超越固有限制的思考

(　) 13. 柏翰的媽媽發現自己的兒子在進入高中以後，在學習及課業出現一些改變，下列哪一種最不可能發生？　(A)開始訂定學習計畫　(B)喜歡假設並加以驗證　(C)用表徵物輔助加減演算　(D)數學基本運算速度比較快

（　　）14. 大華升上高中後，更清楚該使用何種方法來學習與準備考試。根據訊息處理取向，這是下列哪一個層面的提升？　(A)後設認知 (B)認知資源　(C)批判性思考　(D)選擇性注意

（　　）15. 高老師對中學生的智力發展感興趣，於是搜尋相關文獻。下列何者是文獻中對青少年智力發展比較一致的發現？　(A)晶體智力達到高峰　(B)流體智力開始增加　(C)知覺速度開始下降　(D)語文推理能力持續增加

參考答案

1.(B)　2.(A)　3.(B)　4.(A)　5.(C)　6.(D)　7.(C)　8.(D)　9.(A)　10.(D)　11.(B) 12.(B)　13.(C)　14.(A)　15.(D)

二、問答題

1. 青少年階段的認知特色（如邏輯思考、抽象思考等）可能為他們帶來哪些正面與負面影響？請分別舉出三項正面影響與兩項負面影響。

2. 從「訊息處理」觀點來看，青少年期的認知發展有哪些顯著特徵？請舉出五項。

3. 說明青少年自我中心主義的「想像觀眾」與「個人神話」特性，並分別舉例說明其對青少年行為表現的影響。

4. 小亮上課做筆記時「來不及聽，來不及抄，也來不及整理重點，隔壁的小華還一直找我講話」。從訊息處理論的不同機制，分析小亮作筆記有困難的三個可能原因。

5. 請說明史登柏格（Sternberg）所提出的智力三元論內涵為何，該理論對青少年智力發展有何啟示？

6. 請依據皮亞傑認知發展理論，說明青少年階段的認知發展有何特徵？

7. 艾爾肯（Elkind）針對青少年認知發展深入研究，認為青少年時期自我中心的認知會對危險行為產生很大影響，請說明艾爾肯所提出的青少年認知特徵為何。

青少年人格、自我與認同發展

　　隨著青少年智力及認知能力的增強，青少年早期就開始使用新的思考方式來思考有關價值、人際關係等問題，同時也思考與自己有關的事項，他們開始以有系統的方式思考假設性以及未來性的事項，以下兩項是最常思考的主題：想像可能的自我（possible selves）、思考長期的未來結果，例如未來十年的我。與具體運思期的兒童相較，青少年期開始嚴肅地思考：我將來會成為怎樣的我？我真正喜歡什麼？這樣的思考使他們進入一個嶄新的世界。伴隨著社會角色的改變，青少年開始可以作一系列的選擇和決定，例如選擇學校、工作、人際關係和未來，但在面臨要先思考有關於自我的問題，以便能清楚地認識自己，並在進入成人期之前能做出最好的決定之前，這個歷程可以稱之為「認同的發展」，認同的發展不是自己想要怎麼做就去做，也需要顧及身邊的有關他人，例如父母、親密伴侶等，並且需要考慮到廣大的社會面向，認同的問題至少包含自己、他人及社會三個層面。本章的重點在探討青少年的自我認同，但認同這項議題涉及的範圍很廣，自我概念、自尊、人格均與之相關聯，因而在同一章來探討這些議題。

第一節　青少年的人格發展

　　心理學家把人格（personality）視為個體適應社會環境，符應社群文化脈絡所展現的待人接物行為模式與思考風格，又稱為性格或個性（黃文三、謝琇玲、李新民，2008）。青少年期是個體人格發展的關鍵期，因為個體的自我意識趨於成熟，表現出對自我的強烈關注，以致自我概念、自尊、自我認同的建立與形成在此階段格外受到重視。自我是組成人格的核心，所以人格理論之中對自我的剖析相當深入，其中以佛洛依德的人格理論影響相當深遠，在本節中將闡述幾項重要的人格理論。人格的發展亦受到文化因素的影響，本節將探討東西方不同文化脈絡下對青少年人格發展的影響。

壹　人格的意義與特徵

　　人格是在日常生活中常使用的名詞，例如人格高尚、人格破產，但心理學的「人格」不是中文所指的道德水準高低。人格一詞可追溯至拉丁語"persona"一字，用以代表在舞臺上表演演員所戴的面具，後來衍伸為個人自我的呈現，即摘下面具後的真人真性（黃堅厚，1999）。因此人格在心理學上的意涵如下：人格是指個人在各種不同場合，表現出相當一致性的行為特質。人格心理學家奧爾波特（Allport）認為人格是有系統適應環境的動力性身心組織，是一個人所有特質（trait）的總和。這樣的定義後續發展成人格具有五大特質（Big Five）的理論，下文將對此理論詳加說明。人格所強調的是個人的內在歷程，包括影響我們行動和感受的所有情緒、動機及認知歷程（危芷芬譯，2012）。

　　經由上述對人格的界定，我們可以理解人格概念具有以下特性：1.統整性，人格為個體所有特質的總和，是一套和諧一致的組織系統；2.獨特性，人格具有個別差異，所謂「人心不同，各如其面」，雖具相似之處，但仍有與眾不同的特殊屬性；3.穩定性，人格不是短暫的心理現象，是持久而穩定的心理特質，雖然有時會受到情境的影響，但是個體會抗拒突然的改變（黃文三等，2008；葉重新，2011）。因為人格具有穩定性，所以才具有研究的價值，也才具有可以預測的功能，透過人格的衡鑑，我們才能找出學生適應或學習的問題，也可以與學生討論未來的職業生涯的發展。

 貳　重要人格理論

　　不同學派的心理學家提出多種人格理論，在人格理論的研究裡，無論是在探討個體內在的人格結構，或是個人與社會有交互關係的人格發展，皆涉及「自我」這一層面的研究，促使自我心理學成為人格及心理學領域的顯學。「自我」（ego）一詞由佛洛依德創先提出，不過往後學者多用self一詞，在ego及self之間如何取捨？有些學者如奧爾波特將兩者混

合使用，也有學者認為ego是心理的主動歷程，而self則是客體（何英奇，1990）。以下僅就精神分析論（psychoanalytic theory）、認知論（cognitive theory）和特質論（trait theory）所提出的人格理論詳加闡述。

一、精神分析論

精神分析論或稱心理動力論，代表人物是佛洛依德，強調早期的童年經驗對人格發展的影響。他認為人格是一種內在能量，使人去思考、感覺與行動，但這些能量在運作過程中難免會發生衝突。這種能量他稱之為「本能」（instincts），是驅動行為的動機力量，人有「生之本能」和「死之本能」，生之本能產生的能量稱為「原欲」（libido），對人格最重要的生之本能是性，泛指所有帶來享樂的行為和想法。死之本能是潛意識中所隱藏的死亡欲求，攻擊驅力是成分之一，推動我們破壞、征服和殺戮。他將人格區分為三種層次：意識、前意識和潛意識，佛洛依德重視潛意識，是行為背後的主要驅動力，也是我們無法控制的（危芷芬譯，2012，2017）。以下分為人格結構和人格發展階段詳加說明（周新富，2019a；危芷芬譯，2012，2017；Freud, 1962）：

㈠人格結構

佛洛依德認為人格結構中有本我（id）、自我（ego）和超我（super-ego）三個層面，本我主要由潛意識的本能和原欲所組成，按照「享樂原則」行事，其核心是即時的個人滿足。本我是自私的、不分是非、執著且輕率，可將本我比擬為新生兒。

在生命的頭兩年中，從本我逐漸分離出自我，自我努力滿足本我的需要，但它與本我不同的是它行事時會把環境的現實狀況納入考慮，按「現實原則」來行事。自我是人格之中理性的掌控者，可以控制本我的衝動，但是不會阻止本我追求滿足，而是延後或重新導向，以符合現實的要求。

第三股力量是超我，超我由良心（內在道德）和自我理想（ego-ideal）兩部分所組成，它抑制本我的衝動，使超我遵守道德標準，超我大約發生在5歲時，超我合併了社會的價值觀念與行為標準，這些標準通常

由父母傳達給兒童，而形成「良心」，約束了個人行為。超我的另一部分是自我理想，包含讓兒童得到稱讚的良好、正確行為。超我致力與道德的完美性，與本我一樣，對道德的要求是無法妥協的。自我受制於三方的壓力：本我、現實和超我，當自我遭遇到嚴重壓迫時，就有可能產生焦慮，人的一切行為都是三個層面之間的矛盾衝突的結果。

㈡人格發展

人格結構在每個人身上發揮相同作用，但因為經驗的不同，因而導致個別差異，例如童年時的親子互動。佛洛依德相當個重視童年的經驗，他曾說成年人的人格在生命最初的五年就已經定型。依據對嬰幼兒觀察，他發展出「性心理發展階段」（psychosexual stages of development）的人格發展歷程，其歷程可視為個體社會化的過程，以下分別說明各期的發展重點：

1. 口腔期

口腔期（oral stage）發生在0-2歲之間，性慾的滿足來自於口腔，因此嬰幼兒與母親形成很強的情感依附，因為母親是食物、溫暖和吸吮的來源。此時期如果口腔活動得不到滿足，長大以後可能會有「口腔性格」，例如吸菸、酗酒、咬東西等。

2. 肛門期

肛門期（anal stage）的發展約在幼兒2-4歲，有時會與口腔期相重疊，幼兒由排泄大小便獲得愉快的感覺，這個時期衛生與如廁訓練是重要的事情，母親仍是幼兒生活中的重要人物，她的訓練方法和態度對幼兒有很大的影響。極端的實例是母親對幼兒的排便給予稱讚，到了青少年時，會具有表現出取悅他人或自己的行為動機；如果母親採用嚴格或處罰的方式，幼兒可能會反抗父母調控手段，因而形成「肛門性格」，到了青少年時，可能會是一位髒亂、違反秩序的人；如廁訓練的挫折的另一反應是保留糞便，長大以後這種人可能僵化、極端重視清潔、固執。

3. 性器期

性器期（phallic stage）大約在3-6歲，幼兒靠觸摸自己的性器官來得

到快感；在此之前男女孩第一個喜愛的人物是母親，但在這個時期，性的
衝動增強，男孩會因更加喜愛他的母親而嫉妒父親，視之為情敵，於是
男童以父親為競爭對手，在其潛意識裡產生弒父方能娶母的錯綜情結，
稱之為「戀母情結」（Oedipus complex）；同時男孩恐懼父親會將其生殖
器割下，因而發展成「閹割恐懼」（castration anxiety），當看到女性這種
焦慮就會增加，在其潛意識中好像已被閹割了。相同的過程也發生在女孩
身上，她形成對父親的依附，於是以母親為競爭對手，產生「戀父情結」
（Electra complex），但是她的情感卻是複雜的，因為她沒有男生所擁有
的生殖器官，結果產生「陰莖的羨慕」（penis envy）。兒童終究會壓抑
對異性雙親的欲望，轉而認同與其相同性別的父或母親，以父母親為學習
的楷模，男女生的性心理才能夠健全發展。

4. 潛伏期

大約在5-6歲，基本的人格結構已經建立和固定。6歲到青春期進入潛
伏期（latency phase），性本能進入休眠。這個時期兒童正在學校求學，
其快樂來源不侷限在自己的身上或父母，轉向學校活動和興趣，這時兒童
性的需求是被壓抑的，男女生各自對相同的性別依附。

5. 生殖期

11-12歲以後進入生殖期（genital phase）（或稱為兩性期），個體的
性器官逐漸成熟，性衝動重新出現，其焦點在性器官。男女身心特質差異
日趨明顯，這個時期的重點是參與團體活動、交異性朋友、談戀愛、婚前
準備、發展職業責任和成人興趣。

二、自我發展理論

盧文格（J. Loevinger, 1918-2008）的自我發展理論（ego developmental
theory）為近代西方研究自我發展歷程非常重要的學說之一，最能突顯西
方人個人主義取向的自我發展。根據她的理論，個體的自我發展依序經歷
三個時期、九個階段。該理論體系整合皮亞傑的認知發展論、柯爾伯格的
道德發展，以及沙利文（H. S. Sullivan, 1892-1949）的自我發展理論。以

下簡述理論之概要（李維譯，1995；陳金定，2015；Loevinger, 1976）：

㈠自我發展階段

自我是構成人格的重要部分，故自我發展可視同人格發展。而自我的內涵及組織會經由互動與改變的過程而發展，依著一定順序，逐步將自我精緻化和複雜化。不過「自我發展」與年齡沒有絕對關係，同樣是青少年，但他們的自我發展可能處於不同的發展水準。表4-1將自我發展分為三期七階段，以及三個過渡階段，以下統整為九個階段，分別說明各階段之特徵：

表4-1　盧文格自我發展階段

服從前期 （preconformist）	1. 前社會與共生階段（pre-social and symbiotic stage） 2. 衝動階段（impulsive stage） 3. 自我保護階段（self-protective stage） * 從自我保護階段過渡到服從者階段
服從期 （conformist）	4. 服從者階段（conformist stage） * 從服從者階段過渡到良心階段：自我意識階段（self-aware stage）
服從後期 （postconformist）	5. 良心階段（conscientious stage） * 從良心階段過渡到自律階段：個人主義化階段（individualistic stage） 6. 自律階段（autonomous stage） 7. 整合成一體階段（integrated stage）

資料來源：陳金定（2015，頁275）

1. 前社會與共生階段

剛出生的嬰兒無自我，其首要發展任務是學會將自己與周圍環境區別開來。幼兒期認為自己與母親或生活中的某些玩具有共生的關係，其發展任務是將自己與非自己區分開來。

2. 衝動階段

(1)受自己需求的影響，且情緒表達強烈，由衝動操控個人生活。

(2)重視生理、性與攻擊需求之滿足。

(3)自我中心、無法知覺規則存在。

(4)人際型態為依賴與唯利是圖。

3. 自我保護階段

當兒童學會了去期待直接的、短時的獎勵和懲罰時，他們就會邁出自我保護的第一步：自我控制衝動。

(1)知道某些規矩或原則的存在，但只對自己有利的規則才遵守。

(2)人際型態為謹慎、欺騙、操控、投機。

(3)從自我保護階段過渡到服從階段，則以操控與服從為達到目的的人際型態。

4. 服從者階段

大部分的兒童或青少年開始進入此階段。

(1)在乎名聲、地位，強調遵守規則。

(2)服從社會所存在的僵化體制、道德觀念等。

(3)人際型態為缺乏情感、動機，強調行動與具體事件。

5. 自我意識階段

從服從者階段到良心階段的過渡期，大部分美國的成年人都處於這個階段。

(1)自我意識逐漸增加，並了解和思考解決問題的多種可能性。

(2)內省能力出現，開始自我批判，會對他人行為的對錯有所質疑。

(3)對於父母和朋友對神、宗教、道德、愛情和人際關係的觀點會有不同的想法。

(4)知覺到自己和他人獨特的情感和動機，與自己從書中或電影中所經驗到規則有所差異。

6. 良心階段

(1)道德已被內化，擁有自我評價規則、罪惡感。

(2)人際關係強調情緒與動機、彼此關心、珍惜人際關係。

(3)重視由內在規則指引的責任、義務、理想。

7. 個人主義化階段

是從良心階段到自律階段的過渡期，其特徵是一方面情緒依賴增加，而一方面個人意識也增長，此時發現自己可以獨立，但情緒上仍要依賴

他人。

(1)能容忍更大的個別差異。

(2)能分辨事情的過程與結果，亦可從心理層次的因果關係做推論。

8. 自律階段

(1)關心內在衝突，以及需求與理想的平衡。

(2)重視個人的自主性與自主需求。

(3)強調個別性與自律，關心自我實現。

(4)能容忍不同的異見，處理人際衝突的能力增強。

9. 整合成一體階段

(1)能表現出智慧、同理心。

(2)以形成有組織且無嚴重內部矛盾或衝突之自我為統合目標。

(3)以成為自我實現者為統合理想。

(二)青少年的自我發展

盧文格認為大部分的人在兒童期或青少年，自我發展水準會落入服從期，國內研究結果發現約70%的國中生落入服從者階段。雖然青少年的自我發展隨年齡提高，但有個別差異存在，就自我發展水準來說，有部分青少年可能未達服從期，例如犯罪少年，或已達服從後期。研究也發現自我發展水準愈高的青少年，其自我結構愈複雜與整合，表現的行為愈成熟（陳金定，2015）。劉奕蘭（2009）以465名來自桃竹苗地區的大一至大三學生為對象，結果發現：大學生的自我發展階段平均在自我意識階段，女生的自我發展階段比男生高；這項研究亦證實年級與自我發展沒有關係。

三、五大人格特質

特質學派的心理學家認為由於人格特質（personality trait）是建構人格的基本磚塊，決定個人與外在環境互動的獨特形式。運用「人格特質」可以相當程度地解釋個人行為發生的原因，因為一個人的價值觀、喜好，往往反映在其個性及特質上，而一個人的人格也往往都會影響其工作行

為（陳李綢，2008a）。奧爾波特開始此一研究趨向，後續學者卡特爾於
1948年重新利用因素分析確認人格特質有16種，但因素太多不容易驗證。
1981年由高爾伯格（Goldberg）正式命名五種人格因素為「Big Five」，
科斯塔和麥克雷（Costa & McCrae, 1986）加以彙整這人格特質為五個向
度，這就是近年來廣為接受的人格五因素論（five-factor model of personal-
ity, OCEAN）。此五大人格特質為（王秀美、李長燦，2011；Costa & Mc-
Crae, 1986）：

㈠經驗開放性

經驗開放性（openness to experience）指一個人是冒險的、具有好奇
心、不喜歡例行公事、富有想像力、喜歡求新求變，對於事實及新奇事物
具有較高的好奇程度。

㈡勤勉審慎性

勤勉審慎性（conscientiousness）有關個人具有自我紀律、追求卓越、
思慮周到、謹慎、有責任感和成就導向的傾向。

㈢外向性

外向性（extraversion）是指個人對於他人的主動關心的程度，得分高
的人代表自信、主動活躍、喜歡表現、喜好參與熱鬧的場合、喜好結交朋
友、活潑外向等特質。

㈣親和性

親和性（agreeableness）代表是容易相處，並且喜歡與人合作的特
質，同時測量對人信任、幫助他人和脾氣好壞的特質，得分低則傾向粗魯
和不合作。

㈤神經質

神經質（neuroticism）指激起一個人負面情感之刺激的強度，高神經
質的特徵為：容易緊張、容易憂鬱、易沮喪、情緒化、缺乏安全感、較不
擅長控制自己情緒等。低神經質的特徵為：冷靜、放鬆、沉靜溫和、不會
過度的興奮等特徵。

　　由研究證實人格特質與個人學業成就有顯著相關，高學習成就學生的人格特質較為開放、情緒穩定、喜好爭論，低學習成就學生的人格特質較為退縮、自卑且情緒易衝動。由對青少年的相關研究中發現，勤勉審慎性及神經質兩項特質會隨著年齡增加而有變化，女性的神經質特質，會隨著年齡增加而下降，而勤勉審慎性特質會從青少年持續發展到中年。在一項以西班牙青少年為對象的研究發現女生在勤勉審慎性及開放性的特質得分都高於男生（陳李綱，2008a）。

 ## 參　人格類型理論

　　人格心理學尚有一學派主張個體可以被劃為某一各自獨立的類型，這些類型在性質上彼此有別，這稱為人格類型理論（personality type theory），於二十世紀30-40年代在德國興起，這種人格分類方法可追溯自古希臘時期希波克拉底（Hippocrates）將人類分為四種基本的人格類型（危芷芬譯，2017）。由人格測驗除了可以增進青少年的自我認識之外，近來也廣泛應用在青少年的生涯發展之中，綜合人格屬性與職業興趣，可以協助青少年做好生涯決定。例如一個人是喜歡助人的、喜歡和他人接觸的，這些特質屬於社會型的人格，他比較適合的職業是教師或輔導人員。以下分別說明三種人格類型理論：

一、單一類型理論

　　美國心理學家法利（Farley）提出T型人格（T type personality）概念，T代表尋求刺激的人（thrill-seekers），T型人格具有冒險行為、尋求刺激和快感的人格特徵，具有這種傾向稱為大T（Big T），避免這種傾向稱小t（Little t）。當冒險行為具有破壞性時，例如酗酒、吸毒、暴力犯罪等反社會行為則稱為T型人格。T型人格傳統上是男性，但隨著社會障礙的減少，愈來愈多的女孩成為冒險者。在校園有時會看見16歲的男孩在滑板上挑戰極限，並在走廊大喊：「讓我們赤身裸體」。尋求刺激的人在神經系統中的興奮度很低，他們想要喚醒自己，所以他們尋求刺激（Knutson &

Farley, 1995）。

二、對立類型理論

這種理論認為人格類型包含了某一人格向度的兩個相反的方向，如A-B型人格，內一外向人格。1959年心臟病學家弗里德曼（Friedman）與羅森曼（Roseman）首先發展A型行為組型（type A behavior pattern）的概念，A型人格的行為包括競爭、無耐性、匆忙、好勝心、具攻擊性、敵意及成就取向等特質。而相對於A型的行為特質即稱之為B型，B型人格較為放鬆、隨意、不慌不忙，也不常表現敵意及攻擊行為（引自胡悅倫，2005）。二人的研究發現A型人格比B型人格更容易罹患冠狀動脈心臟病及高血壓，告訴我們要妥善因應壓力。現代醫學心理研究又發現一種C型人格，傾向於壓抑情緒，尤其是消極的情緒，例如憤怒，他們避免衝突、具高度的社會期望、過度順從及耐心（McLeod, 2017）。

另一內外向人格類型的分法為精神分析學派的榮格（Jung）所創，一個人的興趣和關注可以指向內部或外部，依據是內向或外向占優勢，將人格分為內向型和外向型（黃文三等，2008）。

三、多元類型理論

最早是德國哲學家斯普蘭格（Spranger）於1928年依據人類社會文化生活的六種型態，將人劃分為經濟型、理論型、審美型、權力型、社會型和宗教型等六種，有研究者據此編製了「價值觀研究量表」。近年則有九型人格（enneagram）及邁爾斯一布里格斯性格分類指標（Myers-Briggs Type Indicator, MBTI）廣為流傳，九型人格主張人的性格可以分為9類，MBTI性格分類法是依據容格理論發展而成，可組合出16種人格類型，但前者缺乏堅實的理論基礎，後者缺乏實證數據支持（廖勇凱，2015）。

 文化與人格

文化與自我根本就是相互構成，自我的發展源自於個人自我持續調整

以與所置身脈絡相協調的過程，此過程中，個人為自己找出下列問題的答案：「我是誰或什麼」、「我應該做什麼」與「我如何與他人連結」。自我的發展無可避免地受到社會文化中的符號表徵系統，以及與周邊他人及社會環境互動之影響（劉淑慧等，2019）。

　　受到傳統文化與現代文化雙文化的影響，華人社會在個體發展的過程中就會形成一種兼具傳統性自我成分與現代性自我成分的雙文化自我，分別為社會取向自我與個人取向自我兩部分（楊國樞，2004）。楊國樞（2008）並以實徵發現，建構出有關華人自我的「四元論」理論，包括關係取向、權威取向、家族取向及他人取向。陸洛與楊國樞（2005）曾批評如西方馬斯洛（Maslow）等人所強調的「自我實現」，是西方個人主義的概念，並不一定符合華人社會。楊國樞等人（2010）進行有關「華人本土心理學」的研究發現：相較於西方的個人主義文化，華人則比較偏向「集體主義／社會取向」。他們以28位臺灣大學生進行焦點團體討論與短文撰寫，發現現代華人自我實現本質內涵的三大範疇正包容了「完全做自己」、「以成就回饋家庭」及「自我安適，兼善天下」，其中的第一項屬個人取向，後兩項為社會取向。

第二節　青少年自我概念與自尊

　　青少年達到形式運思期，其自我意識（self-consciousness）才逐漸發展，他們才會思考自身問題，且蒐集能幫助自己自我評價的相關訊息，因此青少年階段一直被視為是一個形塑自我的重要關鍵時期。青少年藉由生活中重要他人的言語或非語文的反應判斷自己的能力，並不斷藉由成長過程中與他人互動的歷程，使自我概念逐漸成形（Freeman, 2003）。自尊也可視為自我概念的一部分，以下分別探討青少年自我概念與自尊的發展。

青少年自我概念的發展

在解釋自我概念之前先要了解自我的定義。每一個人都有「自覺」（self-awareness）或「自我意識」，意識到有一個與別人不同而獨屬於自己的自我（self），並且知覺個人的自我與外界、他人的自我的關係（郭為藩，1996）。青少年期的自我感更加強烈，心中常會有「我是誰」、「我與別人有何不同」的想法，不管是真實或想像的，他們想要發展自我感和獨特性，已成為生活中的動力來源（Santrock, 2008）。

一、自我概念定義

美國心理學者詹姆斯（W. James, 1842-1910）於二十世紀初期率先提出自我的理論，認為自我包括「客體我」（self-as-known）及「主體我」（self-as-knower）。「主體我」是個體能經驗、知覺、想像、選擇、記憶和計畫的主體；「客體我」後來心理學者稱之為自我概念，是經驗與意識的主體，由物質我（the material me）、社會我（the social me）和精神我（the spiritual me）所組成，分別構成身體我（body image）、社會我（social self）與人格我（person或self-identity）。人格我居於自我概念的最高層而統攝全體，是一個人內在與主觀部分，包括心理傾向、思想、感受和行動的意識，個人對某些信念、理想、行為規準、價值體系的認同，即是其人格我的顯示（郭為藩，1996）。人本主義心理學家羅傑斯也非常關注自我概念議題，將自我概念與自我結構（self-structure）視為同義詞，意在表示自我概念中所指的自我，是由多個彼此關聯的成分結構而成的，不僅包括對自己心理特徵的看法，而且也包括對自己身體特徵（美、醜、強、弱）以及行為表現（包括自覺的及與別人相比較之下的優劣）的積極或消極評價（黃文三等，2008）。根據上述的討論，自我概念是一個概括性的概念，也是一個複合性的組合，是個體對自己的知覺、感受、情感表現及總體的評價。簡而言之，即是自己對自己的整體看法，這種看法會因情境的不同而跟著改變，例如與學霸型的同學在一起，在學業上就會有矮人一截的感覺。

二、自我概念的組成

　　詹姆斯在解釋自我概念時，即提出是由物質我、社會我和精神我所組成，後來的學者接續這個架構紛紛提出不同的組合成分。1950年後期的斯特朗（Strang）歸納自我的四個基本向度：整體性、暫時性、社會我、理想我（idea self）（引自洪光遠、連廷嘉譯，2018）。羅傑斯（Rogers, 1961）認為自我概念由實際我（actual self）、理想我所組成，前者是指現實中的真實自我形象，後者是指期望實現的自我形象，從實際我到理想我會是一個向上成長的歷程，當二者的差距過大時，即會產生心理適應不良的情況。希金斯（Higgins）提出「自我不一致理論」（self-discrepancy theory），依據自我領域將自我分為三種狀態：理想我、真實我、應該我；再依據「自我與他人觀點」細分三種狀態，總共有六種自我狀態（陳金定，2015）。其內容如圖4-1所示。

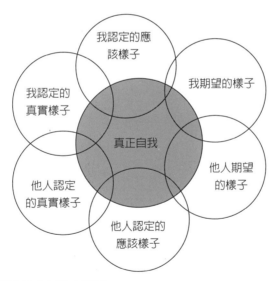

圖4-1　各類自我與真正自我之關係

資料來源：陳金定（2015，頁201）

　　理想我、真實我、應該我何者才是「真正自我」？以上六個自我觀點只反映出部分真正自我，其他都是自我或他人的主觀認定，例如我期望當

作家，但是父母堅持要我當醫生。當個體愈了解自己，理想我、真實我、應該我的不一致會愈來愈小（陳金定，2015）。儘管學者提出這麼多理論來說明自我的面向，但有學者認為在青少年時期，理想我或想像我其中有一個重要的面向：可能自我（possible self），即可能成為怎麼樣的人、想成為什麼樣的人、害怕成為什麼樣的人，也就是期望及害怕的理想我同時存在，一方面引導青少年積極向上，一方面提醒青少年避免這種狀況（陳增穎譯，2022；Santrock, 2008）。

 ## 貳 自尊

在美國的心理學研究中，對於自尊此一主題頗為重視，人本主義心理學特別重視人們對自己的感受，例如羅傑斯的心理治療核心目標是促使當事人接納與欣賞自己原本的模樣；馬斯洛需求層級理論提到自尊的需求，以及滿意地接受自己（危芷芬譯，2017）。在青少年期必須處理如何看待自己這種與自尊有關的問題，但自尊的發展與維持是一個相當複雜的過程，且容易受到內、外在因素的影響（蕭佳純、蘇嘉蓉，2014），以下僅就自尊的定義、內涵與影響作一探討。

一、自尊的定義

自尊（self-esteem）也稱自尊心、自尊感或自我價值感（a feeling of self-worth），如果要將自我概念與自尊兩個概念加以區別，自我概念是你認為自己擁有的個人屬性的總和，也就是你認為自己是怎樣的人；自尊是指你對自我概念的評價，本質上就是：你喜歡自己嗎？自尊又與自我感受不同，自己的感受會受到情境的影響而產生波動，因此有學者將自我感受稱為「自我價值感」，來與自尊作區別，自尊是一種相當穩定的自我評價（危芷芬譯，2017）。羅森伯格（Rosenberg, 1965）將自尊界定為一種建立在自己作為一個人的價值感基礎上的態度，認為自尊是對自己的一種積極或消極的定位，並且發展出羅森伯格自尊量表（Rosenberg Self-Esteem Scale）。

　　但有學者認為自我概念與自我評價、自我知覺、自尊可以互用，雖然定義不同，但其內涵是一樣的。狹義的自我概念即是個體對自己在學業及非學業方面所知覺到的能力，這樣的界定與自尊相近似（Manning, 2007）。

　　由以上解釋可知西文的自尊概念與中文是不一樣的，中文的自尊具有優越感的意涵，西文自尊與中文的「自信」比較近似，同於班度拉「自我效能」（self-efficacy）的概念。

二、自尊的內涵

　　伯格（Burger）認為整體自尊源自兩階段的歷程：1.找出決定自我價值的領域，例如學業成就、外表、朋友的接納等，研究者稱之為「自我價值依存條件」；2.我們根據自己挑選的領域形成對自己的評價，以構成整體自尊（危芷芬譯，2017）。

　　根據一項針對大學生的研究發現，自我價值依存條件包括七個領域：能力（學業成績）、競爭、他人稱讚、家庭支持（親密關係）、外表、神的愛、美德。在對青少年自尊的研究中，有學者具體說明自尊是指青少年在以下八個領域的自我評價：學業能力、運動能力、外表、同儕接受、親密友誼、浪漫關係（romantic relation）、工作能力、道德行為。這些特質的評價總合，即構成自我概念，其中親密友誼、浪漫關係、工作能力是青少年期才具有的特質（Harter, 2006）。

　　運用這種方式來形成自尊有利有弊，好處是我們不需要事事與他人比較才能得到好的自我評價；往壞處想，有時選擇自己難以達成的領域，例如學業成績，就會給予自己不好的評價。將自尊置於無法控制的力量之上，可能產生焦慮與憂鬱。青少年課業壓力大，以學業成就為自尊基礎的學生通常因成績不佳而感到憂鬱與自尊低落，他們的成績並未高於其他學生的表現，因而感受到較大的壓力。將自尊建立在外表、他人讚許、家庭支持等條件，皆屬於自己無法掌控的因素，因此容易導致情緒高低起伏。一項以外表為自尊基礎的研究發現，一旦注意到外表的缺點就覺得孤

獨、被拒絕。不可控制的自尊依存條件讓人們的幸福情緒每天處於危機之中；相反地，可以控制的自尊依存條件，如美德或神的愛，則較不容易感到憂鬱與焦慮（危芷芬譯，2017）。有學者更分析形成自尊的要素有四種成分：意義（significance）、能力（competence）、權力（power）、美德（virtue）（Levin & Nolan, 2010）。

 ## 自我概念和自尊的變化及影響

從自尊的研究我們可以了解到是否必須在許多不同領域具有能力或美德，才會對自己感到滿意呢？心理健康的人自尊感比較高，認為自己是一個有價值的人，並且感到自己值得別人尊重，也較能夠接受個人不足之處。相反地，沒有正向自尊感的學生較容易受到社會、心理和學習問題的傷害（Steinberg, 2017）。

一、自我概念和自尊的變化

西方國家對青少年的研究發現：自我概念及自尊的變化都是呈現先升後降再上升的現象。兒童早期呈現高自我概念、高自尊的現象，因為兒童比較會高估自己的能力，而且兒童的認知發展尚未能適切評估自己的能力，直到兒童後期自我知覺才能逐漸接近正確。在青少年初期自我概念和自尊亦呈現下降，女孩大約從12歲開始，男孩從14歲開始，14-16歲是下降比較嚴重的年齡層。之後逐漸上升，因為結束了紛亂的自我認同階段，穩定持續到成人初期（Harter, 2006）。在自尊的變化方面，14歲的自尊最低，以後才逐漸穩定上升（Steinberg, 2017）。至於影響自尊下降的原因最有可能是社會環境的轉變（國小進入國中），其次則是青春期生理的變化（黎士鳴譯，2008）。

至於性別的差異，青少年期間女孩比男孩有較低的自尊，原因是女孩重視外表的吸引力，這個時期女孩對自己的外表不滿意比較高；青少年對自己外表吸引力的看法，是整體自尊最強的預測因子，只是女孩比男孩更沉迷於自己的身體意象。男孩的自尊主要來自對成就及運動能力的感受，

而且男孩比較容易受到社會訊息的影響，比較會有情緒上的反應（Harter, 2006；Santrock, 2008）。

　　王郁琮和李佳儒（2018）探討青少年早期自尊的變動，青少年自尊是隨年級而漸升，呈現正向轉移，國一到國二階段的移轉性顯著高於國二到國三階段。但是巫博瀚與陸偉明（2010）以國一到國三青少年的縱貫調查研究指出，國中生的自尊成長趨勢為負成長，顯示國中生的自尊會隨著年齡增長而逐年下降。這項研究結果與蕭佳純和蘇嘉蓉（2014）運用臺灣青少年成長歷程資料庫（Taiwan Youth Project, TYP）所進行縱貫性分析的研究結果相一致，國一到國二、國二到國三為負成長，國三到高三以及高三到大二則為正成長，顯示我國青少年自尊的成長曲線是呈現先下降後上升之趨勢。上述研究說明我國青少年自尊的變化情形，西方國家14歲是谷底，之後穩定向上成長，我國則是國二至國三是谷低，與西方國家只有差距一年左右。其原因可能與升學壓力有關，頻繁的考試會帶來挫折，以致自尊下降，但是國內的研究資料缺少與兒童期的自尊變化相比較。

二、低自我概念及低自尊的影響

　　許多研究採用整體自尊變項分數來檢驗自尊與身心適應的關係，並發現自尊高低和青少年心理適應有一定關聯性。研究結果顯示，高自尊與正向感受、生活滿意度、關係滿意度，以及學業成就有正相關。相反地，低自尊與反社會行為、身體意像、飲食疾患、憂鬱、未婚懷孕、自殺意念有正相關（王郁琮、李佳儒，2018）。哈特（Harter, 1990）的研究發現美國青少年有33%至50%自尊較低，特別是青少年早期，但低自尊可能是暫時的，嚴重的低自尊可能會導致如壓力、焦慮、偏差行為等問題。低自我概念的青少年通常會受到他人排斥，與低自尊一樣，他們在學校中是不參與社交活動，容易發展出孤獨與寂寞感，在同儕之間較常受到戲弄與霸凌（洪光遠、連廷嘉譯，2018）。學校教師對於低自我概念、低自尊的學生，需要多用一點時間來協助、關心他們，早日擺脫低自尊的情緒困擾。上述這些結果都是以相關研究進行，而非實驗研究，有相關但不等於有因

果關係，例如低自尊不一定會導致青少年的問題行為，有時候中高自尊的青少年也會表現出偏差行為。

第三節 青少年自我認同

「認同形成」（identity formation）是青少年階段中最為重要的發展任務，且是持續終生的發展過程，因此自我認同（self-identity）一直是青少年相關議題討論的焦點（林雅容，2009）。當前有關青少年自我認同的理論，多採用艾瑞克森的「心理社會發展理論」（psychosocial developmental theory），艾瑞克森（Erikson, 1963）認為個體在發展過程中不斷經歷各樣的「發展危機」（developmental crisis），而個體的「發展任務」就是嘗試解決不同階段的「發展危機」，朝向健康的人格發展。學者分別從不同的角度切入，希望對於青少年的認同有更多了解，並幫助其心理健康（陳坤虎、雷庚玲、吳英璋，2005）。其中較為著名的學者為馬西亞（Marcia, 1966），他依據心理社會發展理論發展出四種認同狀態。本節首先就艾瑞克森的理論作一論述，其次探討馬西亞的認同狀態，最後再探討與認同有關的主題。

 壹 艾瑞克森的社會心理發展理論

艾氏理論的中心是自我認同，自我認同指的是個體自我統合，當面對每個人生階段的危機時，每個人都要重新調整自我。所謂的自我認同是指個體在人生各階段，藉由實地的探索及實驗，認清自己在各種社會脈絡中的特定角色，知道自己的需要、愛惡與動機，根據對自己的了解建立生活的理想與目標，以及在自己理想的引導下追尋既定的目標。此一概念包含三個部分：1.個人認同，即反映個體內在的心理傾向，例如價值體系、生涯目標等；2.社會認同，即個體與環境互動後所形塑出的認同，例如個人名譽、受歡迎程度等；3.集體認同，即個體之「重要他人或參考團體」的

期待及規範，例如家庭、同儕、學校、社區等（陳坤虎等，2005）。

一、理論概述

艾瑞克森（Erikson, 1963）擴展佛洛依德的人格發展概念，同時強調兒童發展的重要性，他將佛洛依德性心理階段的發展理論轉變為心理社會發展階段，主張個體在其一生中的發展乃透過與社會環境互動所致。在每一個發展階段皆有一明確的發展危機，在個體進入下一個發展階段之前他們會努力試著去解決現階段的發展危機；除非個體已經在先前的危機之中尋找到解決之道，否則他們無法在新階段中解決發展危機。他將人的一生分為八個階段，每一個階段都有重要的危機或問題待解決（請參見表4-2）。以下說明各階段的發展任務與危機（周新富，2019a；陳國泰，2018；Erikson, 1963, 1987）：

表4-2　艾瑞克森的社會心理發展階段

年齡	階段	發展特徵
0-1歲	信任vs.不信任	依賴照顧者，對環境的可預測性能引致信賴感，如果缺乏照顧導致對環境的不信任。
2-3歲	獨立自主vs.羞愧懷疑	環境可鼓勵獨立、尊嚴、自我價值感；或是由於過度抑制導致懷疑、缺乏自尊。
4-5歲	自動自發vs.退縮內疚	能夠學習並享受勝利的喜悅；或因害怕失敗以及處罰，導致內疚與罪惡感。
6-11歲	勤奮vs.自卑	重視工作、技巧與能力；或感覺或能力不足及自卑等。
青少年期	自我認同vs.角色混淆	發展自我認同或是認同混淆。
成年初期	友愛親密vs.孤獨疏離	致力於人際關係的建立，或是離群索居。
中年期	愛心關懷vs.頹廢遲滯	關心下一代並擴展興趣，或是自我中心。
老年期	完美無缺vs.悲觀沮喪	了解個人存在意義，或是對生命失望和缺乏意義。

資料來源：郭靜晃、陳正乾譯（1998，頁85）。

㈠第一階段

第一階段是信任對不信任（trust vs. mistrust），從出生到1歲，即佛洛依德的口腔期，嬰兒開始學習的基本心理社會態度是對別人的信任，信任感是由一致、連續和相同的經驗所形成，嬰兒的基本需要是由父母滿足，若父母滿足嬰兒需求及真誠地與嬰兒溝通，則嬰兒會認為其世界是安全且可依賴的；相反地，不適當的照顧、不一致或負面的經驗，嬰兒會對其世界感到恐懼和懷疑。

㈡第二階段

第二階段是獨立自主對羞愧懷疑（autonomy vs. shame and doubt），從2歲到3歲，大約是肛門期。當幼兒的自我控制能力增進，他們必須具有某種程度的獨立，如果能在父母或照顧者的監督之下，允許且鼓勵幼兒以自己的步伐和方式去做有能力達成的事，則他們將發展獨立自主感。如果父母和照顧者沒耐性，幫幼兒做了太多事，幼兒會懷疑他們處理環境問題的能力。對幼兒的拒絕行為而給予羞辱或處罰，也可能導致幼兒對自我的懷疑。

㈢第三階段

此階段是自動自發對退縮內疚（initiative vs. guilt），為4-5歲，大約是性器期。兒童具有多種能力，可參與很多的遊戲及活動，假如父母和照顧者給予較多的自由探索和嘗試，這會鼓勵兒童朝自動自發的傾向發展。相反地，若給予太多限制，則會發展出退縮內疚的傾向。

㈣第四階段

此階段是勤奮對自卑（industry vs. inferiority），為6-11歲，類似潛伏期。進入小學是發展階段的轉捩點，當行為受到智能上的好奇和表現所支配，所做的事得到他人的認可與稱讚，就會朝向勤奮發展。假如兒童的努力是不被認可，或被視為是惹麻煩的，則會產生自卑感。

㈤第五階段

此階段是自我認同對角色混淆（identity vs. role confusion），從青春期

到20歲。青少年期的發展任務在建立自我認同，如果此一時期的認同危機未得到化解，當事人將朝向角色混淆發展，而對己對人產生不確定感，從而感到覺得孤獨、空虛、焦慮、不能做決斷。

(六)第六階段

這階段是友愛親密對孤獨疏離（intimacy vs. isolation），從20-40歲左右，為成年早期。主要的發展危機，在於能否和他人建立良好的友誼關係、愛及伴侶感；如果個體無法和他人形成友誼或親密關係，將會產生寂寞、孤獨與疏離感。

(七)第七階段

這階段是愛心關懷對頹廢遲滯（generativity vs. stagnation），自40-65歲為成年中期，要為人父母、建立事業、關心家庭及下一代。個體的主要發展危機在於能否發展出對他人關懷的情操，包括撫養或照顧家人。如果個體無法發展出這種情操，則將會變得頹廢遲滯或凡事自我中心。

(八)第八階段

這階段是完美無缺對悲觀沮喪（integrity vs. despair），為65歲到死亡，此時已進入老年期。如果回顧過去的日子，發現生活是有意義的、豐富的，則會覺得人生是完美無缺的；反之，則將覺得人生毫無意義，心中充滿悲觀和沮喪。

二、青少年的自我認同的危機

艾瑞克森的人生八階段中，特別重視青少年期自我認同的發展，因為青少年期危機的解決有賴於前面四階段危機的適當解決，同時青少年這階段危機之解決更預期以後各階段危機的解決，這個階段是人生整體發展的樞紐（何英奇，1990）。艾瑞克森（Erikson, 1968）具體指出青少年期必須統合過去成長歲月中的各種經驗，包括他所了解的自己，以及他所察覺的別人對他的看法和期望，才能與未來所期望的我建立一種「連續感」，而這個歷程即是「認同形成」。而在自我認同的歷程中，青少年同時面臨

了七種危機，也就是在建立自我概念所面臨的衝突。以下分別說明之（王煥琛、柯華葳，1999；何英奇，1990；Erikson, 1968）：

㈠時間透視或時間混淆

第一項危機是時間透視或時間混淆（time perspective vs. time diffusion）。為了計畫未來成人生活，青少年必須思考個人過去是什麼、現在是什麼與未來想成為什麼，為了達到這個目的，他必須有正確的時間透視感。相反地，有些青少年感受到時間混淆，對過去與現在時間無法做正確評估，其未來時間也缺乏規劃與信心，他們傾向於要求立即行動或太早定向或不斷改變計畫。

㈡自我確信對自我意識

第二項危機是自我確信對自我意識（self-certainty vs. self-consciousness）。自我確信是指在青少年人格發展過程，能認識自己、對自己的現實與未來都有信心，對自我的認知能和別人對他的看法一致。自我確信需透過自我檢視的過程，評估個人的潛能與特質，當青少年在做自我評估時，要避免過於敏感，而表現過度自我意識與自我懷疑。

㈢角色嘗試或角色固著

第三項危機是角色嘗試對角色固著（role experimentation vs. role fixation）。青少年要自由地去探索與試驗各種可能的社會角色，然後對自己選擇之最適合的角色有所承諾，從中發現真正的自我。有些青少年可能面臨太多選擇而無所適從，或受到限制而別無選擇，會經驗到「角色固著」的感覺。

㈣職業意願或工作無力

第四項危機是職業意願或工作無力（apprenticeship vs. work paralysis）。職業的選擇是青少年形成自我認同的關鍵因素，所以青少年在人格發展過程，應樂於對未來職業準備付出心力，去試探與扮演各種職業角色，以尋找出適合的職業。反之，若對工作缺乏興趣、沒有確定生活計畫，導致工作無力感。

㈤性別分化對性別混淆

第五項危機是性別分化對性別混淆（sexual polarization vs. bisexual confusion）。青少年為解決性別角色衝突的困擾，先要認同於他所屬的性別，以及認識性別角色有關的生殖與社會性意義，然後對其性別感到光榮，並且發展親密關係。倘若青少年對自己的性別沒有正確認識，將很容易從兩性交往中退縮孤立，而陷於兩性混淆的危機，妨礙兩性良好關係的建立。

㈥主從分際對權威混淆

第六項危機是主從分際對權威混淆（leadership and followership vs. authority confusion）。青少年逐漸擴大參與社會的層面時，必須學習分辨如何恰如其分地扮演領導者角色或服從者角色，具有自我認同才能具有主從分際的分辨能力。反之，當青少年的社會接觸增加，他會同時感受到來自各方對他的不同要求，若不能將這些不同的權威的價值和自己的價值相比較，以形成個人的信念，就會有權威混淆的感覺。

㈦價值定向對價值混淆

第七項危機是價值定向對價值混淆（ideological commitment vs. confusion of values）。價值衝突是認同危機中最關鍵的一個，因為與前面六項衝突相關聯。青少年在價值上要有所定向，相信個人的目標在這個社會中是有意義的，且能被社會認可，這種價值定向可作未來人生的支柱，避免價值混淆。價值信念包含道德、宗教或法律，青少年如對現存社會價值觀懷疑不滿、缺乏是非善惡判斷主見而迷失自己時，自我的價值衝突必定無法統整，而導致價值混淆。

 ## 貳　青少年自我認同狀態

艾瑞克森的理論所受的詬病是缺乏實徵研究的支撐，馬西亞（Marcia, 1966）對其理論加以擴充及精緻化，並聚焦在青少年發展，提出認同狀態理論（identity status theory）說明青少年自我認同的發展過程。馬西亞重

視艾瑞克森所提出的認同危機，並且強調青少年階段需要在不同生活層面進行探索和承諾，例如職業、宗教、關係選擇、性別角色等，以協助青少年自我認同的發展。以下針對其理論要點作一闡述（黃德祥，2018；周甘逢、劉冠麟譯，2002；Marcia, 1966, 1980）：

一、認同發展的四種狀態

馬西亞以半結構式訪談對青少年進行研究，請他們回答以下兩個問題：是否對職業或意識形態做出承諾？是否經驗過或目前正處於做決定的階段？再依據答案形成以危機（crisis）與承諾（commitment）兩向度，據此形成四種認同狀態，四種狀態不具階段性，也沒有連續性。馬西亞所稱的危機是對自己較早期的價值和選擇進行重新檢視，就是探索（exploration）的涵義，良好的認同發展可以使青少年更加認識自我，並了解自己的優勢、劣勢及獨特性。

㈠認同迷失型

認同迷失型（identity diffusion）是指這類青少年並未探索自我的選擇，也沒有做出任何承諾，也就是從未花時間思考自己是什麼樣的人？自己想要什麼樣的未來？

㈡認同早閉型

認同早閉型（identity foreclosure）是青少年願意對相關的角色、價值或未來目標付予承諾，但是尚未經歷自我探索，而是順從他人期望，例如同意父母對生涯方向的決定。

㈢認同未定型

認同未定型（identity moratorium）是這類青少年正處於自我探索中，對自我的抉擇無法給予承諾。此狀態者正處於危機中，因此變異性大，對未定型青少年需要提供更多自我及環境資訊。

㈣認同定向型

認同定向型（identity achievement）或譯為認同達成型，是指青少年

已經對自己的認同展開尋求，並且根據尋求的結果，對自己的價值、職業或是他人做出承諾。但定向型也可能因為新經驗加入，而轉成未定型，還要再經歷認同的危機。

二、認同形成的過程

　　馬西亞認為自我認同的形成是依據個人的和社會的特質，經歷選擇之後，並對選擇結果付出承諾，其時間的長短則視青少年在做選擇時付出了多少時間，因為選擇至少涉及三個層面：1.性傾向；2.價值和理念；3.職業方向。

　　在探索的過程中，青少年會經歷不同的理念和承諾，有時會在探索和承諾之間來回擺盪，常見的探索有兩種類型：一是深度的探索，即先承諾後探索個人的選擇；二是廣度的探索，廣泛地探索個人的選擇，然後再進一步承諾。馬西亞認為工作、愛情及生活方式要多方的試驗和探索，最後才確定個人的選擇。

自我評量 ．．．．．．．．．．．．．．．．．．．．

一、選擇題

(　) 1. 九年級的家豪受到集體主義文化的影響，他的自我概念最不可能包括下列何者？ (A)尊重權威人物 (B)追求自我獨立性 (C)依照父母的期望進行職業選擇 (D)不在班上公開表達不同的看法

(　) 2. 關於青少年自我發展的敘述，下列哪一項較為適當？ (A)青少年的自尊和成就動機無關 (B)提早決定未來志向者屬於達成認同 (C)父母的情感關係與青少年的自我效能感無關 (D)父母對青少年採取嚴格的管教將影響其自尊心

(　) 3. 國二的杰明在校學習認真，成績優異。根據五大人格特質理論，杰明的人格特質比較屬於下列何者？ (A)神經質（neuroticism） (B)友善性（agreeableness） (C)嚴謹性（conscientiousness） (D)開放性（openness to experience）

(　) 4. 關於青少年自我認同的敘述，下列何者較為正確？ (A)認同未定者通常自尊最低 (B)模仿父母者大多能達到認同定向 (C)認同迷失常常導因於認同過程中過度投入 (D)認同定向者須經歷尋找、選擇及投入的歷程

(　) 5. 十二年級正德的輔導教師判斷他是屬於馬西亞（C. Marcia）認同狀態的早閉型。下列哪一項是輔導他時應考量的重點？ (A)此生能力不足，需要協助他發展專長 (B)此生個性內向自閉，需要協助他建立人際關係 (C)此生可能被動接受父母的安排，未必符合他的興趣 (D)此生的職業選擇不為父母所接受，需要協助輔導他

(　) 6. 根據馬西亞（J. Marcia）對青少年自我辨識的觀點，下列哪一類型最具有實驗主義的特徵？ (A)辨識混淆（identity diffusion） (B)辨識預定（identity foreclosure） (C)辨識遲滯（identity moratorium） (D)辨識有成（identity achievement）

(　) 7. 根據馬西亞（J. Marcia）的觀點，下列何者對青少年而言是最不成熟的統合狀態？ (A)迷失型 (B)早閉型 (C)未定型 (D)定向型

(　) 8. 在青少年發展過程中，需要對宗教信仰、性倫理、人生價值等作各

種選擇，否則會形成負向的自我認定（negative identity）。這是下
列哪一位學者所提出的理論？　(A)葛拉瑟（W. Glasser）的現實治
療理論　(B)佛洛依德（S. Freud）的精神分析理論　(C)柯柏格（L.
Kohlberg）的道德認知發展理論　(D)艾瑞克森（E. Erikson）的心
理社會發展理論

(　　) 9. 根據盧文格（Loevinger）的研究，青少年自我發展多數屬於以下哪
個階段？　(A)服從者階段　(B)自我保護階段　(C)衝動階段　(D)
良心階段

(　　) 10. 馬西亞（J. Marcia）主張青少年應達成的認同狀況，下列何者較正
確？　(A)正經歷認同危機，並主動提出問題尋找答案　(B)對自己
的狀況似乎了解，但是並未做全盤掌握　(C)尚未想到或解決認同
問題，也未能確定生活的方向　(D)已解決自己的認同危機，並參
與及履行特訂的目標、信念與價值

(　　) 11. 王大華在國中時期每天都跟朋友鬼混，根本沒想過未來要何去何
從。他在高中遇到一位非常關心他的老師，常常開導他「少不更
事，老大徒傷悲」的道理，於是他打定主意要好好經營自己的人
生。他看了很多書，聽了不少演講，最後決定以這位老師為榜樣，
作為人生的努力方向。王大華經歷了何種自我認同的發展歷程？
(A)混淆、迷失、定向　(B)迷失、追尋、定向　(C)追尋、迷失、定
向　(D)迷失、混淆、定向

(　　) 12. 有一學生想多了解有關人生哲學、理想或宗教信仰的議題。他正在
追尋下列哪一層面的自我認同？　(A)前瞻的時間觀　(B)預期工作
有成　(C)辨認服從或領導　(D)形成意識信念

(　　) 13. 下列有關青少年自尊心的研究發現，何者錯誤？　(A)青少年的自
尊心在國中階段最低　(B)多數青少年的自尊心在青春期會顯著改
變　(C)青少年的自尊心與短期達成目標的能力有關　(D)青少年的
自尊心在青春期沒有巨大改變

(　　) 14. 小潔自認為數學能力一級棒，然而要考取數學資優班卻還有一段距
離，她為此感到焦慮不安。根據Rogers的理論，小潔的焦慮來自下
列哪兩者之間的差距？　(A)真實我與社會我　(B)真實我與理想我

(C)客觀我與理想我　(D)客觀我與社會我

(　　) 15. 十年級的曉華面臨選組的壓力，積極地在輔導課中探索自己的志向，雖然覺得輔導教師和土木工程師都很好，但還是不知道哪一個最適合自己。根據馬西亞（J. Marcia）的統合狀態，曉華較可能屬於下列哪一種？　(A)混淆（diffusion）　(B)早閉（foreclosure）　(C)未定（moratorium）　(D)成功（achievement）

參考答案

1.(B)　2.(D)　3.(C)　4.(D)　5.(C)　6.(C)　7.(A)　8.(D)　9.(A)　10.(D)　11.(B)
12.(D)　13.(B)　14.(B)　15.(C)

二、問答題

1.佛洛依德（Freud）心理分析理論所主張的人格結構分為那幾個部分？其運作所依循的原則分別為何？

2.何謂特質論（trait theories）的人格理論？並請說明「五大人格特質論」的內容為何。

3.班上部分同學長期嘲笑八年級的小娟，還聯合其他同學不和她來往。導師與小娟晤談後，發現她的自我概念不佳。請說明何謂自我概念，導師要如何協助她提升自我概念？請舉出四種方法。

4.羅森伯格（M. Rosenberg）如何界定自尊（self-esteem）的意義？並請說明在青少年期，自我概念和自尊產生哪些變化？

5.根據艾瑞克森的心理社會發展論，請說明青少年期所要面對的發展議題為何，以及此發展議題會如何影響個體的發展？

7.根據艾瑞克森的觀點，說明兩項青少年達成自我認同的主要特徵，並舉出三項教師協助青少年達成自我認同的策略。

第五章

青少年性別發展與性的相關議題

　　嬰兒一出生依據生理特徵可以判定是女生還是男生，這稱為生理性別（sex），從這一時刻開始，父母要教導嬰兒社會或家庭對男性和女性所賦予的意義，這就稱為性別（gender），性別是複雜的社會過程，兒童要學習男生或女生的行為，以及符合社會對男生或女生的期待，例如在穿著、所玩的遊戲、情感的表達等方面皆不相同，這個過程稱之為性別角色社會化（gender-role socialization）。當然也有家庭會以相同的行為、尺度來教導子女，將男女生的差異最小化（Kimmel & Weiner, 1995）。性別角色（gender roles）是對性別所反映出來的行為期待；也就是指社會、文化根據性別，為其所屬個體所規劃的行為腳本，即男性、女性應該扮演哪些角色，有哪些行為的規範與期許。例如「男主外，女主內」、「男性剛強，女性柔弱」等，皆為社會對於男、女性別行為的評價或期待（周新富，2022b）。本章分成兩個重點，一在探討社會性別的發展，包含性別認同、性別角色與性傾向三項等心理學的重要概念。二在探討青少年與生理的性有關聯的主題，例如性態度、性行為、懷孕、性侵害、性騷擾等。青少年的性行為與各國的法律密切相關，因此會引用一些法律條文來探討。

第一節　青少年性別認同與性別角色

　　性別的體認過程是包含在個體的社會化過程中，心理學家為了解性別角色的發展過程，不同學派各提出各種理論來解釋。生理的性轉變成社會的性別，稱之為性別認同（gender identity），兒童接受自己的性別，並在行為上表現出像個男性（male）或女性（female），則稱為性別一致性（gender consistency），一旦性別角色認同形成後，性別角色認同保持穩定且直到成年（周新富，2022b）。

性別認同的理論

　　佛洛依德的精神分析論對性別認同解釋為：男生有戀母情結，有被閹割的恐懼，故認同父親；女生則以認同母親來解決戀父情結。社會學習理論則認為，兒童經由觀察模仿與增強而學習性別角色，他們視性別認同為觀察和模仿某個楷模的結果，兒童從觀察父母和其他成人中，學習何謂男性、女性，以及哪些是正確、適當的行為（黃德祥，2005）。精神分析論與社會學習理論是我們比較熟悉的理論，以下闡述偏重認知論的性別發展理論。

一、柯爾伯格的性別角色發展理論

　　認知發展理論則主張，性別角色的發展與兒童認知能力的發展有關，柯爾伯格認為在學習性別上，兒童並不依賴大人作為模仿對象或獎懲的施予者，而是兒童對自我性別分類產生意識及認知能力，並開始模仿同性別，且符合刻板印象的成人行為。這種性別認知能力有其階段性存在，第一階段性別認同期（gender identity），第二階段性別穩定期（gender stability），第三階段性別恆常期（gender constancy）（引自劉秀娟，1998）。柯爾伯格認為2歲以前的兒童對性別特徵無法辨識，直到3歲才以頭髮長短、衣服樣式來區分男女，例如留長髮為女生、短髮為男生；到了六、七歲才有性別恆定的觀念，對同性楷模的模仿更加感興趣（晏涵文，2004）。

二、性別基模理論

　　性別基模理論（gender-schema theory）為班恩（Bem）運用認知基模之觀點，重新建構雙性化及性別形成的概念，認為大部分的性別認同發展是在性別基模的處理過程中產生的，人們為求符合文化對男子氣概（masculinity）或女性氣質（femininity）的定義，會選擇適合其性別之人格特質及行為表現。該理論整合了社會學習理論及認知發展理論，並強調其中文化因素的重要性。如果兒童在性別刻板的文化下成長，其性別基模化的程

度就會提高，而不得不學習到性別刻板印象（晏涵文，2004）。

三、性別認同發展四階段

紐曼（Newman）與薛佛（Shaffer）分別於1986、1996年提出性別認同發展四個階段的理論，以下將此理論之重點說明如下（引自劉秀娟，1998）：

第一階段：正確使用性別標誌（sex label）

約0-2歲，幼兒根據他人的衣著、髮型、特定行為來判斷其為男性或女性，判斷的規準則為明顯可辨的性別標誌，例如穿裙子的是阿姨。這時幼兒雖能正確地使用性別標誌，但尚不能確認自己的性別，要到2歲半左右，才能進入基本的性別認同階段。

第二階段：理解性別是具有穩定性（gender stability）

大約4歲左右，理解性別是穩定的，也就是說幼兒是男生，他長大後會變成男人，變得跟爸爸一樣。但是幼兒認為只要自己願意，可以隨著改變外型進而改變性別。

第三階段：理解性別是具有恆定性（gender constancy）

約6-7歲左右，會理解性別是恆定一致的，不會因為穿著、外表和情境的改變而改變。因為幼兒在這個階段已開始具有物體恆存的認知能力。

第四階段：性別有生殖器的基礎

7歲以後的兒童，會知道因為身體結構上的差異，所以與異性在性別上有所差別，並且知道與同性之間的相同之處，也會使幼兒對生殖器相同的同性產生性別認同。

四、性別刻板印象

由於性別角色是經由後天學習而來，因此個體在其社會化的歷程中，若學習到社會文化所賦予性別的特定規範，而對於性別角色及其行為的信念與態度形成一種固定、刻板、概括化的標記，並產生相對應的行為傾向時，即出現所謂的「性別刻板印象」（gender stereotypes）。刻板印

象是社會對某一特定團體中的人有一組概括化（generalizations）、簡化的看法，可以說是一種先入為主的態度，有時是一種偏見（prejudice），通常偏見都是屬負面的印象居多，長時期下來，偏見會轉變成歧視（discrimination），而表現在日常的行為上。性別刻板印象的內涵以人格特質為例，對於男、女性應具有何種特質之要求有很大的不同，例如男性往往被要求具備與工具性（instrumental）、主動性有關的特質，要能夠自我肯定、追求成就、獨立、勇敢、果決、進取、充滿野心、自信、堅定、有擔當等。而女性則被要求具有與人際互動、情感表達相關的特質，像是順從、依賴、細心、敏感、富同情心、富感情、被動、膽小、善解人意、需安全感、情緒化、優柔寡斷、安於現狀等（周新富，2022b）。

五、性別認同障礙

兒童進入6-7歲之後，由接納生理性別、扮演社會性別角色，到心理和生理性別一致。但是仍然有少部分人意識到生理上的性別特徵與心理上的性別認同不一致，就會產生「性別認同障礙」（gender identity disorder），進入青春期後，隨著第二性徵發育與性別差異的意識浮現，這種感受會特別強烈。男孩會蓄長髮或使用女性物品，女孩會刻意讓發育的胸部不明顯，這些青少年常覺得自己在一個錯誤的身體裡，而有想要改變的欲望，在成年之後可能持續將自己視為另一性別，甚至施打荷爾蒙或期待能夠轉變性別，但有些人因為擔心社會觀感或遭受人際關係破裂，寧願選擇維持原狀（劉玉玲，2016）。

 ## 性傾向

性傾向（sexual orientation）或稱性取向，是個體在性方面喜歡男生或女生，是對特定性別的人所感受到的持久情感、愛慕或性吸引力。常聽到的同性戀或異性戀，就是性傾向方面的表現。同性戀沒有性別認同上的困擾，他們認同自己的生理性別，只是在成長的過程中發現自己受同性所吸引，因而以同性為對象，建立起親密關係（劉玉玲，2016）。

　　一般常見的性傾向有異性戀、同性戀、雙性戀，將非異性戀者稱為性少數（sexual-minority），但類型愈加愈多，比較常見統稱是LGBTQ，是五個英文字字首的組合，L是女同性戀者（lesbian），G是男同性戀者（gay），B是雙性戀者（bisexual），T是跨性別者（transgender），Q是對性向感到困惑者（question/queer）（Steinberg, 2017）。有學者提出性傾向流動性的說法，指的是性反應的彈性，就是說性傾向可能會隨環境背景而改變，或是年齡不同也會出現不同的情形，例如高中就讀男校或女校，因而表現出短暫的同性戀行為。女性的性傾向比男性更具流動性，很多雙性戀或女同性戀的青少年到了成年時會改變性傾向（鄭穎澤，2016）。美國性學專家金賽（Kinsey）及其團隊發展出測量同性戀與異性戀傾向的量表，將性傾向分為七個等級（0-6），兩個極端代表完全的異性戀及同性戀，中間地帶則是同性戀與異性戀各有消長，有些青少年可能要花好幾年的時間去摸索，才能確定自己的性取向（蔡憶婷、簡梅瑩，2018）。不是只有性傾向具有流動性，有些學者甚至相信性別認同和性別角色行為亦具有流動性，而不是固定的或絕對的類型（Hyde, 2009）。

　　雖然社會上對性少數的青少年容忍度及理解度愈來愈高，但某些刻板印象依然持續存在，以致他們不敢在公開場合自由表達愛情關係，因為擔心同性別的同儕會心存偏見，他們無法像異性戀的朋友熱烈地參與社交活動，只好將性活動轉移至校園之外。社會的偏見和無知對同性戀者較易產生心理壓力，比起異性戀，他們缺乏社會支持，容易受到同儕的敵意，以致延伸出覺得自己的性傾向是生活中的負擔，甚至因而產生自殺的念頭（Steinberg, 2017）。

 ## 青少年的性別角色

　　性別角色的形成，並非僅是先天生理因素所形成的差異，更包含社會建構與文化、個人成長背景及家庭環境所習得的產物，是生理差異加上後天對性別認同的區隔所導致（劉珠利，2005）。有學者提出性別強化假說（gender intensification hypothesis），認為青少年到了中期，受到社會化

的影響，他們會在性別角色認同、性別態度和行為等方面，會表現得更加刻板化（Hyde, 2009）。雖然青少年對性別角色是很有彈性的，但社會的壓力會使青少年表現出更多的性別刻板印象行為，以開始約會為例，青少年的同儕認為表現與性別角色期待相一致的行為是很重要的，男性不夠陽剛，女性不夠陰柔，則不被對方所喜歡，青少年因而接受傳統性別角色行為。但不是所有的研究均發現青少年中期性別刻板印象行為會增強，或受到傳統性別角色的壓力而表現順從行為（Steinberg, 2017）。呂玉瑕和周玉慧（2015）使用2000-2011年臺灣青少年生命歷程研究的縱貫性調查資料，探討臺灣在進入二十一世紀的社會轉型中，青少年性別角色態度的變遷軌跡。研究結果指出青少年比成人更傾向自主的性別角色態度，而且女性較男性認同自主的性別角色。這項研究說明臺灣青少年並未受到傳統性別刻板印象行為的影響。

　　青少年在男子氣概（masculinity）和女性氣質（femininity）表現上的差異一直受到學者的重視，研究發現在青少年早期，女孩比較容易表現男性特質的行為，例如工具性特質，雖然男孩也表現情感表達等女性特質，但比例上沒有高過女孩所表現出的男性特質。男孩在青少年時被要求要表現典型男性行為的壓力比女孩來得大，女孩雖然受到壓力要表現典型女性行為，像是穿著要漂亮、要化妝打扮等，但當她們表現男子氣概行為時，卻未受到懲罰或未被視為偏差行為，因此青少年時期，女孩並沒有放棄典型男性興趣的運動等活動。男孩則從兒童期開始，即被父母要求不能表現出女性化的行為，但是在青少年性別角色社會化時，卻未受到強化，因此在此階段受到順從性別角色規範的壓力比女孩大（Mulvey & Killen, 2015）。特別是男孩的行為表現與其性別不一致時，比較容易遭受到同儕的霸凌，因而產生較低的自尊；而不表現女性氣質的女孩卻沒有這方面的困擾。研究也發現男孩在青少年表現較多的男子氣概，將來比較容易涉及更多的偏差行為，例如藥物濫用、酗酒、無保護的性行為等。而表現較多女性特質的女孩，比較容易產生傳統女性的心理問題，例如飲食失調（disordered eating）。女性愈在意吸引人的外表，則會花更多的時間在化妝，其學業成就上的表現顯著低於同儕（Steinberg, 2017）。

第二節 青少年的性態度與性行為

青少年期是性觀念發展的重要階段，獲得健康、安全的性資訊普遍受到家庭及學校的重視。雖然青少年到了中期以後，性活動已開始活躍，除了與伴侶約會，以及發展親密關係之外，有些人甚至已經有性行為的經驗。但是因為對性知識的欠缺，因而導致懷孕、性傳染病的人數也不少。本節本要在敘述青少年在性態度及性行為方面的狀況，以期教育工作者能為促進青少年健康的性發展而努力。

 ## 壹　性態度

性態度是指個人對性別之間特定的親密關係及性愛模式所持的好惡傾向（謝旭洲，2000）。性態度的重要性在於反映人們如何思考性行為與性議題、信守哪些性規範與性價值觀，也可彰顯性論述如何界定性行為在哪些情境與脈絡才是正常與合宜的。性態度包含多種面向，有學者主張性態度至少有六種面向：1.性容許度（sexual permissiveness）主要是指對性交易、一夜情、婚前性行為及婚外情的接受度；2.性工具化（sexual instrumentality），則探討是否將性當作一種感官工具，詢問填答者是否同意「性主要目的在自我享樂」的敘述；3.性溝通（sexual communion），在了解性作為情感與親密關係媒介的看法；4.性傳統（sexual conventionality）則是看待在當時被認為是「非傳統」性行為的態度，例如是否贊成「同性的性關係」等；5.性責任（sexual responsibility），強調對於青少年懷孕與關懷雙方性需要的態度；6.性權力（sexual power），探討是否認為性與權力連結（黃淑玲、李思賢、趙運植，2012）。常見的性態度調查研究，大都針對「性容許度」進行調查。例如黃淑玲等人（2012）以2002年臺灣社會變遷基本調查的資料進行分析，發現臺灣地區男性對於性交易、婚外情、一夜情等容許度都高過女性。

衛生署在1995年及2000年進行了兩次15-19歲全國高中職與五專學生

的性態度調查，結果發現男、女學生贊成「相愛即可有性交」的人數從34%及13%提高到43%及25%，而介意未來配偶不是處女、處男的人數則從65%及55%降為58%及41%（林惠生，2002）。可見臺灣青少年對婚前性行為的容許度，尤其是有愛情為基礎的性行為，有迅速成長的趨勢（黃淑玲等，2012）。

曾治乾等人（2015）以臺灣地區高中學生為研究對象，探討臺灣地區高中生性知識來源與性知識、態度之關係。研究結果發現：臺灣高中生性知識主要來源為同儕及師長，但研究仍顯示高中生對性知識不足，答對率大約五、六成。此外研究發現高中生對婚前性行為較為開放，但整體而言臺灣高中生的性態度是處於保守到中立階段。吳惠真（2013）研究桃園市高中職學生性態度之現況，及相關因素對性態度之影響，共計有640位高中職學生參與研究，研究結果發現高中職學生整體性態度為中立稍偏開放，在一般性態度較開放，婚前性行為態度較保守。臺灣地區青少年在整體性態度方面都比較偏向中立，不是開放也不是保守，而對「婚前性行為」態度則因不同的調查對象而有不同的結果，但隨著社會環境改變，高中生對於婚前性行為看法會比以往更為開放。

 貳　青少年性行為

有學者將性行為分成八個層次：1.牽手；2.摟腰搭肩；3.接吻；4.擁抱；5.輕度愛撫；6.重度愛撫；7.性交；8.性交對象兩人以上（晏涵文，2004）。例如晏涵文、劉潔心、馮嘉玉（2009）在一項「婚前性行為開放度」的研究中，將「牽手」與「搭肩摟腰」分數加總為「輕度婚前性行為開放度」；將「接吻」與「腰部以上愛撫」分數加總為「中度婚前性行為開放度」；「腰部以下愛撫」與「性交」分數加總為「重度婚前性行為開放度」。這種分法稱為廣義性行為，或稱之為「性活動」（sexual activity）。本節所探討的性行為即是性交（sexual intercourse），是指生殖器的結合。早期使用「婚前性行為」的名稱，近年則直接使用性行為，因為晚婚已是社會的趨勢，結婚後固然要對伴侶忠誠，但未婚前要求「禁慾」

則是有點強人所難。另外受到「性多元主義」（sexual pluralism）思潮的影響，強調婚前個人應享有性自主與性自由，主要指標是接納婚前同居、女性婚前性行為、同性戀等性價值觀（黃淑玲等，2012）。這樣的社會氛圍導致青少年在性行為方面有日益增加的趨勢，所造成負面影響是未婚懷孕、罹患性病的青少年愈來愈多。

美國的調查顯示，青少年有性經驗人數已有47.4%，大部分人是在17-19歲開始有性行為，大約是在高中階段。在還沒有性行為之前，接吻、觸摸對方身體都是親密關係發展的必要歷程，性行為也是親密關係發展中的一項性活動（Finer & Philbin, 2013）。當然不同研究的數字會有所不同，視調查樣本而定，而青少年也不會誠實地回答問卷的問題，男孩喜歡高估，女孩比較會低估，這是在看統計數字之前要先了解的事項。

有一項針對美國青少年的大樣本研究，目的是要了解男女高中生參與性活動的發展過程，一開始是手牽手，接著是接吻，第三是長時間的接吻，第四是撫摸胸部，先隔衣服，再進入不隔衣服。第五是撫摸生殖器，可分成隔衣服、不隔衣服、裸體三階段。第六則是性交或口交，約有一半的青少年會先口交一年後再進入性行為，也有兩種方式同時使用（Halpern & Haydon, 2012）。

我國最新的一項研究是衛生福利部國民健康署（2022）對國中及高中、高職、五專（一至三年級）進行橫斷式調查設計，抽出國中學生樣本4,710人及高中、高職、五專學生樣本5,745人，合計樣本約有10,455人，完成問卷的實際樣本數為6,680人，問卷內容包含體重及體型、飲食情形、兩性交往與性行為等議題。其中有關青少年性行為人數及所占比例如表5-1、表5-2。其中國中學生曾經發生過性交行為者占1.4%，高中職學生占11.6%。與美國相比，我國則是偏低，這是因為國情及文化的差異所導致。這些有性經驗的青少年，若未做好安全措施，很容易導致青少女非預期懷孕或是感染性病等風險，為數不少的青少年在激情之下，很少會想到安全性行為的問題。

表5-1　國中生有無性行為人數及比例

項目	整體		男生		女生	
	有效樣本數(n)	加權百分比(%)	有效樣本數(n)	加權百分比(%)	有效樣本數(n)	加權百分比(%)
曾經發生過性交行為						
有	37	1.4	19	1.3	16	1.3
無	2,627	98.6	1,389	98.7	1,232	98.7
第一次發生性交行為年齡						
從未發生過性交行為	2,627	98.6	1,389	98.7	1,232	98.7
11歲（含）以前	9	0.3	4	0.3	3	0.2
12歲	3	0.1	2	0.2	1	0.1
13歲	7	0.3	5	0.3	2	0.2
14歲	12	0.4	6	0.4	6	0.4
15歲	6	0.3	2	0.2	4	0.4

資料來源：衛生福利部國民健康署（2022，頁55）

表5-2　高中職學生有無性行為人數及比例

項目	整體		男生		女生	
	有效樣本數(n)	加權百分比(%)	有效樣本數(n)	加權百分比(%)	有效樣本數(n)	加權百分比(%)
曾經發生過性交行為						
有	429	11.6	237	13.4	188	9.5
無	3,289	88.4	1,544	86.6	1,732	90.5
第一次發生性交行為年齡						
從未發生過性交行為	3,289	88.4	1,544	86.6	1,732	90.5
11歲（含）以前	19	0.5	12	0.6	7	0.4
12歲	7	0.2	7	0.4	0	0.0
13歲	11	0.2	4	0.1	7	0.3
14歲	33	0.8	22	1.1	10	0.4
15歲	73	1.9	43	2.4	30	1.5
16-17歲	227	6.4	117	7.1	110	5.7
18歲（含）以後	59	1.6	32	1.7	24	1.2

資料來源：衛生福利部國民健康署（2022，頁56）

參 自慰

自慰（masturbation）又稱手淫，其定義為：刺激自己的生殖器官，以達到性的愉悅（林燕卿、宋陽，2010）。以往自慰又被稱做手淫，「淫」字除了有「過多」的意思之外，亦帶有負面貶抑的意涵，因此逐漸以自慰取代手淫（劉杏元、鄭丞傑，2013）。自慰對男性是司空見慣的，但對女性則有增加的趨勢。自慰不是青春期才開始，兒童在年紀甚小的時候，就會撫摸自己的性器官，但父母的反應是嚴厲制止，導致兒童只能在暗地裡進行，成人後即使有了性伴侶，但自慰也是不會中斷，只是頻率多寡的差別（劉秀娟，1998）。金賽（Kinsey）等人從調查樣本中發現，92%的男性與62%的女性，在一生中的某個階段有自慰行為，且大多數均能從中感受到性高潮（劉杏元、鄭丞傑，2013）。臺灣近年來的研究也發現自慰的態度已有所正面提升，例如阮芳賦和林燕卿（2003）指出大多數人認為自慰是可以消除緊張狀態，約有29%的人認為自慰減輕了他們的焦慮與沮喪，另外86%的男性及55%的女性表示透過自慰可達高潮。

青少年的自慰情況如何呢？相關研究指出：28.5%的高中、職學生「自慰頻率」為4至7次／月，4.0%的學生曾與「同儕一起自慰」（王榕芝，2005）。一項針對高中職755位三年級學生的研究指出，95.3%男生及30.3%女生曾有自慰行為（Wang et al., 2007）。林燕卿和宋陽（2010）探討高職綜合職能科之智能障礙學生的自慰知識、自慰態度及自慰行為的現況及相關情形，共計98學生參與，研究發現有自慰者為44.21%，其中男性占54.23%，女性則為27.78%。自慰過程中曾使用色情媒介者占47.62%；使用較多的方式是用手撫摸生殖器官（64.29%），其次則是趴在床上摩擦（26.19%），及以情趣用品刺激生殖器（11.90%）。

由上述的調查可知青少年階段自慰是一項相當普遍的性活動，青少年透過自慰活動探索自我，所以是提供青少年發現自我最為安全與隱私的方式，對未來的身體意象的發展有所助益。對男孩來說，自慰可以發洩過剩的精力，可以解決緊張與壓力，並可避免感染性病。對女孩來說，可以預防未婚懷孕的發生（王素女、陳宗田、吳娟娟，2005）。但自慰活動不是

有利無弊，沒有節制的自慰會危害正常親密關係的發展，無法與異性正常交往；有些青少年會邊觀看色情影片邊自慰，容易導致網路成癮的現象。對青少年性知識的提供，只有藉由學校的性教育課程，讓青少年具有良好的性態度與性價值觀。

 ## 肆　網路色情

　　網際網路的流行和便利，造就了網路色情的氾濫，網路使用者最常使用的搜尋關鍵字句：sex，在每一個國家幾乎都是占據第一名的位置。這些色情網站的內容包含以下幾種：1.提供色情圖片與影片供人觀看；2.激情聊天室；3.販售情趣用品；4.特殊性癖好的網路團體網站；5.性愛資訊討論區；6.援助交際與色情交易媒介。這些網站提供色情資訊供人瀏覽，稱之為「網路色情」，其目的只是在挑逗及引發使用者的性慾，而不具任何教育、醫學或藝術價值（游捷鈞，2004）。未滿18歲的青少年依規定是無法登入觀看，但在無法驗證的情況之下，青少年很容易獲取這方面的資訊。

　　根據相關的研究，可以了解青少年瀏覽色情網站的概況。羅文輝（2000）的研究發現我國高中以上男學生每週至少瀏覽一次色情網站，而女學生也有將近16%。謝龍卿（2004）以中部地區的高中生為對象，調查網路的使用狀況，研究發現954位的受試者平均每天上網時間為118分鐘，上過色情網站的約有三分之一強，約五分之一曾發生網戀。在美國的研究方面，網路成癮者平均每週至少花四個小時以上在色情網站，甚至從事網路性愛（謝龍卿，2004）。王榕芝等人（Wang et al., 2007）探討臺灣青少年的自慰知識與態度之關係，對象為高雄市高中職三年級學生共780人，研究結果發現色情資訊接觸頻率與自慰態度有顯著相關。單玉安等人（2008）以高中職學生為對象，得到以下的發現：男生從同儕、正常媒體與色情媒體上獲得性訊息，均高於女生，其中以色情媒體性別差異最大。由於色情媒體上的性訊息多半不正確且充滿偏見與性別刻板印象，因此由學校教育教導正確性知識與性態度就變得更為重要，特別要教導如何對色

情媒體做批判性思考，才不會被誤導。

羅文輝等人（2008）探討網路色情與互動性活動對青少年性態度與性行為的影響，研究對象為1,688位高中生，研究結果發現青少年收看比例最高的是網路色情，愈常觀看網路色情、愈常從事互動性網路色情活動的青少年，愈傾向認為和偶然認識的人發生性行為是可以接受的。由於網路色情對青少年的性態度及性行為產生不良的影響，進而延伸網路成癮、網路一夜情，甚至性犯罪等問題，父母是管控子女行為的第一道防線，應設法讓青少年不接觸色情網站。學校則需推動性教育課程，讓學生知道網路色情對身心健康的危害情形。

第三節　青少年的性問題

新聞媒體經常報導校園存在著所謂「九月墮胎潮」的現象，許多的教師對青少年欠缺性知識，卻流於氾濫的性行為搖頭不已。也有不少的青少年因錯過墮胎的時間，只好把孩子生下來；甚至有些青少年因為性行為而染上愛滋病、梅毒等性病，導致身心的健康均受到影響。本節主要針對懷孕、人工流產兩項主題作一探討。性教育一直強調安全的性行為，因此對於青少年避孕的措施也在此加以討論。

壹　懷孕

根據行政院公布的全國15-19歲青少女的生育率統計資料顯示，生育率從2010至2020年都維持在4‰，2021年下降到3‰。國健署的資料顯示國高中生有性行為經驗大約維持一成左右，但從資料無法得知有多少青少女懷孕，多少青少女選擇人工流產或自然流產？只能從生育人數去推估懷孕人數。青少女在發生性行為卻未採取適當避孕措施的情況下，就導致懷孕，其中為數不少是非預期懷孕的狀況，也因此衍生諸多的後續懷孕處置的問題。推究青少女懷孕的原因，除因欠缺安全性行為外，也與青少女個

人及其周遭產生的影響有關。影響青少女懷孕的因素除了青少年本身的逃學、逃家、喝酒、藥物濫用、吸毒、多重性伴侶等不良行為外，父母與家庭亦是影響因素，通常懷孕青少女的家庭特質是低社經地位、依賴社會福利救助、家庭不健全或對子女缺少關心支持、父母也曾是「青少年父母」。另外，兒童時期曾有過受虐待經驗的青少女，會較早開始自發性的性活動，試圖從性關係中滿足親密感的需求或藉由懷孕脫離原生家庭（陳文青，2017）。這些青少女會遭遇四類挑戰：教育、就學、社交關係和教養子女，這四項可預測其成年後經濟與社交生活，而教育是其中最具影響力的因子；假如青少女能完成原本發展任務之一的學業而拿到學歷，對其未來生涯規劃有所助益，有助未來生活改善（李玉嬋，2008）。

一、生產

　　青少女懷孕是許多因素複雜地交互作用影響之下所產生的結果，不應該將未成年懷孕只歸咎於少女的自身行為，應該從人權的角度，採取積極的行動協助未成年懷孕的少女，畢竟從人本的角度去看，那些未成年懷孕少女及她們所孕育的胎兒，其實都仍有許多發展的潛在性，避免把青少女懷孕問題化，才能有助於減少青少女懷孕的負面結果，對青少女個人及其家庭，乃至於整體社會才是有利的。而政府看待青少女懷孕議題的態度會是影響教育及社會福利措施的關鍵（陳文青，2017）。青少女一旦懷孕了，則需考慮要墮胎或生育，有些青少女是自己想懷孕，視生育為長大成人或藉此鞏固與伴侶的關係，由此可見有些青少女維持懷孕生育是基於自己的意願（周培萱、夏萍禔、許樹珍，2006）。但是有些青少女發現未婚懷孕，不但須面臨懷孕早期身體的不適感、心理的罪惡感與羞愧感，亦需面臨是否要生育的衝突，最後因為擔心受到責罰或顧及家人顏面而隱瞞懷孕事實，等到家人發現時，已過了適宜墮胎的階段，最後只得接受生產的決定（鄭君紋、劉世閔，2011）。

　　有位學者（Farber）於1991年訪談28位未婚少女決定生育的過程，發現中產階級的家庭較傾向墮胎，低社經地位的族群則較能接受成為青少年

父母。雖然一半以上的家人不贊成少女生育，但家人仍是最重要的經濟及情緒支持者（引自周培萱等，2006）。也有學者歸納影響生育決定的因素有六項：1.宗教或道德反對；2.男伴要有個寶寶；3.害怕手術過程；4.將墮胎看做自我一部分的喪失；5.結婚；6.抗拒家人希望墮胎的想法（鄭君紋、劉世閔，2011）。

英美等國有關青少女懷孕關懷方案的優先服務項目，最優先是協助其繼續學業不中輟，而能學習工作技能並順利畢業；其次則是助其成為有效能的父母，能照顧好嬰幼兒和青少年自己及其家庭（李玉嬋，2008）。青少女大都仍在就學的階段，回歸校園之後，若自己或男方家庭無法提供必要的支援，寄養或出養子女皆為可行的解決方式。

二、人工流產

人工流產又稱墮胎，《優生保健法》第4條對人工流產所下的定義如下：經醫學上認定胎兒在母體外不能自然保持其生命之期間內，以醫學技術，使胎兒及其附屬物排除於母體外之方法。由於墮胎這個名詞有點偏負面涵義，而以較為中性且廣受認同的「人工流產」取代「墮胎」。終止懷孕包括服用藥物、進行人工流產手術或引產等三種方式，需依照懷孕週數來決定流產方式。依我國法律規定，醫院進行人工流產需符合二條件：一是懷孕要未滿24週；二是懷孕青少女如未滿20歲需要父母或監護人簽署同意書（林雅淑、謝春金，2020）。

懷孕對青少女而言，面臨許多心靈的煎熬，尤其當青少女否認懷孕的事實或怕別人知道，可能延遲了接受人工流產的時間。當決定接受流產時，對一般成熟女性來說，都可能是一個創傷經驗，而青少年因處於自我概念發展的階段，更容易產生「墮胎後遺症」（post abortion syndrome, PAS），包括罪惡感、生氣、焦慮、關係的結束、沮喪及失落感、心理的麻木、自殺及其他心理問題。正處於自我概念發展關鍵期的墮胎青少女因為比較不會向他人表達自己的疑慮及痛苦，尤其容易產生墮胎後遺症（李逢堅、陳彥聿，2006）。

李逢堅與陳彥聿（2006）研究的十個非預期懷孕青少女個案，同樣出現墮胎後遺症的諸多情緒及反應，對胎兒及家人的罪惡與愧疚、自己的後悔與自責，以及對自己、男友及父母生氣，這些情緒隨時會因為青少女自己的主動回憶或其他事物所引發的聯想而產生；而墮胎所造成的身心痛苦經驗也對這些青少女在面對異性的態度方面產生不同程度的影響，但都以懂得如何主動保護自己為基礎，有的青少女仍繼續有親密關係，但認知到避孕的重要；有的則排斥並停止性行為，影響最大的負面結果是讓青少女對異性憎恨，不再與異性交往。

 貳　避孕

根據衛福部國民健康署於2017年對高中職及五專學生健康行為的調查報告，曾有9.2%的青少年曾經發生過性行為，調查中有22.6%的15到17歲青少年表示在最近一次性行為中沒有採取任何的避孕措施，其中男生比率更高達28.8%，女生比率則是16.2%（陳鈞凱，2019）。張美萍（2009）以428位非自願妊娠而施行流產的青少女為對象，有71.7%為未婚，31.8%發生性行為時未採取避孕措施，62.8%採取避免措施卻失敗，顯示青少年對避孕仍有諸多不正確的觀念及做法，像是缺乏知識、壞事不上身、缺乏動機等。

張玉婷和林美玲（2018）以花蓮縣某高職及技術學院的學生為對象，目的在了解青少年對避孕之觀點，研究結果發現青少年的避孕知識是一知半解，以致產生以下的疑惑：安全期安全嗎？避孕藥會傷身？保險套保險嗎？體外射精可行嗎？因為學校並未提供性教育，使得青少年對這方面的知識懵懵懂懂。相關研究亦指出青少女非自願懷孕的因素，包括缺乏避孕知識、非預期的性行為而未避孕、沒有思考懷孕的後果等因素。為避免再次受孕，建議與他們討論有效的避孕節育方法，如保險套、口服避孕藥的使用；強調安全負責任的性行為來預防青少年懷孕，與減少性病感染的機率（林雅淑、謝春金，2020）。李文車等人（2008）對臺中市曾有生產經驗的青少女進行研究，研究發現青少女在兩年內再度懷孕的比例頗高，雖

然17.3%每次都會避孕，但再度懷孕的比率為70.7%，主要原因為意外懷孕（45.3%），最常用的避孕方式為保險套；如果再度懷孕，有22.6%會採取人工流產。這些再次懷孕的青少女，常造成提早輟學、影響其生涯規劃，甚至長期需要社會福利救濟。

由以上的研究可知要預防青少年的懷孕，一定要教他們如何避孕。避孕的方法相當多，例如保險套、口服避孕藥、子宮內避孕器（子宮環）、避孕貼片、陰道環、事後避孕藥等等，其中青少年最常用的是保險套及口服避孕藥。發生性行為最好的避孕方法其實是全程使用保險套，它不只簡單好用、無副作用，亦可避免性病的感染。但是如果男性伴侶拒絕使用，將讓女生暴露在危險性行為當中，導致懷孕及感染性病的危機。而安全期計算、體外射精等方式避孕因準確度不高容易失敗。口服避孕藥則需每月定時、定量、持續服用，但有些人不能忍受副作用，或是忙碌時忘記吃藥，以致避孕失敗。事後避孕藥是女性在性行為後24小時內服用的避孕藥，成功率為95%，24到48小時內服用降為85%，48到72小時內服用則降低至50%（衛生福利部社會及家庭署，2014；彭福祥、陳美州、楊友仕，2004）。每年9月26日是「世界避孕日」，各國政府衛生部門都會舉辦活動宣導合理避孕，幫助青少年減少非預期懷孕問題。

第四節　青少年的性犯罪

大部分有關青少年性活動的研究，都是聚焦於青少年雙方同意的情形之下，如果有一方不同意，即違反其自主意願，即構成性犯罪（sex crimes），通常性犯罪會伴隨暴力行為或是缺少同意（lack of consent）其中一項條件出現，但是對兒童拍攝猥褻行為之照片或是與未滿16歲的青少年發生性行為，就算對方同意也是性犯罪（妨害性自主罪），因為他們是受到法律絕對保護（法務部，2022；Anonymous, 2021）。常見性犯罪的類型有性侵害、性剝削（sexual exploitation）、性虐待（sexual abuse）、

性騷擾（sexual harassment）等。本節本要在探討性侵害、性騷擾及性剝削三項主題。

 ## 壹　性侵害

　　性侵害（sexual assault）是極為隱私性的傷害，一般的被害人難以揭露受害經驗，尤其男性被害人比女性被害人更不易揭露。通常性侵害的定義是根據《性侵害犯罪防治法》所指，包括強制性交及強制猥褻罪，加害人以強暴、脅迫、恐嚇、催眠術或其他違反其意願之方法，以強制手段逼迫被害人與之發生性交或其他足以滿足其性慾的猥褻行為，例如口交、肛交，或以異物插入生殖器官等（陳慧女，2018；法務部，2022）。性侵害的加害與被害關係，在性別上具有相當的差異，也就是說加害人以男性為主，被害人以女性為主。根據美國犯罪受害人調查資料顯示，在性侵害案件中，女性之受害機會比男性多十倍。從每年的通報案件中，仍能看到男性被害人的數據在日漸增加（陳慧女、盧鴻文，2007）。以下分為青少年性侵害及約會強暴（date rape）兩種情況來討論。

一、青少年性侵害

　　根據美國官方2007年統計，若排除性交易，青少年至少占了所有性犯罪的17%至20%。衛生福利部保護服務司的統計資料顯示，青少女受性侵害被通報有逐年攀高的趨勢，從2008年的46%升至2015年的53%，其中兩造關係為男女朋友比例最高，占案件量的30%（程婉若、王增勇，2017）。根據內政部2008年上半年的資料，我國男性性侵害加害者以12至未滿18歲占11.57%最多，而女性加害者則逾半數為12至未滿18歲之少女，可見「青少年時期」是性犯罪發生的重要時期。依據「性上癮理論」（theory of sexual addict），有部分青少年性侵害可能是屬於性上癮者，對性的幻想與刺激難以自拔。原因可能是無聊與孤寂心理狀態之刺激反應，長久沉浸於性行為造成固著行為，也可能是壓力逃避的固著行為，青少年也可能於童年時期曾遭受性侵害或猥褻，或因為過早接觸成人的色情媒體

而無法自拔。有性上癮的青少年可能會不斷從生活中去找尋性行為的伴侶，男性可能因此有性侵害行為的高風險，女性則可能會有從事性濫交（promiscuous acts）或性交易（sex trading）行為的危險性（黃冠豪、邱于真，2013）。

二、約會強暴

另一種常見的青少年性侵害形式是約會強暴，通常是發生在熟識者之間，與發生在陌生人之間的性侵害不同，因此又稱「熟識者強暴」（acquaintance rape），也就是說約會強暴是熟識者強暴的一種類型，其概念是指初次約會或已建立感情基礎的情侶發生非自願性的性愛行為（陳金定，2004）。根據美國統計資料顯示約會強暴在青少年族群中仍是相當嚴重的問題，例如從美國南達科他州高中生進行的調查，發現12%的受訪女性表示曾在約會時被對方強迫發生性關係。遭受約會強暴就如同被陌生人強暴一樣，身心方面也會造成極大的傷害，例如創傷後壓力症候群、焦慮或憂鬱，甚至有三分之一的女性被男性強暴後企圖自殺（連芷平、施俊名，2018）。

教導青少年尊重性行為的自主權，以及在發展親密關時，也要預防約會對象是否會施以約會強暴。就算是男女朋友，或是雙方已有親密的愛撫行為，但這並不表示另一方有權利強迫另一方進行性行為，任何人的自主權都應該受到尊重（陳金定，2004）。在學校相關課程之中，對於約會強暴的預防也要列為單元主題進行討論，讓涉世未深的青少年能了解如何做好自我保護，例如教師可以選擇使用藥物迷姦約會對象，或以酒精灌醉對方後，再施以性侵害的新聞事件，來引發青少年的討論。

 ## 貳　性騷擾

《性別平等教育法》（2022）對性騷擾定義如下：須符合下列情形之一，且未達性侵害之程度：1.以明示或暗示之方式，從事不受歡迎且具有性意味或性別歧視之言詞或行為，致影響他人之人格尊嚴、學習，或工

作之機會或表現者；2.以性或性別有關之行為，作為自己或他人獲得、喪失或減損其學習或工作有關權益之條件者。其中1呈現的是性別騷擾、不受歡迎性關注及敵意的環境；2則為性脅迫或交換式性騷擾。美國教育部將性騷擾定義為不受歡迎且有性意味行為，可能包括不受歡迎的性挑逗、性要求，或其他語言、非語言或身體上之具有性意味的行為（李佩珊，2021b）。青少年之間最常見的性騷擾類型包括：強行擁抱或親吻、未經同意的碰觸（襲胸、偷摸臀）、性別歧視評論、色情圖片或漫畫、故意掀衣物、不雅且帶色情的動作、不自在的眼神、暴露性器官（簡苑珊等，2012）。同儕之外，學校教職員、陌生人、鄰居都有可能是性騷擾的加害人。

　　根據簡苑珊等人（2012）對基隆市國中學生的調查研究發現，過去一年至少發生過一項以上的性騷擾受害經驗之整體比率為46.9%。國外一項2013年的研究發現，約15.8%的14-17歲美國青少年在過去至少經歷一次被性騷擾的經驗。臺灣最近的校園性騷擾疑似案例數總計為5,982件，其中發生於國高中的案例為3,310件，占55.33%；另校園性騷擾事件調查屬實之行為人，12-17歲有960人，占54.48%（教育部，2021）。由此可知國內中學校園性騷擾問題相當嚴重。

　　我國在校園性別事件中增列「性霸凌」（sexual bullying），性霸凌為透過語言、肢體或其他暴力，對於他人之性別特徵、性別特質、性傾向或性別認同進行貶抑、攻擊或威脅之行為且非屬性騷擾者。性霸凌與性騷擾實不易區分，甚且二者具有重疊之處，對於性霸凌的認定，應著重於雙方地位的不對等及行為態樣具有持續性（陳月端，2012）。

　　《性別平等教育法》（2022）主要在防治校園性侵害、性騷擾或性霸凌的發生，並積極維護學生的受教權，以免受到與性或性別有關問題的傷害。當學校接獲學生或教師對校園性侵害或性騷擾事件的檢舉，除依相關法律或法規規定於24小時內通報之外，並應將該事件交由所設的「性別平等教育委員會」調查處理，若調查屬實，應依相關法規之規定，將行為人移送其他權責機關，予以適當之懲處，例如申誡、記過、解聘、停聘等。懲處時應命行為人接受心理輔導之處置，並得命其為下列一款或數款之處

置：1.向被害人道歉；2.接受八小時之性別平等教育相關課程；3.其他符合教育目的之措施。在維護學生受教權方面，學校應致力營造友善的校園環境，讓不同性別、性傾向及懷孕的學生，皆可自由而充分地學習與發展自我。

 ## 參 性剝削

青少年的性剝削（sexual exploitation）被認定是一種性虐待（sexual abuse）的形式，性剝削經驗對青少年產生永久心理或生理上的傷害，且難以痊癒。性剝削和性虐待的形式包括遭受性侵害、利用兒童賣淫、利用兒童從事色情表演、利用兒少坐檯陪酒或涉及色情之伴遊伴唱及兒童色情等（廖美蓮，2015）。然而在過去「性交易」的框架下，卻有54%的民眾認為，少女／少年從事性交易主因都是自願的，事實上從事性交易的青少年在社會上常受到成人在性與金錢上的剝削，勵馨基金會的調查研究發現約有60%的兒少當事人是遭到仲介或誘騙，而進入集團操控的色情行業。立法部門因此在2015年通過修正，將沿用近20年的法案《兒童及少年性交易防制條例》，修正為《兒童及少年性剝削防制條例》，自2017年正式施行（程士華，2017）。

國外有許多研究發現，少女在從事性交易前，有極高比例曾經有被家內或家外人士性侵害的經驗，近幾年還有研究發現，性侵害與性交易的相關性並不只有發生在少女身上，連少年也無法倖免於此。除了性侵害外，家庭或校園暴力傷害等創傷經驗，以及逃家、逃學中輟、曾因犯行被警方查獲和吸毒酗酒等偏差行為，都是與性交易行為有高度關聯性的風險因子。除了上述常被關注的外顯偏差行為外，其身心狀況也因性交易行為而受到很大的傷害，研究發現性交易兒少有極高罹患性病、未婚懷孕、物質濫用、暴力傷害等威脅其身體健康甚或生命安全的迫害，而其營養不良的比例更是無法估算。在心理層面上，性交易兒少有多半有自尊心低落的問題，並飽受憂鬱、焦慮、重大創傷後壓力症候群、自殺意念或企圖自殺，以及自殘等各種具有長期傷害性的心理問題所困擾（陳毓文，2016）。何

銘隆等人（2004）對臺中地區從事性工作青少女之性傳染病進行調查，發現從事性交易的青少女感染披衣菌、C型肝炎、人類疱疹病毒的盛行率較一般人口高，建議應常規性對這些族群加強篩檢、教育及醫療等配套措施，而全程正確使用保險套是最好預防性病感染的個人保護行為。

　　兒少性剝削議題除了上述性交易的類型之外，青少年比較容易遭遇到的是兒童色情。加害人利用兒少對情感需求或性徵發育的好奇心，在網路社群主動搭訕兒少，等待雙方關係建立後，開啟性內容的對話，並將拍攝、傳送私密照的行為合理化，因缺乏正確判斷，兒少將私密照傳出去，在被威脅與恐嚇後，便試圖自己處理或默默承受。那些已被散布的影像，可能又會再被有心人肉搜後再次被勒索，甚或者遭有心人士利用，以致發生性侵害情事。兒少還可能被邀請參加派對，並給予藥物和酒精，兒少遭誘騙強迫發生金錢對價之性行為，或遭利用從事坐檯陪酒之工作。兒童少年由於身心發展仍未臻成熟，社會地位與經濟能力更是處於弱勢，特別容易暴露於各類形式剝削之風險。因此，教育人員與學生需要增加對法規和處遇方式的了解，若發現有兒少遭受性剝削情事，向專業單位求助（教育部國民及學前教育署，2021）。

自我評量 ....

一、選擇題

( ) 1. 下列有關青少年性別角色刻板化印象（sex-role stereotypes）的敘述，何者正確？ (A)性別角色刻板化印象是青少年對性別客觀事實的認知 (B)青少年後期對於性別角色的刻板化印象逐漸變得較有彈性 (C)青少年初期比後期更能容忍不符合性別的行為 (D)青少年階段與兒童階段對於性別角色的刻板化印象並沒有太大的差別

( ) 2. 下列有關性犯罪（sexual offenses）現象的敘述，何者錯誤？ (A)大部分的性犯罪案件都是屬於熟識者性侵害（acquaintance rape） (B)性侵害的加害者（sexual offenders）幾乎都是以男性為主 (C)性侵害是一種以年輕人為主要受害者（victim）的犯罪 (D)大部分的性犯罪加害者常使用隨身武器犯案

( ) 3. 下列有關青少年的性行為的敘述何者為是？①通常男孩是基於愛情，女孩是出於情慾，兩者落差很大 ②除可能受孕，還可能感染梅毒、淋病或愛滋 ③其危險性在於他們未持續或完全不採取避孕措施 ④許多研究報告指出青少女未婚懷孕的比例逐年攀升 (A)①②③ (B)①②④ (C)①③④ (D)②③④

( ) 4. 校園性侵害防治的敘述，下列何者正確？ (A)未滿16歲之男女為性交或猥褻者，無論對方是否自願，一律視為性侵害犯罪 (B)未滿18歲之人對未滿16歲之男女為性交者，為非告訴乃論 (C)各級中小學每學年應至少2小時以上之性侵害防治教育課程 (D)有疑似性侵害犯罪情事者，應立即向當地直轄市、縣（市）主管機關通報，至遲不得逾48小時

( ) 5. 灰色強暴（gray rape）是一種新的約會強暴型態，為避免因「曖昧不明」情況而發生性傷害，現代婦女基金會強調的性行為「積極同意權」不包括下列何者？ (A)性主動者有責任溝通並確認對方「同意」性行為 (B)對方同意性行為必須在「完全清醒」的狀態下 (C)飲酒後，只要對方意識清醒且口頭同意發生性行為，就不算性侵 (D)小於16歲或心智障礙者，皆不符合「積極同意權」情況

(　) 6. 依據《校園性侵害性騷擾或性霸凌防治準則》之規定，處理校園性侵害或性騷擾事件時，下列敘述何者不正確？　(A)當事人為未成年者，得由法定代理人陪同接受調查　(B)行為人與被害人有權力不對等之情形時，應避免其對質　(C)性平會調查處理，不因行為人喪失原身分而中止　(D)申請人撤回申請調查時，學校或主管機關應停止調查。

(　) 7. 性別工作平等法對於性騷擾的定義，何者錯誤？　(A)言詞之內容涉及性要求、具性意味或性別歧視　(B)行為必須達猥褻或姦淫之程度　(C)以性要求作為考績陞遷之交換條件　(D)具性別歧視之言詞造成敵意性工作環境

(　) 8. 下列何者不是對兒童及少年的性剝削？　(A)利用兒童或少年為性交、猥褻之行為，以供人觀覽　(B)利用兒童或少年從事坐檯陪酒或涉及色情之伴遊、伴唱、伴舞等待應工作　(C)使兒童或少年為有對價之性交或猥褻行為　(D)利用兒童或少年販售色情光碟、書刊

(　) 9. 關於兒童性別角色的發展，下列敘述哪一個是對的？　(A)到六歲左右，兒童已從成人社會中開始學到如何扮演自己的性別角色　(B)三歲以前性別角色認同中，已有防衛認同的傾向，認同自己所屬的性別　(C)社會學習論認為，兒童之所以認定並接受自己的性別，是因為個人認知的關係　(D)心理動力理論認為，兒童的性別認定是因為有認知基模的關係

(　) 10. 下列何項性別角色行為形成的看法屬於性別基模理論的論點？(A)而青少年透過認同父母、內化父母價值觀、態度、特質和人格特徵，而習得適宜的性別角色　(B)青少年借由獎懲、觀察模仿而習得性別典型化行為　(C)個體對於注意力、興趣及勝任能力，依自己角色作自發性分類　(D)性別角色行為受遺傳和賀爾蒙影響

(　) 11. 以下有關性別角色發展理論的敘述，何者有誤？　(A)佛洛伊德（S. Freud）認為雙親認同是影響青少年性別角色發展的主要心理歷程　(B)社會學習論認為文化的作用與周圍人物的增強，使男女行為表現日益分化　(C)認知發展論認為個人為了獲得酬賞，所以會表現

出適當的性別行為角色　(D)柯柏格（L. Kohlberg）認為早年兒童對性別自我分類奠定了性別角色發展的基礎

(　　) 12. 有一位高一的男學生，在晤談的過程中透露自己從小就想成為女性且偏好女性裝扮，且幻想自己會有月經及羨慕女生的兩性特徵如胸部，依你的初步判斷，此學生的問題可能是？　(A)扮異性症　(B)精神分裂　(C)同性戀　(D)性別認同障礙

參考答案

1.(B)　2.(D)　3.(D)　4.(A)　5.(C)　6.(D)　7.(B)　8.(D)　9.(A)　10.(C)　11.(C)　12.(D)

二、問答題

1.請寫出性別平等教育法當中，「性侵害、性騷擾、性霸凌」的定義。

2.請說明依據「兒童及少年性剝削防制條例」有那些行為就可視為對兒童及少年的性剝削，以及政府對受害的兒童及少年可以提供那些具體的保護措施。

3.由於第二性特徵的發育，青少年具備了生育能力，因此未婚懷孕是青少年階段的危險因素之一。請說明未婚懷孕對青少年可能會造成什麼影響，且該如何減少青少年未婚懷孕之事件？

4.性侵害犯罪之主要成因為何？並說明如何運用三級犯罪預防策略防治性侵害犯罪之發生。

5.因網路媒體的普及，媒體內充拆著大量的色情內容，請問這些色情內容對兒童與青少年產生那些影響？要如何預防青少年沉迷網路色情？

6.請依據認知理論的觀點，說明性別認同發展的過程。

7.青少年階段存在哪些性問題？要如何協助青少年解決問題？

第六章

青少年道德與價值
的發展

　　發展心理學家將道德視為一種社會認知能力，當個體進入青少年階段，他的抽象性與假設性的思考能力增強，加上與同儕互動的經驗增多，更擴展了他對於社會關係的多元與複雜的想像。所以青少年不像兒童只知一味地遵從社會提供的「標準答案」，而會嘗試在多元與衝突的社會關係中，學習是非善惡的判斷標準（吳明燁、周玉慧，2009）。然而青少年因其生活範圍擴大，受到的誘惑也增加，常會在同儕壓力下做出違規的事情，這就是為什麼教師、父母等成人這麼重視青少年道德發展的原因。完整的道德內涵包含三個層面：1.認知，指「道德判斷」（moral judgment）的確立，為個人對其行為之是非善惡的認知、理解、判斷與抉擇；2.情意，指「道德情緒」（moral emotion）的蘊涵，為個人對道德的偏好、態度、興趣與價值評定，及行為違反道德規範後的罪疚感和羞恥感，即良心所產生的自責作用；3.行為，指「道德行為」（moral behavior）的控制，是個人對抗拒誘惑的自我控制力量，使個人的行為表現能合乎社會的規範（許慧卿，2010）。教育工作者需了解青少年道德認知、道德情緒與道德行為三種心理成分的發展，才能協助青少年的道德朝正向發展。

第一節　青少年的道德認知發展

　　以往道德的研究較側重情感及行為層面，但近數十年來，心理學研究的重心漸轉向認知層面的道德判斷領域。在認知發展學家的觀點裡，個體的行為不是經由環境塑造的，而是以自己的方式知覺環境，並以自己的方式解釋、組織訊息，最後再以自己獨特的行為回應環境（林惠娟，2001）。道德判斷即是個人遇到特別情境，用以判斷是非，決定行動的能力，或稱道德推理（moral reasoning）。本節首先探討認知學派的道德發展理論。

壹　道德認知發展理論

　　道德認知發展理論的代表學者有皮亞傑、柯爾伯格，二人的理論可稱為道德判斷研究領域的典範，皮亞傑認為道德推理和判斷是一種智力的表現，會隨著認知發展而成長；柯爾柏格（Kohlberg, 1969）更以皮亞傑的認知發展理論為基礎，進一步闡述道德推理的發展階段。因為柯爾柏格的理論忽略了女性的道德認知發展，姬利根（Carol Gilligan）提出道德理論來彌補。

一、皮亞傑的道德發展理論

　　皮亞傑的認知發展理論也涵蓋道德推理發展理論，認為道德發展如同認知發展也是依照可預測的階段來發展，兒童從非常自我中心的道德推理，進展到以「內在正義」（immanent justice）為基礎的道德推理，而此正義系統是建立在合作和互惠（reciprocity）的基礎之上的（張文哲譯，2005）。以下分為他律期、自律期兩階段說明兒童道德判斷的特徵（張文哲譯，2005；洪光遠、連廷嘉譯，2018；Dolgin, 2011）：

㈠他律期

　　皮亞傑將道德發展的第一階段稱為他律道德（heteronomous morality），又稱道德現實主義（moral realism）或約束的道德（morality of constraint），年齡約在5-8歲。這階段兒童傾向於服從權威，尤其服從父母或教師的話。行為的對錯決定於他人所訂的規則，兒童在判斷行為的道德性是依據行為的後果，例如打破的杯子比較多，其過失就比較重，這稱之為「客觀判斷」（objective judgments）。

㈡自律期

　　兒童到了10-12歲，具有形式運思期的能力時，才能認真使用及遵守規則，皮亞傑也發現，兒童傾向以行為者的意圖而非後果作為道德判斷的基礎，他們開始協調合作，發展互惠的感受，會一起討論規則該如何修改，這時期稱為自律道德（autonomous morality）、合作道德（morality of cooperation），屬於道德相對主義（moral relativism）。因為兒童或青少年開始與他人密切互動合作，因而充了解到他人所設的規範是可以改變的，也了解道德是可以改變的。在判斷行為的對錯，除看行為後果以外，也考慮當事人的動機，例如故意打破杯子與不小心打破杯子其結果不同，稱之為「主觀判斷」（subjective judgments）。

皮亞傑的研究認為道德發展是隨著年齡而增長，由第二階段取代第一階段。但有學者質疑，有些青少年與成人只是因為外在懲罰的高壓和威脅，才會去遵守特定的法律與規則，他們從未從他律期進展到自律期、從客觀判斷進展到主觀判斷、從道德約束進展到道德合作，因此將發展階段與年齡層聯結在一起是不合理的。

二、柯爾柏格的道德發展理論

柯爾柏格（Kohlberg, 1971）提出的道德發展理論，如同皮亞傑，皆可稱之為「道德認知發展理論」（moral cognitive developmental theory）。柯爾柏格研究對象為72位10-16歲的男學生，以十則道德兩難情境的故事，請男孩選擇解決問題的做法，再說出他們的理由，連續測量10年，再將研究結果帶到世界各國去驗證，提出著名的三期六段道德發展理論。柯爾柏格在描繪他的各個階段時，刻意地不去指出各個類型之對等特定年齡，在任何年齡組別之中，個體的道德思維都分散在不同的發展層次，即有些人遲緩，有些人快速（張春興，2007）。以下就其理論作一簡要說明（張春興，2007；洪光遠、連廷嘉譯，2018；陳明珠，1998；Dolgin, 2011；Kohlberg, 1971）：

㈠道德成規前期

第一層次稱為「道德成規前期」（preconventional level of morality），對象是9歲以下的兒童及幼兒，他們根據行為的結果，如懲罰、獎賞、利益交換，或根據規則、標準制定者之權威，來解釋文化規則與是非善惡的標準，並表現其行為。此層次可分為下列兩個階段：

第一階段：懲罰與服從取向（punishment and obedience orientation），

此階段的兒童以行動所導致的物質後果（physical consequence of action）來決定行動的善惡，因害怕懲罰而無條件服從權威者。

第二階段：相對功利取向（instrumental-relativist orientation），此階段的兒童認為正當的行動是指能滿足個人需求的工具，其行為偶爾也會滿足他人需要，人際關係被視為如同市場的交易一樣，認為得到利益就是好的，因此視道德是一種利益交換，希望得到比付出多。

（二）道德成規期

第二個層級是道德成規期（conventional level of morality），為9歲以上到成年人所屬的層次，他們逐漸擺脫唯利是圖的工具性價值觀，不再以個人的利益來決定其行為。代之而起的是表現出符合家庭、團體或國家的期待，只要為團體所期望的就是有價值的，個人即會順從、效忠並積極地參與團體，且努力維護社會秩序。這個此層次可分為下列兩個階段：

第三階段：尋求認可取向（the interpersonal concordance or good boy/nice girl orientation），又稱為人際關係和諧或好男孩與好女孩取向。這階段屬於尋求社會大眾認可的心態，社會大眾認可的就是對的，反對就是錯的。同時也開始以動機來判斷行為的善惡，所謂的善良行為就是取悅他人或是幫助他人，以及表現他人所讚許的行為。

第四階段：遵守法規取向（the law and order orientation），這是一種信守法律權威，重視社會秩序的心理取向。道德發展達到此一階段的人傾向於尊重社會秩序，將正當的行為視為善盡個人義務、尊重權威，以及為社會利益而考量。大部分的成年人的道德發展都在此階段，根據法律來判斷是非善惡。

（三）道德成規後期

第三個層級是道德成規後期（postconventional level of morality），這是道德發展的最高層級，青少年晚期開始進入本層級，大約有25%的成年人能達到這個層級。此層級的個體在面對道德情境時，可以本諸自己的良心或價值觀從事是非善惡的判斷，而不受社會傳統習俗或規範所限制。這個層級又可分為下列兩個階段：

第五階段：社會契約合法性的取向（the social-contract legalistic orientation），本階段是以所訂定的法規是否合於社會大眾權益作為道德判斷的標準，個體能夠理解法律制訂的目的是在維護社會大眾的福祉，當無法達成這目的，就應依社會的需要彈性地運用和修正法律。如果法律牴觸到人權、人性尊嚴、人人平等、相互義務等普遍性的原則，道德發展到此階段的個體，即會要求修改法律。

第六階段：普遍倫理原則取向（the universal ethical principle orientation），在本階段個人根據他的人生觀和價值觀，以建立他對道德事件判斷時的一致性和普遍性的信念，這種信念是抽象性的、哲學性的，例如人性尊嚴、真理、正義和人權。違反上述原則的法律不僅可以不遵守，而且應該不遵守，因為正義高於法律。第六階段與第五階段不易嚴格區分，而且也不易達到此一階段，柯爾柏格就將這兩階段合併。

三、姬莉根的道德發展理論

姬莉根是柯爾柏格的同事，她指出柯爾柏格的研究只處理到男性的道德發展，依其研究方式，女生的得分平均只達到尋求認可取向這個階段，而男生的得分平均則達到第四階段，即遵守法規取向。姬莉根認為女性的道德判斷層級並不低於男性的，而是反映女性在看待道德議題時有不同的觀點，男性強調的是正義，即維護權力、規範與原則，而女性卻重視對他人的關懷及敏察於別人的感受和權力，這樣的差異可部分歸因於社會化經驗上的差異（洪光遠、連廷嘉譯，2018）。她分別對兩名11歲的男孩（Jake）與女孩（Amy）進行晤談，發現兩人對柯爾柏格所設計「漢斯偷藥」的兩難問題，有著極端不同的思維結構。為了深入了解女性的道德推理發展，姬莉根（Gilligan, 1982）晤談29名15-33歲的女性，歸納出女性的道德發展經歷以下三個階段，表6-1為柯爾柏格和姬莉根道德發展層級的比較。以下將姬莉根的理論作一說明（洪光遠、連廷嘉譯，2018；Dolgin, 2011；Gilligan, 1982）：

表6-1　柯爾柏格與姬利根道德發展理論的比較

柯爾柏格的層級與階段	柯爾柏格的定義	姬利根的層級
層級一：道德成規前期		層級一：道德成規前期
第一階段：懲罰與服從取向	服從規則是為了避免受罰	關注於自我及生存
第二階段：相對功利取向	服從規則是為了得到獎賞，與人分享是為了得到回報	
層級二：道德成規期		層級二：道德成規期
第三階段：尋求認可取向	順從他人所訂的規則	關注於對他人的責任與照顧
第四階段：遵守法規取向	嚴格地順從社會規範、法律與秩序，以避免違規而受到懲罰	
層級三：道德成規後期		層級三：道德成規後期
第五階段：社會契約合法性的取向	較有彈性地理解到遵守規則是維持社會秩序所必需的，但規則是可以因更好的替代選項而改變	關注於相互依存的自我
第六階段：普遍倫理原則取向	行為會符合內心的原則（正義、公平）以避免自責，所以有時會違反社會規則	

資料來源：Dolgin（2011, pp.182-183）

(一)層級一：關注於自我及生存

在道德成規前期，女性的道德發展層級一是關注於自我及生存（concern for self and survival），這時自身是唯一被關心的對象，自身生存最為重要，但必須遵守被加諸的限制，當需要出現衝突時即會出現道德的考慮。在要進入層級二前會形成第一過渡期，她們開始重新詮釋她們追求自我利益是一種自私，所以任何從「想要」（want）轉化成「必須做」（should to do）的女性，也就是從有意的「自私」轉化至道德選擇的「責任」，這樣就達到了層級二的道德發展。

(二)層級二：關注於對他人的責任與照顧

在道德成規期，女性的道德判斷標準是關注於對他人的責任與照顧

（concern for being responsible, caring for others），通常認為這是女性關心人和保護人的階段，女性開始負起關心他人的責任，甚至到了可以自我犧牲（self-sacrifice）的地步。在進入層級三前的第二過渡期，女性開始懷疑自己是否能否同時滿足別人需要又仍能真實的面對自己，當發現依舊不能像滿足他人那樣完全地滿足自己的需求，為了避免變成一個怨恨的、憤怒的人，需要超越道德發展至層級三，她必須學習如何關懷自己與他人，這個過渡期的特徵是「從善到真實」的一種轉化。

🔲層級三：關注於相互依存的自我

在道德成規後期，女性的道德發展進入關注於相互依存的自我（concern for self and others as interdependent）的層級三，但許多人並未發展至此層級。到了這個層級，女性發展出一種普遍性（universal）的觀點，即不再視自己是柔順且軟弱無力的，而是勇於做決定的，做決定時且能兼顧所有的人，包含她自己。在自私與對自己負責之間的衝突是透過「不傷害原則」來解決，故此一層級又稱為「不傷害的道德」（the morality of nonviolence）。例如墮胎決定，必須顧及胎兒、她自己和因她的決定而深受影響的人，選擇的責任成為這個層級的一種困境。

 道德認知與道德行為

柯爾柏格的理論激起不少討論、研究與批評，其中最廣為人知的是姬莉根認為其理論反映了性別偏見，於是建構出有關女性的道德發展理論。另一廣受批評的論點是道德推理與道德行為之間的關聯，有學者認為柯爾柏格只研究道德推理，而非實際的行為，許多人雖在不同階段卻表現出相同的道德行為，而在相同階段的人也常有不同的道德表現，因此論定兒童的道德推理和道德行為之間的關聯可能相當微弱，例如有一篇探討青少年考試作弊的影響因素的研究，發現作弊與學習動機、學業成就，以及老師有關，而與道德發展階段無關（張文哲譯，2005）。但也有研究發現道德判斷與道德行為、反社會行為與違法犯罪有關，道德推理程度差的青少

年，更容易涉入反社會行為與違法犯罪（洪光遠、連廷嘉譯，2018）。

　　哈特舜（Hartshorne）和梅（May）於1930年進行一項道德行為的研究，總共測試11,000位8-16歲的兒童及青少年，分別設計一些測試情境，讓兒童經歷欺騙、說謊或偷竊的機會，來觀察他們的道德反應。研究得到的結論是：兒童的誠實行為受到情境和諸如懲罰、獎賞與順從壓力等因素的影響更甚於受到良心的影響。大多數的受試者都是有時誠實、有時不誠實，青少年在朋友施壓、不容易被抓到時作弊，但是有一些青少年的道德行為是前後一致（引自陳伊琳，2011）。這項實驗說明道德行為受到情境的影響遠大於道德認知。

第二節　道德行為與道德情緒

　　有關道德的研究多數都聚焦於道德推理，但因忽略道德行為的研究，因此學者將道德行為擴展到利社會行為（prosocial behavior）的探討，彌補研究之不足。利社會行為的相反是反社會行為，它所包含的行為有造福、幫助和鼓舞他人。道德推理與利社會行為之間有很強的關聯，但它們並不必然都相伴發生。一方面是，能做出好的道德推理的某人未必就會按理行事。因為他可能有自身的惰性、恐懼，或既得利益。另一方面則是，人們利社會的行為表現可能有其自私的個人動機（洪光遠、連廷嘉譯，2018）。本節另一主題是探討道德情感，例如在表現良好行為時會感到驕傲，在違反個人標準時能感到羞愧或羞恥等，精神分析論對此一面分有深入的剖析。

壹　利社會行為

　　正向心理學強調人們的力量、美德、智慧等正向特質，「利社會行為」（prosocial behavior）研究受到重視與正向心理學的訴求有關，希望能從積極正面的角度看待個體的發展（孫國華，2011）。

一、利社會行為定義

利社會行為經常與助人行為（helping）和利他行為（altruism）交替使用，但利社會行為和利他行為在概念上仍有區別，前者是藉由助人活動，著重互惠利益的行為模式，而後者則是純粹為他人提供幫助，著重該行動對他人所帶來的益處。由上可知利社會行為是一種自願行為，其結果若對他人或群體的影響具有正面意義，皆視為利社會行為（郭玲玲、董旭英，2020）。

至於利社會行為的內涵，大致可以分為幾種類型，而每一類型均涵蓋許多行為，例如幫助包含了援助、救濟、捐獻、互助；分享則包含慷慨、給予、贈與；而安慰行為則有照顧、關心等等。有些研究亦將奉獻、犧牲等觀念納入利社會行為（簡嘉盈、程景琳，2012）。簡嘉盈和程景琳（2012）歸納出比較常見到三項利社會行為：關懷（caring）、合作（co-operative）、助人（helping）。其中關懷行為指青少年能以言行表達出對他人的關心，或與他人共享所擁有的物質資源；合作行為指青少年能與他人一起努力，共同完成所欲達到的目標行為；助人行為指青少年願意付出時間、心力，做有利他人的事。

二、利社會行為理論

前文提到道德行為深受我們所處的情境的影響，一個人在某個情境表現道德行為，而在另一情境卻違反道德；或者是口口聲聲強調誠實的重要，但卻表現出說謊或欺騙的行為。雖然道德情感、道德推理與道德行為的相關隨年齡逐漸增加，但我們不應該期望在任何情境都會表現出一致的道德行為。社會學習論者對於「當個體面對誘惑時，所表現的道德行為如何」感到興趣（Steinberg, 2017）。班度拉（Bandura, 1977）認為人類行為是透過個體與環境的交互作用來學習，無論是直接的影響或是間接的經驗，都可以透過對楷模的認同與模仿（imitation）來學習。此觀點認為利社會行為的學習，是透過觀察學習的歷程習得，可能透過父母、師長的價值內化而形成。社會學習理論認為要促進青少年的道德行為有三個策略可

以達成（黃德祥，2005；Bandura, 1977）：

㈠抗拒誘惑

是指在具有誘惑力的情境之下，個人能依據社會規範所設的禁忌，對自己的慾望、衝動等行為傾向有所抑制，使自己在行動上不致做出違犯社會規範的行為。

㈡賞罰控制

這項策略與行為論的增強作用相似，當青少年表現某種自發性行為之後，因其合於預期的社會規範或行為標準，結果得到獎賞，道德行為因而獲得強化，以後同樣情境重現時也會出現同樣的行為。對於非符合預期的行為則施以懲罰，懲罰時若能伴隨說理，這樣的管教才具更佳的效果。

㈢楷模學習

楷模學習（modeling）也稱觀察學習，當青少年看到別人因合於道德的行為表現而受到獎賞時，也同樣學到自我強化某些行為；當看到別人因違犯道德的行為而受到懲罰時，也學會要抑制自己的行為，這種歷程稱為楷模學習。楷模學習即是模仿，只要是青少年喜歡的人，對青少年即有示範作用，不一定要觀察到受賞罰的情境，因此成人的以身作則對青少年的道德最具示範作用。

三、利社會行為與道德發展

許多的研究結果證實青少年階段有比較高的利社會行為，因為生理的成熟和自主性的增加，青少年可以廣泛地參與利社會行動；道德推理能力的提升亦有助於利社會行為的出現。再加上人際互動、親密關係的增加，讓青少年的社會能力有顯著的成長，因而更容易表現出利社會行為。縱貫研究也發現青少年利社會行為的發展存在著性別差異，男生14歲開始穩定成長，17歲達高點，之後緩慢下降；女生則是16歲達到高點（Van der Graaff et al., 2018）。國內在以國小中、高年級和國中生為對象的研究發現，隨著年紀增長利社會行為會愈明顯（侯季吟、蔡麗芳，2013）；性別

差異方面，女生在利社會行為的表現比男生好（陳敏銓，2016）。

　　至於影響因素方面，范德格拉夫等人（Van der Graaff et al., 2018）的研究發現同理心與利社會行為有密切關係，建議在青少年階段要透過同理心來促進利社會行為。愛森柏格等人（Eisenberg et al., 1999）從長達17年的縱貫研究發現4-5歲時，較能自動分享且利社會道德推理較為成熟的幼兒，經過兒童期、青少年期到成人早期都比較會助人、體貼別人，在利社會議題的思維推理也較為複雜，也較有社會責任感。這項發現告訴我們幼兒時期的道德教育，對往後的道德發展有重要的影響。

　　在利社會行為與偏差行為關係的探討方面，研究發現愈多利社會行為的青少年，其問題行為愈少，或是利社會行為與攻擊行為呈負向的影響關係。因為利社會行為藉由個體的惻隱之心，以及對他者的關心和同理所產生的道德感，可以抑止個體採用有害或違反規定的偏差手段。大部分研究二者都是負相關，但是也有研究發現利社會行為與偏差行為並無相關，例如杰拉德（Gerardy）等人於2015年的研究（引自郭玲玲、董旭英，2020）。

貳　道德情緒

　　在早期道德的研究中，無論是皮亞傑有關兒童道德形成的認知理論，還是柯爾伯格透過兩難故事所推展出的道德發展階段，都是強調個體在成長過程中不斷提高的道德認知與推理表現為依據。但受到社會期望效應的影響，個體在不斷學習、內化道德規則的同時，也在不斷地學習如何隱藏自己真實的道德想法與態度，而表現出符合社會期望的道德認知。僅根據道德認知來解釋、預測與道德行為之間的關係也具有較大的侷限性，因此研究者重新檢視道德結構中的非理性因素：道德情緒，來彌補先前研究中的不足（王博韜、魏萍，2021）。

一、道德情緒的定義

　　道德情緒（moral emotions）是情緒在道德領域的延伸，是指個體根

據一定的道德標準評價自己或他人的行為和思想時所產生的一種情緒狀態（Haidt, 2003）。當行為違反社會規範或損害他人權益時，個體便會產生諸如內疚、羞恥等負面道德情緒；而當行為符合社會規範，有利於他人時，個體便產生自豪等正面的道德情緒。道德情緒在個體的道德準則和道德行為間可以發揮調節作用，甚至當道德情緒和道德認知不一致時，道德情緒往往能夠成為壓倒理性認知，進而影響個體的行為決策（陳英和、白柳、李龍鳳，2015）。綜上所述，道德情緒可能是道德推理之主導者（master）或產物（servant），也可能是道德推理之平行夥伴（equal partner），他們都扮演了影響道德運作的重要角色（Haidt, 2003）。

二、道德情緒的類型

愛森柏格（Eisenberg, 2000）指出道德情緒的表現由同理心（empathy）、罪惡感和羞恥感所組成，道德情緒的表現中又以罪惡感與羞恥感最常被討論。海特（Haidt, 2003），將道德情緒分為四類如下：1.譴責他人的道德情緒（the other-condemning emotions），包含的主要情緒有蔑視、憤怒以及厭惡；2.自我意識的道德情緒（the self-conscious emotions），包含的情緒有罪惡感、羞愧、恥辱；3.感受他人苦難的道德情緒（the other-suffering emotions），包括同情心、同理心等；4.讚許他人的道德情緒（the other-praising emotions），其所包含的情緒有感激、敬畏、昇華（elevate）等。

三、道德情緒的理論

有關道德情緒的發展，要提一下佛洛依德的理論，有關其人格發展的理論已於前面章節中提及，在此針對「超我」的部分補充說明。超我是人格的道德部門，通常在5-6歲前學到道德觀念，當兒童解決「伊底帕斯衝突」，認同同性別的父母之後，超我於是逐漸誕生。兒童首先內化父母所設定的行為規則，學習父母心中的好或壞行為，進而對自己實施酬賞和懲罰，這稱之為「自我控制」。由於內化，當我們做出（甚至想要去做）

違反道德準則的行為就會感到罪惡或羞恥。也就是說兒童與青少年之所以願意遵守社會規範,是為了降低罪惡感(陳增穎譯,2022;危芷芬譯,2012)。

超我的組成要素有二:良心(conscience)和自我理想(ego-ideal),良心是讓兒童遭受懲罰的行為,當個體做出不道德行為,則是由良心的內疚與無價值感對個體施以懲罰,在必要的時候引發罪惡感。自我理想是讓兒童得到稱讚的良好、正確行為,兒童因而產生自豪感與個人價值感,但是當未能達到標準時則會引發羞愧感。由於教養失當,有些兒童的超我未能充分發展,以致無法形成個人的內在限制;有些兒童則是超我過於強烈,擔心無法達成完美的標準,導致自我負擔過重,因而產生道德焦慮(moral anxiety),也就是擔心無法達到嚴苛標準而產生持續的羞恥感與罪惡感。為抵抗焦慮,佛洛依德提出他的「防衛機制」(defense mechanisms)策略(危芷芬譯,2017;何端容、楊明磊,2013)。

四、道德情緒的影響

許多研究指出道德情緒可以減少犯下不適當行為的意圖,例如愛森柏格(Eisenberg, 2000)指出同情心常常伴隨著罪惡感和羞恥感,同情心能增加社會化、道德發展和打消不道德行為的念頭;貝特森(Batson)於2003年亦指出同情心會增加利社會行為;格姆(Gehm)和舍勒(Scherer)於1988年的研究,認為羞恥感和罪惡感會使個人改過自新,並且在未來不會重複此行為(引自蔡佳靜,2014)。精神分析論重視潛意識中的罪惡感,是促使青少年遵守社會規範的力量,發展心理學家指出同理心、同情心、欽佩、自尊等正向情緒,以及憤怒、羞恥感、罪惡感等負面情緒,都與青少年的道德發展有關(陳增穎譯,2022)。以下僅針對同情心和同理心說明其對道德發展的影響。

(一)同情心

不傷害他人、協助他人消除痛苦、成全他人對幸福的追求等規範或訓示,常常出現在一些道德訴求或宗教教義之中。假定個人無法覺知到他人

的存在或是他人的狀態，想要實踐這些規範或訓示是令人質疑的。如果個體缺乏感同身受的能力，就無法了解對方是否處於「需要協助」的狀態之中。而「感同身受」是透過同情心（sympathy）的道德情緒而獲得的。同情心的培養在道德教育上有其重要性，因為這種情緒性機制不只是使人感知他人的存在與狀態，更可能引發關懷他人、協助他人的善行（林建福，2009）。海特（Haidt, 2003）認為同情心是道德的基礎，個體對於他人的苦難會感到難過與痛苦，並且因為這樣的感受驅使其想要幫助受苦的人。有研究指出兒童期的同情心強度，可以預測青春期的道德推理與社會正義價值觀。同情心可為青少年習得道德價值奠定基礎，也可激勵青少年密切注意道德事件（陳增穎譯，2022）。

㈡同理心

同理心（empathy）是一種人格特質或能力，兒童隨著年紀的漸長，脫離自我中心之後，而發展出觀點取替（perspective taking）或角色取替（role-taking）的能力，即具有同理心的能力。學者對同理心的定義可區分為偏認知或情感觀點，前者是指了解他人觀點的能力，或是正確辨認他人情緒狀態的能力。後者將同理心界定為同情的傾向或分享他人情緒狀態的傾向。這裡的同理心不同於輔導諮商的同理心，諮商的同理心是能設身處地為人著想，能真正聆聽他人的心聲，揣想對方的觀點，並把理解或想法表達出來讓對方知道。道德情緒的同理心並不一定要溝通出來，也可能只是心中的理解或情緒的反應（陳明珠，1998；詹志禹，1986）。霍夫曼（Hoffman, 1987）研究同理心與道德行為或利他主義的關係，他認為透過對他人痛苦的同理，可激發同情、生氣、罪惡感或正義感等道德情感，而影響人們的道德推理，使人們願意做出利他的道德推理或行為，故同理心往往是道德推理與行為的動機基礎。

同理心既是情緒，也是一種辨別他人內心狀態的認知能力，大約在10-12歲時就會發展出同理悲慘遭遇者的能力，靠著這樣的感受能力，兒童表現利他行為，並為青少年期的理念與政治觀點發展注入人道色彩。雖然每位青少年都有同理回應他人的能力，但不是所有人都樂意表現出來，

例如暴力犯罪者即無法感受到被害者的痛苦。研究發現，同理心在12-16歲時進步不少，研究也發現，女孩的同理能力比男孩好，同理心亦與成人期的社交能力有密切的相關（Santrock, 2008）。

　　青少年時期是由成規前期進入成規期的關鍵期，此時道德教育可以發揮積極的效果。教師如果能將同理心運用於課堂教學，或是擬訂一套「同理心培育課程」，以活動化、生活化的教學方法，指導學生學得同理能力，如此將有助於學生道德推理之發展，亦可降低青少年偏差行為的發生率（陳明珠，1998）。

第三節　青少年價值觀的發展

　　青少年在發展上是過渡期，生活上則是轉變期，他們面臨了許多新奇但又充滿壓力的經驗，例如：青春期的生理變化、進入新學校、嘗試與異性交往等，對青少年而言，這些都是「又期待又怕受傷害」的新情境。他們對未來有相當程度的不確定，卻又必須為未來的社會角色做準備。但是這是一個急遽變動、價值多元的社會，青少年身處的世界比任何一個年代的人都複雜。由於網路科技的介入生活，各種琳琅滿目的商品，讓青少年在生活意義的認同與自我價值的肯定上更見困難。隨著青少年表現出逾越社會規範的行為日益上升，社會大眾便認為是青少年的價值體系出了問題，需要想辦法導正他們的價值觀，因為價值指導行為，偏差的行為代表偏差的價值觀（王震武等，2008）。但價值觀問題引起的有關爭論是：什麼是青少年需擁有的價值觀？教育是不是一種有效的手段？本節即探討價值觀的理論及學校應如何教導價值觀。

壹　價值觀的理論

　　價值觀與道德發展有密切的關係，道德問題有價值判斷的成分隱含其中，個人的價值觀又常涉及道德判斷的問題。對於成長中的青少年而言，

價值的形成、發展與建立頗為重要，有良好的價值觀，有助其進入成年社會的整體適應（黃德祥，2005）。

一、價值觀的定義

　　哲學或心理學上的「價值」（values），代表一種高度抽象化的概念性架構，稱之為「價值觀」或「價值系統」。楊國樞（1993）認為價值是人們對特定行為、事物、狀態或目標的一種持久性的偏好，此種偏好在性質上是一種兼含認知、情感、意向三類成分的信念。價值不是行為或事物本身，而是指用以判斷行為好壞或對錯的標準，或據以選擇事物的參照架構。羅克奇（Rokeach, 1973）認為價值是一種持久的信念，從一個人的希望、欲求、需要、喜愛、選擇，以及他認為值得要的、有用的、必須做的，直至社會禁止的、認可的或強制的一切皆包含在內。價值既具有動機功能也具有評價性功能，同時還具有規範性和禁止性，可以對態度和行為產生指導的作用。由上述學者的定義可知價值觀是個體的核心信念，是引導個人行為趨向或行動方向的重要動力。例如青少年的核心價值是自尊（self-esteem），為了提高別人對自己重要性的肯定，常會策略性地選擇一些行為，讓別人覺得自己很受同儕歡迎，像講手機講很久（王震武等，2008）。

二、價值觀的內涵

　　早期德國哲學家斯普朗格（Spranger）於1924年將個體所追求的人生方向分為六種價值類型：1.理論型；2.社會型；3.審美型；4.宗教型；5.政治型；6.經濟型。這六型相當於個體對於真、善、美、聖、權、利等六種目標與價值的追求。但並非每個人只有其中一種特質，所以每個人可能為不同類型的集合體，只是偏重程度不同而已（黃惠惠、蔡麗珍，2010）。奧爾波特認為價值觀就是人格特質，代表個體的動機與興趣，他將價值觀分為理論、經濟、審美、社會、政治、宗教等六種（危芷芬譯，2017）。羅克奇（Rokeach, 1973）依「行為方式」與「生存目標」的偏好，將價值

分為兩大類，一為工具性價值，是指一個人對生活手段及行為方式的信念，包含能力價值及道德價值，例如誠實、責任、愛、心胸開闊、服從等。另一為目的性價值，又稱終極價值，是指個人對生命意義和生活目標的信念，包含對個人及對社會的價值，目的性價值是價值觀的最核心部分，例如自由、智慧、公平、國家安全、友誼、自尊、成就感等。

施瓦茨（Schwartz, 1999）依據羅克奇理論架構，將價值觀與個體的動機聯繫起來，從三個角度進行分類，一是「理想的最終狀態或行為」，對應羅克奇理論的「終極性價值觀」和「工具性價值觀」；二是「利益」，對應「個人主義價值觀」、「集體主義價值觀」和「個人主義—集體主義兼有的混合價值觀」；三是「動機」，將動機分為三類：滿足個體生物需要的動機、協調社會互動的動機、使群體得以生存並維護群體利益的動機。以此架構建構出初始的8個價值區：享受區、安全區、成就區、自主區、嚴格遵從區、利社會區、社會權力區、成熟區。1992年發展出新的價值觀測量工具「施瓦茨價值觀調查表」（Schwartz Value Survey, SVS），並提出了較為完善的價值觀分類，他列出10種具有跨文化一致性的個體基本價值觀，包括自主、刺激、享樂、成就、權力、安全、傳統、遵從、友善、博愛。2012年再次對原有價值觀理論進行更精細的檢驗，使原來理論中的10種價值觀分解和擴展為新理論的19種價值觀，而最高級的價值則歸納為四項：開放改變（openness to change）、自我提升（self-enhancement）、保持／保護（conservation）、自我超越（self-transcendence）（李玲、金盛華，2016；姜永志、白曉麗，2015；Schwartz, 1999, 2012）。各項價值觀名稱及定義請參見表6-2。

三、價值觀與道德行為

當個體面對道德情境時，內在必經一番思索與評估，然後決定如何回應。李斯特（Rest）於1984年將道德行為的運作過程分為四個階段，四個階段與四個問題有關（引自陳金定，2015）：

第一階段問題是，個人如何詮釋情境？此問題涉及個人考慮可能採取的行為及可能的影響，在此階段同理心影響個人的道德行為。

表6-2　施瓦茨價值觀理論中的19種價值觀

價值觀名稱	與動機關聯的定義
思想自主（Self-Direction-Thought）	產生自我想法和發展自我才德的自由
行動自主（Self-Direction-Action）	自由地決定個體自己的行動
刺激（Stimulation）	激動、新奇、變化
享樂主義（Hedomism）	愉悅和感官滿足
成就（Achievement）	根據社會標準獲得成功
支配權力（Power-Dominance）	通過對人的權力獲得力量感
資源權力（Power-Resources）	通過對物質和社會資源的權力獲得力量感
面子（Face）	通過維護個人的公眾形象避免丟人獲得安全感和力量感
個人安全（Security-Personal）	在個體當下所處的環境中保持安全
社會安全（Security-Societal）	廣泛的社會安全和穩定
傳統（Tradition）	堅持和保護文化的、家族的或宗教的各種傳統
規則遵從（Conformity-Rules）	服從規則、法律和規定的各種義務
人際遵從（Conformity-Interpersonal）	避免使他人難過或受到傷害
謙遜（Humility）	認識到在事情的大框架中個體的渺小
友善—關懷（Benevolence-Caring）	為自己人圈子中成員們的幸福而效力
友善—可依賴（Benevolence-Dependability）	成為自己人圈子中可靠的、值得信賴的成員
博愛—關注（Universalism-Concern）	致力於全人類的平等、公正、保護全人類
博愛—大自然（Universalism-Nature）	保護自然環境
博愛—寬容（Universalism-Tolerance）	接受並理解不同於自己的人

資料來源：李玲、金盛華（2016，頁194）

　　第二階段問題是，個人如何界定道德行為？涉及何種行動最能實現道德理想及該如何行動，例如責任、平等、互惠等。

　　第三個階段問題是，個人如何選取他所珍視的行動？每個可能的行動依據不同的價值觀與動機，個人須從眾多衝突的價值觀中選擇。此階段涉及價值澄清與決策技巧，因此個人價值觀與決策技巧成為必備條件。

　　第四階段問題是，個人如何執行，並且執著於他的意圖？涉及的問題包括想像行動的後果、執行可能遇到的困難等。在此階段中，計畫、執行

計畫及評量能力、解決問題技能、抗拒誘惑能力、滿足後延能力等，都可以加強執行道德行為的效果。

在這個歷程中，價值觀是道德判斷的依據，決定個人如何表現道德行為，因此協助青少年建立正向自我價值觀，便成為學校、家庭實施品德教育的重要目標之一。

貳 臺灣青少年的價值觀

有關臺灣青少年價值觀的實證研究並不多，雖然碩博士論文資料庫不少研究探討此一主題，但具有參考價值的研究結果不多。以下引用的資料多屬2000年以後所發表期刊論文，從中可以了解臺灣青少年價值觀的大致輪廓。

在《天下雜誌》公布的2003年品格教育大調查中，國中生自認生活壓力最大來源仍是考試，「沒有錢買東西」一項首度超越「同儕」的壓力，可見重視金錢的觀念卻已超越對同儕的人際關係。調查也顯示超過七成的國中生考試做過弊，年紀愈大，做過的人愈多，只有不到五成的人認為作弊是絕對不可犯的錯誤。認為「作弊無所謂好壞，端看個人決定」的比例超過半數，顯示了國中生對於作弊價值判斷的改變（何琦瑜，2003）。就國中階段的青少年而言，在學校裡的作弊行為（cheating behavior）在青少年之間已成為一種最常見的偏差行為。周愫嫻（2008）的研究即指出，在國內青少年偏差行為裡，作弊行為乃是校園偏差行為裡平均發生率最高的。

吳明燁和周玉慧（2009）對臺灣青少年的道德信念進行調查研究，發現青少年的道德信念具有以下特色：1.私德重於公德，臺灣青少年的道德行為仍以家人、朋友或熟識團體而非陌生人為優先對象；2.仁愛、負責、誠信與節制四項德目中，青少年最肯定的是仁愛，其次是負責，誠信與節制則相對居末。至於誠信與節制較不受到重視的原因，可能與青少年的生活經驗有關係，例如青少年正處於嘗試錯誤的階段，對於誠信與節制的要求及後果的了解程度比較不足。輕誠信也是一個值得特別留意的問題，研

究發現不及三分之一的青少年堅信「盜用軟體」是錯的。

在一項針對國中生金錢價值的研究，發現國中生擁有正確的金錢價值觀，大多數人認為皆有工作才有收入、先存後花，以及不要浪費父母賺錢辛苦的想法（賀美瑜，2019）。許春金等人（2012）以臺灣北部817名國中生與感化院青少年為對象，檢驗其早期偏差價值觀、偏差友伴的接觸與其犯罪紀錄關係。結果發現早期偏差友伴影響青少年長期的犯罪變化，但早期偏差價值觀無顯著影響。

黃惠惠和蔡麗珍（2010）針對四技學生進行價值觀調查研究，研究發現四技學生所重視的價值依序為「理論型」、「審美型」、「經濟型」、「社會型」、「政治型」及「宗教型」，從排行順序來看四技學生比較重視與個人有關的價值，而較不重視與社會或公眾有關的價值。

張泰銓和雷庚玲（2018）探討臺灣青少年對努力與學業成就的看法，共有148位大學生與158位高中生參與研究。研究結果如下：努力僅被青少年視為必須遵守的社會成規，且其強度並不及孝道，努力具道德屬性的論述未被青少年認可。至於學業成就，雖然是具高度社會期許的目標，但可能由於其不可控制性或社會潮流的演進，而不被視為一種與社會成規或道德相關的任務。儘管「努力」與「學業成就」在儒家社會中被視為非僅單純為個人成就目標，尚與道德有關，但此一觀點在推論到臺灣青少年身上時必須有所保留。

 ## 參　價值觀的教學

價值澄清法（values clarification）是學校所採用的道德教學法之一，因為實施方法簡便、生動有趣、且富彈性，故在價值教學、輔導活動，乃至其他各科的教學上，都被廣泛地加以應用。這種教學法最早由瑞斯（Raths）等人於1966年合著《價值與教學》（*Values and Teaching*）一書中提出，該書質疑傳統的道德灌輸，因而提供各種價值澄清的策略，讓學生對道德性議題進行系統化反思，故受到世人的重視而廣泛運用，西蒙（Simon）於1973年再將此理念應用在輔導領域。價值澄清法主要目的

是協助學生察覺並確定自己或他人的價值觀，在面對問題時，能有很明確的看法，以尋求較為合理的解決方法。瑞斯認為價值觀念不明確的人，在生活上沒有確切的方向，而且不知道如何運用時間，如果能夠澄清個人的價值，才會朝向特定目的努力，並做出合理的思考判斷（周新富，2022a）。

一、價值形成的過程

瑞斯、西蒙等人強調，價值形成的過程必須經過選擇（choosing）、珍視（prizing）、行動（acting）三個階段及七個步驟，任何觀念、態度、興趣或信念要真正成為個人的價值，必須符合這七個步驟，缺一不可（歐用生，1996）：

㈠選擇
1. 自由選擇。
2. 從許多選擇中選擇。
3. 對每一個選擇中的結果都深思熟慮後選擇。

㈡珍視
4. 讚賞、重視和珍愛所做的選擇。
5. 願意公開地肯定自己的選擇。

㈢行動
6. 以自己的選擇採取行動、嘗試去做。
7. 在自己某些生活模式中重複的行動。

二、教學過程

價值澄清教學法的教學過程，可分成了解、關聯、評價、反省四個時期（周新富，2022a；歐用生，1996）：

㈠了解期
教師選擇青少年容易混淆與衝突的價值問題形成價值澄清的題材，教

師講述案例之後，鼓勵學生提出自己所了解的情形與看法，讓學生自由表達觀點，教師可以應用圖片、統計圖表、動漫等資料，引導或協助學生對問題的了解。

(二)關聯期

此一階段包含選擇和珍視的過程。教師將了解其學過的相關概念，與正在學習的主題和理念關聯起來，再進一步澄清二者的關係。

(三)評價期

又稱為價值形成時期，學生表達對上述資料、理念、概念、事件的好惡感覺，以及自己的選擇、決定。

(四)反省期

是指由學生反省個人所經驗過的價值或感情，並鼓勵個人公開表達出自己的價值觀和感覺，使學生覺知他們如何了解、如何思考、評價和感覺。

三、教學活動與技巧

價值澄清教學法是透過教學活動的設計引導，提供學生選擇的機會，形成個人主觀認同與珍視的價值體系，進而願意主動與公開表現，並將其付諸行動的一種教學方法。因此在教學中，要應用各種技巧，並且透過所設計的活動實施。瑞斯等人便曾設計20種活動，但歸結起來，價值澄清法的活動型態，主要可以分為三類（周新富，2022a）：

(一)書寫活動

例如價值單、每週反省單（思考單）、未完成填句、標記活動等，茲以價值單為例說明，當你有一萬元可花用時，你要做哪些決定？

(二)澄清式問答

這是老師以問題來聽取學生的回應，並幫助學生釐清自己觀念與價值的修正。以下為教學範例：

志明在課堂上回答老師的問題時說：「他最不喜歡上國文課」，請依此態度給予價值澄清回答：

1. 老師：在所有科目中，最不喜歡上國語課，理由何在：
   志明：作業太多，常常寫不完。
2. 老師：因為作業太多，就不喜歡上國語課？
   志明：對。
3. 老師：老師出很多作業，你猜老師的目的為何？
   志明：為了我們好。

(三)討論活動

包括價值澄清式的討論、行動計畫、角色扮演、設想的偶發事件討論等。價值澄清式的討論是教師對學生的回答不作評價，只是幫助學生對自己的抉擇和結果再檢驗，以便做選擇。例如學生說沒工業汙染的話，人會生活得更好。教師提問：商業怎麼辦？政府要怎麼做？你能做些什麼？

自我評量 ....

一、選擇題

(　　) 1. 青少年的道德發展包含道德情緒，下列哪一項是屬於道德情緒的敘述？　(A)道德的知與行是一致的　(B)道德知識是道德判斷的基礎　(C)道德判斷是能分辨是非善惡　(D)個人行為導致他人不幸會耿耿於懷

(　　) 2. 九年級的阿民是班長，非常強調遵守規範的重要性，面對違規的同學不論緣由皆依老師的規定處理。根據柯柏格（L. Kohlberg）的道德發展理論，他最可能處在下列哪一個階段？　(A)法律秩序取向　(B)社會契約取向　(C)尋求認可取向　(D)相對功利取向

(　　) 3. 關於青少年道德發展的特徵，下列哪一項較不適當？　(A)逐漸採用二分法　(B)會開始作假設性的思考　(C)會質疑成人提供的答案　(D)不再依賴權威人物的看法

(　　) 4. 下列哪一種促進中學生道德發展的做法，最符合柯柏格（L. Kohlberg）的道德發展理論？　(A)帶學生去安養機構當志工　(B)舉辦高中生道德行為海報比賽　(C)讓班上學生討論各種道德兩難　(D)選拔品德模範生，表揚其優良事蹟

(　　) 5. 青少年道德發展的特徵，下列何者為非？　(A)從外控到內控　(B)從他律到自律　(C)從質疑到服從　(D)從個人取向到群體取向

(　　) 6. 下列哪一項不是基里長（C. Gilligan）所提出的道德發展階段？　(A)均等的道德　(B)個人良心的道德　(C)個人生存的道德　(D)自我犧牲的道德

(　　) 7. 小美認為身為教師應該盡力付出，為了獲得家長的認同，她經常下班後還在工作。根據基里長（C. Gilligan）的道德發展理論，小美處於下列哪一個階段？　(A)均等的道德　(B)個人生存的道德　(C)自我犧牲的道德　(D)相互依存的道德

(　　) 8. 某國中生很容易將別人的無心之過歸因為「對方有意冒犯他」。請問他是下列哪一方面的能力較為不足？　(A)社會認知　(B)道德推理　(C)情緒控制　(D)情緒表達

(　　) 9. 徐老師協助學生選填志願時，請他們先列出自己有興趣的二十個學

系，再選出最喜歡的五個學系，並相互討論個人的選擇和理由。這是價值澄清法中的哪一種策略？　(A)排序　(B)強迫選擇　(C)價值觀連續譜　(D)條列清單與優先考量

(　) 10. 七年級的小華每天騎腳踏車上下學，某天早上比較晚出門，於是飆車趕去上學，在一個十字路口，他左右張望沒有看到警察，就騎車闖紅燈。根據柯柏格（L. Kohlberg）的道德發展理論，這最可能是下列哪一個階段的行為？　(A)避罰服從　(B)相對功利　(C)遵守法規　(D)社會契約

(　) 11. 十一年級的阿哲生病缺課好幾週，段考前要求好友大雄幫他作弊。大雄的道德推理若處於柯柏格的尋求認可階段，下列何者最有可能是他的回應？　(A)身為你的好友，我當然會幫你啊　(B)好啊，下次段考你的答案也要讓我看　(C)我不能幫你，這對班上其他人不公平　(D)不行啦，萬一被老師抓到，我會被處罰

(　) 12. 根據柯柏格的道德發展理論，下列哪一個階段的道德推理主要受獎賞與懲罰的影響？　(A)工具取向　(B)人際規範　(C)社會系統　(D)社會契約

(　) 13. 林老師在班級中實施品格教育的方法是：當看到有同學幫助別人，他就給予讚美，並鼓勵同學多效法。林老師的作法是應用下列哪一個理論的觀點？　(A)社會學習理論　(B)認知發展理論　(C)精神分析理論　(D)道德判斷理論

(　) 14. 小明騎摩托車載發高燒的爸爸去醫院就醫，途中看左右兩邊都無來車就闖了紅燈，結果被警察攔下開單。處於柯柏格「順從法規與秩序取向」的好友小華，會如何解釋小明的闖紅燈行為？　(A)照顧好爸爸的健康比什麼都重要　(B)闖紅燈並不一定會被開罰單，小明是比較倒楣　(C)闖紅燈違反交通管理處罰條例，小明不該闖紅燈　(D)雖然爸爸身體不舒服，但闖紅燈是壞小孩才會做的事

(　) 15. 有關利社會行為（prosocial behavior）的發展，下列敘述何者正確？　(A)道德推理成熟的兒童會忽略別人的需求　(B)生長在工業化社會下的兒童較利他取向　(C)同理心和利社會行為的發展會隨著年齡增長而降低　(D)高年級兒童比低年級兒童更會覺得自己有責任去幫助那些需要幫助的人

參 考 答 案

1.(D)　2.(A)　3.(A)　4.(C)　5.(C)　6.(B)　7.(C)　8.(A)　9.(D)　10.(A)　11.(A)
12.（A）　13.(A)　14.(C)　15.(D)

二、問答題

1.國二的大華看到隔壁同學考試作弊，雖然他也很想偷看同學的答案，但是擔
　心會被導師發現受到處罰，所以打消念頭。

　(1) 根據柯柏格（L. Kohlberg）的道德認知發展理論，大華的道德認知發展是
　　　在哪一個階段？並說明此階段的特徵。

　(2) 針對上述問題，導師要如何促進學生的道德認知發展？請舉出三項。

2.試述L. Kohlberg的道德發展理論分為幾個層次與幾個階段，各層次及各階段
　的重點分別為何？此理論有哪些爭議？

3.王老師是八年級的導師，他想要提升班上學生的道德發展。請設計王老師可
　以實施的五種教學活動並具體說明內容。

4.任教高中的王老師以「共享單車可讓使用者在路邊隨租隨停，但也造成單車
　隨意停放的亂象」為例，請學生提出看法。

　學生甲：「我認為沒有人能違反法令，只要合法，再怎麼樣別人也管不著，
　　　　　　但針對違規停放的部分，應該加強取締，將違法的人導入合法的正
　　　　　　軌。」

　學生乙：「我認為社會中每個人的行為都要讓自己與別人共好。共享單車滿
　　　　　　足使用者自身的便利，但也應該同時考量大眾行的權益，以保障所
　　　　　　有用路人的共同利益。」

　(1) 學生甲的說法符合柯柏格（L. Kohlberg）道德發展理論的哪一個階段？並
　　　敘明理由。

　(2) 學生乙的說法符合基里艮（C. Gilligan）道德發展理論的哪一個階段？並
　　　敘明理由。

5.何謂利社會行為（prosocial behavior）？教師應如何培養青少年的利社會行
　為？試依據四種不同的發展理論觀點，分別舉例說明其作法。

6.社會學習理論認為要促進青少年的道德行為可實施何種策略？

第七章

青少年情緒的發展

　　青少年的生活會面臨許多的壓力，像是學校、家庭、人際關係、身心發展、自我壓力等等，壓力直接反映在青少年的情緒表達，輕者如臉色很臭、出言不遜，嚴重者可能產生暴力攻擊事件或是憂鬱情緒揮之不去。長期的負面情緒對青少年的心理健康會造成負面的影響，進而妨礙成人時期的生活適應（江承曉、劉嘉蕙，2008）。心理健康不只是沒有心理疾病，其基本特性為：對現實有覺知能力、擁有健康性格與良好人際關係、情緒表達能適當控制，以及可以正向地看待自己。傳統的心理健康研究偏重危害個體心理健康的負面因子探索：如緊張、焦慮、疏離、衝突等，以各種心理疾病、心理失常、身心失調等負向指標。但正向心理學興起之後，則偏向以積極樂觀的概念、情緒的穩定、良好的人際適應等層面來界定心理健康（陳李綢，2015）。自從美國有關情緒智慧（emotional intelligence）的理論與研究興起，研究發現情緒智慧能有效調節壓力與心理健康之間的關係，情緒智慧能力愈高者，在面對壓力情境較少產生自殺念頭，於是教育及企業界開始重視情緒智慧的教學與訓練（王叢桂、羅國英，2008），但是臺灣對情緒管理的教學仍有待加強。本章主要在探討青少年的情緒發展的特徵、歷程與展望，分別就情緒的相關理論、青少年的情緒發展與負面情緒，以及情緒調節與情緒智慧的教學等三方面來探討。

第一節　情緒的基本概念與理論

　　本節主要在探討什麼是情緒，先了解情緒的組成因素及其來龍去脈。首先對情緒的意義加以解釋，其次說明情緒的分類與影響，再就情緒與大腦的關係加以說明，最後一小節再探討情緒的重要理論。

壹　情緒的意義

　　「情緒」的英文emotion源自於拉丁文的*emovere*，其中"e"有「出去」的意思，而"movere"則有「移動」、「激動」或「刺激」之意（王淑俐，

2017）。情緒是個體受到某種刺激後所產生的一種激動狀態，此狀態雖為個體所能體驗，但不易為其所控制，因之對個體行為具有干擾或促動作用，並導致其生理上與行為上的變化（張春興，2013）。此一解釋說明情緒是受到刺激所引起的，多半是外在的，少數是內在，像是悲從中來；有時情緒具有動機的作用，能引發個體的行動，例如恐懼。為了要理解情緒，學者把情緒結構分成四個組成部分，分別是引起情緒的情境、身體狀態、情緒表達和情緒體驗。情境是當前的事件、回憶、思考，甚至先前的情緒體驗。身體狀態是身體活動的變化，例如心率改變、出汗、腎上腺素提高等。情緒的表達是指看得見的表現形式，如臉部表情、身體運動和發出哭、尖叫等聲音。情緒體驗是指個體知覺到情緒，是有意識的，或說得出情緒的名稱（劉金花、林進材，2007）。

　　由上述的說明，我們可以理解個體引發情緒的歷程如圖7-1所示，包括起因事件（對象、原因、情境）、主觀評估、生理反應、情緒體驗、情緒表達及情緒調適（陳金定，2015）。

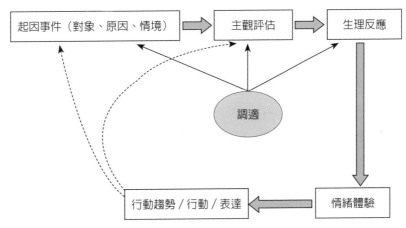

圖7-1　情緒運作歷程

註：虛線部分代表回饋

資料來源：陳金定（2015，頁236）

貳　情緒的分類與影響

　　常見的情緒，大致可以分為正向情緒（positive emotion）與負向情緒（negative emotion）。當個人判斷情緒刺激對自己是有利時，情緒則趨向愉悅的狀態，稱為正向情緒，包括高興、喜悅、快樂、喜歡、愛、欲、同情、自信等；當個人判斷情緒為不利己時則會逃避，這一類的情緒狀態，通常是不愉快的，稱為負向情緒，包括生氣、仇恨、不高興、嫉妒、恐懼、悲傷、憂慮、自卑、不安、壓抑、迷惘、不滿、憎恨、厭惡、敵意等。正向情緒不但有益個人的身心健康，對社會的人際關係亦能有所幫助；反之，負向情緒往往導致身心健康的不良影響，也對社會的人際關係產生不和諧，甚至產生衝突，故負面情緒又稱破壞性情緒（destructive emotion）（朱迺欣，2010；王淑俐，2017）。瑞斯（Rice）則將情緒分為喜悅狀態、抑制狀態、敵意狀態三大類，喜悅包括愛、快樂、得意，抑制包括厭惡、罪惡、焦慮、哀傷等，敵意包括憤怒、憎恨、嫉妒等，後兩類屬負面情緒（黃德祥，2005）。

　　正向情緒具有許多功能，會對個體帶來正向的影響，這些功能有以下幾項：1.促進身體健康，樂觀具正向的信念可增強免疫系統；2.促進因應、持續行動的功能，進而充滿動力；3.正向情緒可以提升創造力、彈性思考、尋求變化；4.激發復原力（resilience），使個體在困境中發展出保護個人的功能，不受挫折、壓力情境的影響（常雅珍，2011）。

　　不論正面或負面的情緒都有其功能，有助於個體行為的適應，試想若遇到危險時沒有恐懼反應，可能不會逃跑或抵抗；適度的焦慮與緊張情緒，則可增進工作效率與學習效果，且被認為是健康生活的必要條件。強烈的情緒反應與持續性的情緒反應，則對健康有害，例如心身性疾病（psychosomatic disorder）是情緒的生理變化長久延續所導致（朱敬先，1997）。日常生活中常有許多引起負面情緒的事件，會進一步影響到個體的行為，例如研究發現焦慮可能會激發兒童去做一些攻擊行為，生活緊張因素會影響青少年的偏差行為，因為生活緊張因素會提高青少年負向情緒的程度，導致沮喪、生氣和挫折感等情緒產生，進而迫使個體採取偏

差行為，以降低負向情緒的衝擊（Agnew, 2006）。青少年為了逃避或減輕憤怒、焦慮、沮喪、憂鬱、敵意、挫折感等情緒所引發的不愉快經驗及感受，往往就會因此產生各種外向性行為，例如暴力攻擊、粗語辱罵、逃家、逃學等，以及憂鬱、自傷或自殺等內向性行為（王爾暄、李承傑、董旭英，2017）。

 參　情緒與大腦構造

　　掌管人類情緒的中樞乃是大腦構造內的邊緣系統，主要包含海馬迴及杏仁核。邊緣系統可說是大腦的發電機，負責產生食慾、動機、情緒與心情，並驅使我們有所動作。另外，情緒與大腦很多部位有關聯，特別重要的部位有額葉，負責腦部執行能力，杏仁核負責本能的情緒，當個體面臨恐懼和痛苦等負面情緒時特別活躍，而海馬迴主要是調整行為以便配合情境。人類的大腦皮質以額葉最大，額頭正後方的額葉前部皮質稱為「前額葉」，為大腦的執行中樞，負責計畫與其他功能，前額葉與情緒意識化與注意力集中有關，前額葉神經迴路的成熟一直持續到至少20歲。至於額葉的腹側正中部位則與情緒調節有關，尤其是負面情緒（朱迺欣，2010；陳啟榮，2017）。

　　由以上所言可知當刺激訊息由感官進入視丘後，傳到杏仁核即迅速做出適當的情緒反應；那些傳入大腦前額葉皮質的，則需要做詮釋、回憶、評估等複雜活動，因而顯得緩慢，有時甚至會推翻較早的情緒反應方式（溫世頌，2003）。青少年荷爾蒙的劇烈變化，可能與情緒的波動起伏有關，隨著青少年邁向成年期，情緒也趨於緩和，可能是因為逐漸適應荷爾蒙變化或前額葉皮質發育成熟（陳增穎譯，2022）。

 肆　情緒的理論

　　長久以來、心理學家一直為情緒、認知與身體反應的關係爭論不休，雖然有些心理學者認為情緒與認知是各自獨立的大腦歷程，例如恐慌發

作可能毫無預警地突然出現。但是認知心理治療家如艾理斯等人認為認知與情緒有密切的關聯，只要我們改變思考事件的方式，就可以克服負面的情緒反應。這項爭議存在已久，後來神經科學的見解才平息此一爭議，恐懼、快樂等基本情緒是自動反應，依賴意識以外的大腦迴路，情緒基模則依賴意識層面的認知（張文哲譯，2016）。以下就主要的情緒理論作一扼要的說明：

一、心理學家的情緒理論

1885年美國詹姆士（James）與丹麥的郎格（Lange）對情緒有相同的見解，因此稱為詹郎二氏情緒論（James-Lange theory of emotion），認為情緒並不是由外在刺激所引發，而是由身體生理變化所造成，也就是指情緒是生理影響心理。例如：人感到傷心是因為哭，看見眼淚才感到傷心。這個情緒論內容與日常生活經驗法則相悖離，因此有其他學者提出不同之看法（張春興，2013）。

1938年坎農（Cannon）和巴德（Bard）的坎巴二氏情緒論（Cannon-Bard theory of emotion），主張引起知覺的刺激情境會由感官同時產生兩股衝動，一個送至大腦皮質以知覺刺激情緒；另一個送達身體器官以產生生理反應或準備狀態，情緒反應乃是由大腦的覺知所掌控。斯辛二氏情緒論（Schachter-Singer theory of emotion）則強調個體對自身的生理變化與事件兩方面的認知，都是造成情緒反應的原因，因此又稱為情緒歸因論或情緒二因論（two-factor theory of emotion）（張春興，2013；傅小蘭，2016）。

1974年索羅門（Solomon）提出情緒相對歷程論（opponent-process theory of emotion），認為人類很難同時掌握完全相異的兩種情緒，由於大腦中某個主管情緒的組織，在某種狀態之下，會出現截然相異的情緒反應，然而這兩個對立之情緒並不是同時出現，而是個別發生，結束之後會再次回復平靜之狀態。除上述四項論之外，認知論學者拉扎勒斯（Lazarus, 1993）提出認知評估論，認為在情緒過程中最重要的因素是認知評估的作用，當面對外在的刺激時，個體會對其加以評估，判斷對個體具有何

種意義及重要性，以作為後續行動參考依據。而這種評估是不斷進行的、多回合的，一般分為初評、次評和再評，透過對情境的再評估產生應付策略（傅小蘭，2016；Strongman, 1996）。

二、認知心理治療家的情緒理論

艾理斯（Albert Ellis）是美國著名的認知心理治療家，於1955創立理性治療（rational therapy），他所提出的情緒理論頗具實用價值。艾理斯認為影響人類心理過程有三個關鍵環環相扣，分別是認知（包括理性與非理性信念）、情緒、行為結果；人們的情緒，是源自於他們的認知；事件本身並不會使人產生情緒，而是人們心裡對這件事的看法挑起了情緒。人們最常見的六種非建設性負面情緒為：焦慮（anxiety）、羞恥（shame）、憂鬱（depression）、罪惡感（guilt）、憤怒（anger）、傷害（hurt），這些非建設性的負面情緒來自於我們的非理性信念，造成一些沒有幫助的行為結果。理情行為治療學派會運用駁斥（dispute）的技巧，挑戰當事人的非理性信念，使之改變為理性信念，以得到建設性的情緒與正向的結果（陳靜宜，2007）。

㈠A-B-C理論

理情行為治療的理論與實務的核心是A-B-C人格理論，如圖7-2所示，A是指引發事件（activating event），B是信念（belief），C是情緒與行為的結果（emotional and behavioral consequence）。其主要概念為情緒反應C是跟著刺激事件A所發生的，雖然A是影響C的原因，但是實際上C的產生卻是個人信念B所直接造成的結果，此稱為A-B-C理論。A、B與C之後接著是D駁斥（disputing），E是效果（effect），有了效果即表示當事人有新的情緒或感受F。理情行為治療的人格理論認為人也有能力改變想法，於是提出D。情緒困擾與異常行為都是不適當思考的產物，改變人們對事件的認知解釋之後，個人的行為與感覺就會自動改變（劉小菁譯，2008；修慧蘭等譯，2016）。

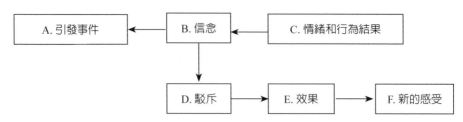

圖7-2 理情行為治療流程

資料來源：修慧蘭等譯（2016，頁340）

(二)非理性信念

艾理斯在臨床的觀察上，找出一些患有情緒困擾或適應不良的人常持有的11項非理性信念（irrational beliefs），這些非理性信念是由以下三項「必須」產生出來的衍生物：1.我必須在重要的表現和關係中成功，否則我就是不成熟且無價值的；2.其他人必須要對我很關心很公平，否則他們就是壞人且活該被罰；3.我生活的世界必須絕對舒適愉快，否則我沒辦法忍受。如果個案經常以內在對話的方式強調非理性的信念則會導致自我挫敗的行為，個人因而覺得沮喪、無能。需要加以駁斥的11項非理性信念如下（劉焜輝編，2000；Ellis, 1973）：

1. 在自己生活環境中，每個人都需要被周圍的人所喜愛和稱讚。

2. 一個人必須能力十足，在各方面都有成就，這樣子才是有價值的。

3. 有些人是壞的、卑劣的、惡意的，為了他們的惡行，那些人應該受到嚴屬的責備與懲罰。

4. 假如發生的事情不是自己所喜歡的，或自己所期待的，那是很糟糕可怕的。

5. 人的不快樂是外在因素引起的，個人很少有能力控制憂傷和煩惱。

6. 對於危險或可怕的事情必須非常關心，而且應該隨時顧慮到它會發生的可能性。

7. 逃避困難與責任要比面對它們容易。

8. 人應該依靠別人，而且需要一個比自己強的人做依靠。

9. 人過去的經驗對現在行為是重要的決定因素，因為過去的影響會

繼續是無法消除的。

　　10.人遇到的問題應該都有一個正確、完善的解決途徑，如果無法找到那將是件糟透的事。

　　11.人可以從不活動和消極的自我享樂中，獲得最大的幸福。

第二節　青少年情緒特徵與困擾

　　青少年經常被視為一段充滿叛逆的時期，因為其主要特徵包括衝動的行為、波動的情緒、質疑規則與權威、拒絕接受成人世界的信念與價值觀。霍爾（Hall）曾經提出青春期為狂飆期，他認為這是由於在此時期必須承受巨大壓力所致，壓力主要來自於青少年必須調適在生理、認知與情緒等各方面顯著的變化，並且致力於準備承擔成年後的各項責任（高振耀，2008）。但並非青少年均身處痛苦或是動盪，大部分還是能平順地經歷這段過渡期。本節即在探討青少年的情緒發展特徵，以及青少年常見的情緒困擾，以期父母及教師能對青少年的情緒發展有更深入的了解。

壹　情緒發展的四個時期

　　皮亞傑在認為認知發展的過程中，認知與情緒有著互為因果的關係，認知的發展也會產生積極的情緒狀態，以此觀點來解釋情緒的發展過程。青少年情緒的發展和認知發展一樣，也是具有階段性的發展，皮亞傑認為認知的發展也會產生積極的情緒狀態（劉玉玲，2016）。依據艾琳伍德（Ellinwood）於1969年與皮亞傑的研究，情緒的發展可分下列四個時期（引自王煥琛、柯華葳，1999；劉玉玲，2016）：

一、出生至2歲時期

　　觀察嬰兒和幼兒可發現，他們的情緒是具有爆發性的。情緒的狀態表現為全有或無的型式，即平靜和爆發互相交替，而且內部情緒和外部事物

是不可分離的，就如同主觀和客觀的現實看起來都是一樣。所以在表情方面，都以身體運動和口頭發聲為主要工具。

二、2-7歲時期

在這個時期，發現其情緒與外部事物分離的意識性增加了，外部世界被視為有感情的，但這種感情是由兒童直覺反射上去的。而且以「前運思時期」兒童的表現性的智能，已可以體驗到對不在面前的人、事、物的情感。他們的符號思維可以透過遊戲、模仿和語言來表現情緒。

三、7-11歲時期

此時期無論情感的內部世界或者事物的外部世界，都被賦予獨立的地位，不過還有一些勉強罷了。即令情緒是由於特殊的人或情境而產生，通常更多把情緒看做是一個人的內心體驗。由於具體運思、推理而出現了多種心理能力，因而更能表現比較精細的情緒了。

四、11歲以後時期

青少年時期開始，主觀和客觀世界已被明確地劃分出來，情緒完全是屬於個人和內部事件，亦即他們開始會隱藏或隱忍自己的情緒。因為情緒能獨立於外在世界而發生，所以情緒更能自主化。由於認知形式運思的發展，思想和感情能夠進一步從熟悉的、具體的而產生至抽象思考。新的感情能夠根據假設的人和事物創造出來，這種感情不附屬於某個特殊的人物或只限於物質現實的聯繫，而是附屬於社會現實或主要的精神現實，例如關於個人祖國的、人道主義的、社會理想的，以及宗教的情感。

 ## 青少年情緒的特徵

青少年面臨生理、心理上的劇烈變化，對父母的活動參與逐漸減少，父母的影響力也逐漸被同學、同儕等朋友所取代，在人際互動交互作用下，產生了許多的不同情緒。加上青少年自我意識迅速發展，為他們的情

緒發展增添一圈獨特光環，因而青少年情緒起伏的強度與程度有較劇烈的改變，且具有主觀的感受色彩。國內外研究指出，青少年的情緒有其特徵並可以解讀，包括以下五項（王煥琛、柯華葳，1999；黃德祥，2005；劉玉玲，2016）：

一、延續性

是指心境與情緒體驗的延續時間，幼兒發怒不超過5分鐘，但青少年可長達數小時。兒童期及青少年早期的情緒具有易激性、易發性、易感性及易表現性，情緒發作延續的時間較短。但到了青少年中期的高中階段，情緒爆發的頻率降低，再加上情緒的控制能力提高，情緒體驗時間延長，穩定性提高，從而出現情緒反應心境化的趨勢，心境（mood）是一種比較微弱而持續時間比較長的情緒狀態，這種延長表現在兩方面，一是延緩做出情緒反應，二是延長情緒反應過程。

二、豐富性

青少年的表達與理解能力愈臻成熟，因此對於許多細微的事情會有相當多的想法，一點點小事都可能碰觸到他的痛點。青少年的情緒是多元複雜的，有時候會有很幼稚的情緒表現，但一會兒又會有成熟的情緒表現。他們的情緒強度不一，有不同的層次，且各種情緒在青少年身上可能同時存在著，他們處於一個紛繁多雜的情緒世界。

三、差異性

是指個別情緒發展、情緒智慧、個性、自我感知及性別的差異。例如：負面的情緒下，男生會比較傾向於發怒，女生則傾向於表現出悲哀和懼怕。在日常心境的感知，樂觀解釋型態的青少年容易用正向情緒面對挫折，而悲觀的學生則是易被悲傷、憂鬱所感染。

四、兩極波動性

雖然青少年的自我控制能力漸長，但因身體、心理等各方面的發展未臻成熟，社會歷練不夠，對未知的不確定欠缺安全感，若熟悉的事物或慣性改變，情緒會有兩極化的現象，例如當他們成功時容易得意忘形，挫折時容易垂頭喪氣；或者是同學之間在開玩笑但是有人卻突然翻臉。

五、隱藏性

隱藏性或稱文飾性，青少年由於社會化逐漸完成，人際溝通互動能力較以往提升，可以預測他人的情緒反應，以避免尷尬的情境出現，也能根據特有條件、規範或目標來表現自己的情緒，以致形成外部表情與內部體驗的不一致性。例如：青少年常用面無表情來文飾自己尷尬的事情，以免被同儕或成人看出。

 ## 青少年常見的情緒困擾

青少年的情緒變化主要與負面情緒的增加有關，負面情緒的增加受到很多因素的影響，例如壓力、飲食習慣、性活動、社會關係等，環境經驗對青少年情緒的影響更勝於荷爾蒙的變化，而壓力事件中影響最大的莫過於升上中學或初嘗戀愛滋味（陳增穎譯，2022）。王淑俐（1995）對國中生的研究發現，青少年在生活中有較多的負面情緒，男生在憤怒、挫折、羨慕及焦慮情緒較多，女生則在煩惱、憂鬱、自卑及悲傷較頻繁。負面情緒會影響認知決策、行為表現、身心健康及人際關係，並造成知覺偏狹，以致讓青少年陷入情緒困擾之中（張德聰等，2006）。以下說明五種青少年比較常見的情緒困擾。

一、憤怒

憤怒（anger）是一種不愉快的情緒狀態，是敵意狀態的一種，一般歸為負面情緒，青少年的憤怒可能導致攻擊、敵意和暴力等負面結果，因

此被歸為負面行為；但憤怒情緒並非完全都是負面，若青少年將其運用到有建設性的方向，憤怒情緒也可激發出不少具價值性的行為，此即正向的憤怒情緒表達（Strongman, 1996）。憤怒這種情緒表達方式，大致上是難以用理性駕馭的，雖然生氣的過程往往只是瞬間，卻會導致意想不到的行為後果，例如暴力攻擊行為；但如果一味選擇逃避或壓抑的方式來表達憤怒情緒，那麼憤怒就會損耗其生命力與健康（劉麗芳、陳志賢，2021）。青少年在憤怒情境中都有其習慣的反應方式，而這些不同處理憤怒方式的背後，皆有其個人特質差異的背景成因。然而憤怒常常是導致暴力行為的直接因素，尤其是具有易感憤怒特質的青少年，往往會因憤怒而衍生身體或言語的攻擊行為。研究指出青少年在表達憤怒時，不僅容易出現較多蓄意和敵意的外顯反應，並且也常藉由欺凌弱小來維持身體自尊（physical self-esteem），因而憤怒被青少年視為展現男子氣概，或是藉以掌控環境和受害者的一種手段；相對地，時常被欺凌的青少年也會因此誘發憤怒，而採取激烈手段尋求報復（甘孟龍，2013）。

青少年階段男生女生在憤怒情緒的體驗與表達一直是相關研究領域所感興趣的議題。實證研究對於性別差異考驗卻常有不一致的發現，有愈來愈多研究顯示男女在面對特定情境所產生的激怒程度並沒有差別，但當下反擊卻是常見反應。在憤怒表達的方式上，男性對刺激情境會表現出明顯而具體的行為和敵意；女性則傾向透過人際關係的排擠、言語中傷來貶抑對方的自尊和同儕關係為目的（甘孟龍，2013；劉麗芳、陳志賢，2021）。

二、罪惡感與羞愧感

罪惡感（guilty feeling）屬於較高層次的情緒，不同於快樂、恐懼等原始、本能的情緒，它包含著更多認知與判斷。罪惡感相關的研究，大致可分成兩個方向：第一種是探索由事件或特殊情境所引起的罪惡感，例如性侵受害者、喪親者或分手失落者等在調適過程中的情緒經驗；第二種則從發展及社會文化之角度來看罪惡感的形成與影響，如兒童的道德

與情緒發展、信仰與罪惡感之關係等（何端容、楊明磊，2013）。罪惡感的焦點放在犯錯行為上，當事人後悔做了某些事，期望有所補償。羞愧感（shame）是一種自卑（inferiority）情緒，涉及對失敗的知覺與不符合內在的標準，而將責任歸因於整體自我的缺失，因而感到痛苦、無價值感、希望躲藏、逃避或報復。因此，羞愧感易引發逃避反應，而非面對問題（陳金定，2008）。羞愧感時常伴隨著罪惡感出現，故羞愧感常被拿來與罪惡感合併討論。適度的罪惡感使人表現出較多利他、利社會之行為，而低程度的罪惡感，個體有會表現出麻木、缺乏情感、品行疾患。但過度的罪惡感個體容易出現自我苛責、壓抑、憂鬱、焦慮等內在問題。罪惡感與羞愧感這兩種情緒都是發生在自責的脈絡下，過多的罪惡感或羞愧感會引起自責，而罪惡感或羞愧感的發生，必須把怪罪的矛頭指向自己，才會產生這一系列的情緒感受（何端容、楊明磊，2013）。陳金定（2008）的研究發現羞愧感與憂鬱症狀有直接關係，而罪惡感必須透過羞愧感才能影響憂鬱症狀。

香港一份研究報告顯示，在過去一年內，每10名中學生便有4名遭受至少1次網絡性虐待，相當於超過13萬名香港中學生受害。當中有5%學生曾在他人施壓下，非自願地在網上做出性舉動，可見網上兒童性虐待比現實生活的性虐待更常見，影響的青少年更多也更年輕。受害者會憎恨施害者，也會憎恨自己，他們會覺得羞愧，質疑自己的行為是否有問題。他們為了避免再次受傷害，在行為和感情方面會刻意孤立自己，避免跟別人接觸。受害者亦有可能因此患上焦慮和抑鬱，甚至自殺（劉妙賢，2022）。

三、焦慮與恐懼

恐懼（fear）是感到自己可能受到傷害的一種不安情緒反應，如果個人感到恐懼，但又不能清楚地確認恐懼的來源時，則稱之為焦慮（anxiety）（溫世頌，2003）。焦慮情緒是青少年常見的負向情緒特質之一，適度的焦慮將能激動個體產生足夠的能量，因應內外在環境的要求，然而過度的焦慮卻會影響個體的認知思考功能，產生心理及生理上的不適感

受。近年來發現青少年焦慮情緒有逐年增加的趨勢，他們往往因焦慮情緒所引發的生理不適反應而至醫院就醫（葉在庭，2001）。

　　焦慮在心理症狀方面通常伴隨著心情上的不安、易怒、感覺被綁住，注意力無法集中、腦中時常一片空白、對恐懼過度解釋、自我脆弱且自我效能降低，導致依賴心增加、逃避社會情境等，在生理反應方面則出現自主神經系統過度激發的現象，例如：發汗、發抖、寒顫、暈眩、心悸、口乾、煩躁、呼吸困難等。焦慮有時發生在特定情境，例如考試、上臺演講，而一般在青少年常見的焦慮是與人際交往有關的緊張不安，導致自尊與自信心的降低，因此焦慮造成人際關係的障礙，使他們無法在社交場合自在表達、行為受到拘束、課業受到影響，嚴重的情況甚至會導致學校畏懼或拒學症，引發青少的逃學、逃家、打架、說謊等偏差行為。對於青少年來說，人際關係的培養成為核心的發展任務，若此時因為個體的焦慮而造成社交方面的障礙，不但使青少年無法順利建立同儕關係，也使他們無法擁有充足的社會資源（葉在庭，2001；張綺瑄、戴嘉南，2009）。

四、失落

　　失落對每個人來說，是生命中必經的過程，不論是遺失東西或是離開親人都會造成不同程度的影響，是無法避免的，也是一個健康人常有的經驗。失落也可說是一種感情被剝奪的狀態，而悲傷（grief）則是失落的一種自然反應，是失落後所承受痛苦的經驗。以青少年為對象的研究發現，父母離婚或死亡、親人或親密朋友的死亡、與愛人分手、寵物死亡等情況，往往會產生失落哀傷的情緒。研究也發現生命早期的失落事件（包含父母離婚或死亡），與成年時期的憂鬱症狀有關；甚至引發個人在外顯行為上的問題，包括酒癮、人際關係問題、心理壓力過大、生理病徵出現，以及較高的自殺傾向等（黃淑清、修慧蘭，2003）。尤其是女生、晚期的青少年、社經地位較低、少數民族的青少年更容易增加危機的可能性（呂羿慧，2011）。

　　青少年在發展浪漫愛的過程中，許多人都曾有過失戀、分手的經驗，

分手是戀人之間關係的惡化、中止以及逝去所造成的狀況，也可以算是一種「失落」的狀態。在分手的初期難免會產生許多不同的負面情緒，這些情緒都是很正常的反應，情傷者須接納自己的情緒狀態，開始展開復原的心路歷程，以期早日走出沮喪、難過、痛苦、悲傷的困頓經驗。青少年若長時間走不出情傷經驗，則需要尋求輔導教師的協助（林峰儀、鄭群達，2015）。

五、憂鬱

憂鬱為一種複雜心理感受，一般分別從認知、生理、行為及情緒四個面向來解釋憂鬱，例如在認知向度出現無望、悲觀；生理向度有失眠、體重減輕；自我行為向度出現打架激躁行為；情緒方面則有沮喪、悲傷、負向情緒。憂鬱是一種長期性的情緒困擾，在情緒方面，憂鬱情緒通常出現長期性憂傷、焦慮、憤怒及沮喪的感覺（賴慧敏、鄭博文、陳清檳，2017）。

㈠憂鬱的分類

學者在探討「憂鬱」此一概念時，主要可以分成三種方向，分別代表不同的憂鬱內涵與特徵（邱硯雯，2019；賴慧敏等，2017）：

1. 憂鬱情緒

視憂鬱為一種情緒現象，其發生並不一定需要維持或累積一定時間，而是就非特定時間的心理狀態出現悲傷、沮喪或心情低落等情緒反應，即稱之為憂鬱情緒（depressive mood）。例如青少年失去了某一個重要的人際關係，或者在某一項重要的任務上失敗，因此在某一個時間點出現了悲傷、不快樂或情緒鬱鬱寡歡。

2. 憂鬱症候群

憂鬱症候群（depressive symptoms）認為憂鬱係由一連串的症狀組合而成，主要有憂鬱症狀與焦慮症狀兩類，並且連帶包含部分的行為症狀。例如感到孤單、哭泣、害怕失敗、追求完美、感覺沒人愛、覺得自己沒用、緊張、恐懼、內疚、多疑、悲傷和憂慮。

3. 憂鬱症或憂鬱疾患

憂鬱症或憂鬱疾患（depression or depressive disorder）來自於精神病理學和變態心理學的領域，強調診斷系統的依據，其確診須包含特定的症狀與持續時間，對個體的基本生活功能有一定程度的影響。主要是由精神科醫師評估憂鬱症狀出現的持續時間和嚴重程度，青少年可能被診斷出現重度或輕度憂鬱症。

㈡憂鬱與自殺關係

國內外研究顯現青少年憂鬱與其自殺傾向之間有密切的相互關係，如菲爾德等（Field, Diego, & Sander）於2001年的研究顯示憂鬱程度高者有較多自殺意念，自殺死亡個案約有七成符合憂鬱症診斷，21%的憂鬱症患者有自殺過去史，其中15%死因為自殺死亡。另一項在美國中西部針對220位六至十二年級中學生所做的憂鬱情緒與自殺意念研究，結果顯示57%中學生呈現憂鬱，33%有自殺意念，6%曾嘗試自殺；有憂鬱症狀的學生中，49%並未求助（引自王洒燕等，2011）。國內學者陳怡樺等人（2004）以1,338位12-18歲青少年為對象的研究指出，在自殺意念方面，高度憂鬱較中、低度憂鬱有顯著較負向的生存意願與負向生存價值；高中生無論性別，具高自殺意念者比低自殺意念者有較高的憂鬱症狀，且更常採用消極的因應方式，是以高憂鬱青少年是最應接受早期介入的。

㈢社會支持與憂鬱

邱硯雯（2019）探討經濟弱勢青少年的教師支持對憂鬱情緒之影響程度，結果顯示教師支持與自我概念皆可顯著地負向預測憂鬱情緒，教師支持可顯著地正向預測自我概念，教師支持需透過自我概念進而影響憂鬱情緒。在青少年階段教師扮演著舉足輕重的角色，學生除了與家長相處之外，生活中的重要成人是在學校朝夕相處的教師，故教師支持對於青少年的心理健康有一定程度的影響力。教師、父母與同儕朋友所構成的社會支持，對於青少年能提供照顧與保護的功能性，對降低憂鬱情緒的負面影響有很大的助益（邱硯雯，2019）。

第三節 青少年的情緒調節與情緒智慧

　　情緒影響個人身心健康、行為表現、社交關係與人格發展，青少年因為身心急速變化，各種發展壓力接續而來，因此容易情緒不穩。青少年情緒壓力之成因，主要來自以下幾方面：1.身心快速成長帶來之壓力；2.親子衝突增多；3.學習與升學之壓力；4.異性交往之壓力；5.同儕相處之壓力；6.社會期望之壓力；7.一連串抉擇之壓力；8.青少年本身之人格特質（陳金定，2015）。黃曉瑜（2004）研究結果發現高中職學生憂鬱的事件有：父母失業、家庭暴力、同儕依附關係、父母親子關係、父母管教態度、物質使用、對未來茫然無所適從、自己不夠吸引人、與男女朋友有感情困擾、女朋友或自己懷孕、學校考試多、聽不懂上課內容、胃頭經痛等煩惱、常生病請假等。要紓解這些情緒壓力，要從學校的情緒教育著手，情緒教育包含情緒調節與情緒智慧兩方面，本節分別探討這兩方面的做法。

 壹　情緒調節

　　情緒調節（emotion regulation）是指個體如何去調整因刺激而引發的情緒反應的一系列歷程，此歷程包含了情緒的潛伏期、發生時間、持續時間、行為表現、個人感受、生理回應等動態的過程。至於情緒調節的策略，除了控制、維持、抑制外，也應包括覺察、了解、接納、有意願去經歷負向情緒的能力，及能根據情境調整情緒強度與維持的策略（張景嘉、陳晼蘭，2017）。情緒調節可分為情緒取向與問題取向因應策略，前者不在於改變客觀外在環境，而是改變個體的主觀情緒認知與解釋；後者則在於調整或改變外在環境或問題本身，藉由獨自解決問題、尋求他人協助或謀求共同解決問題，以消除或減輕情緒的緊張或不安（王春展，2006）。王春展（2006）歸納出高中職學生的情緒調整策有下列八種：1.尋求（給予）支持：例如找人（聽人）抱怨、發牢騷，或哭訴等；2.放鬆分心：例如聽音樂、運動、散步、睡覺、看電視電影，或做自己喜歡的事等；3.間

接宣洩：例如遷怒、丟東西、摔東西，或打布偶等；4.報復攻擊：例如直接責罵對方，或毆打對方等；5.正向思考：例如想愉快的事物、懷抱希望、合理化或往好處想等；6.逃避遺忘：例如不理會、迴避、不思考，或刻意忘記等；7.自我控制：例如壓抑情緒、控制情緒或隱藏情感等；8.問題解決：例如針對問題來尋求解決，獨自處理或是找人幫忙。這些策略的利弊得失見仁見智，其中以報復攻擊較富爭議性，雖然可以發洩情緒但也容易引發事端或傷害，有些策略儘管可以暫時減輕焦慮，但是不一定健康與適當，實質或長期效果仍有待三思。較具體可行的做法有以下幾項（陳金定，2015；黃絢質，2020，2021）：

一、轉移注意力

這種策略適用前期的選擇性注意階段（early attentional selection stage），亦即從情緒訊息處理歷程中抽離出來（disengagement），最常見的就是轉移注意力（distraction），例如暫時從壓力情境中轉移注意力去做些家事。這種情緒調節策略適用的時機為高強度負向情緒之狀況，例如個人極度悲傷時、當沒什麼情緒調節策略可選擇時。然而，這種情緒調節策略的隱憂是：因為個人避開了訊息處理歷程，可能不利於達成個人長遠的目標與適應。轉移注意力不一定只適用情緒出現之前，情緒出現之後也可以用，藉著將注意力放在別處，不讓自己繼續鑽牛角尖，可將注意力轉移到令自己愉悅的事物上，或是聽音樂、運動、寫日記等方法，也可調適情緒。

二、認知重新評估

第二種是後期的語義性意義階段（late semantic meaning stage），亦即將情緒訊息進行精緻化的處理、評估，以改變情緒的意義，最常見的就是認知重新評估（cognitive reappraisal），評估起因事件、個人想法、資源、目標、環境等因素。例如理情治療法將非理性想法視為情緒困擾的成因，改變想法有時候可以轉化負面情緒。這種情緒調節策略適用的時機為低強

度負面情緒之狀況、當有其他的情緒調節策略可選擇時，以及當情緒刺激出現的次數比較少時。假若個人缺乏認知重新評估策略的技巧，卻又頻繁使用該策略去因應壓力，在「不會用又一直用」的情況下，該情緒調節策略便無法發揮適應性的功能。

三、正向情緒的追求

正向情緒的追求（positive emotion seeking）包括以幽默、休閒活動或自我接納來維持個人滿足、平靜、愉悅的情緒。當面臨負面情緒的經驗時，在維持個人自尊的情況下，將那些不愉快的氣氛與焦慮經驗進行評估，或是尋求人際之間的情緒支持。

四、選擇及調整情境

選擇情境（selection of the situation）是指趨近或避開影響個人情緒的特殊人物或情境，例如逃避引起不愉快的情境或是避免與某人談論某個主題等；調整情境（modification of the situation）是調整所處情境以改變其對個人情緒的影響，例如想專心讀書，但家中電視聲音或講話聲太大，可以請家人調降音量，或是去圖書館讀書。

 情緒智慧

情緒智力與情緒智慧基本上是可以混用，本書視為同一概念。在高曼（Goleman, 1995）所著的《情緒智慧》（EQ）一書中，提出「情緒智力商數」（emotional intelligence quotient, EQ）此一概念，但「情緒智力」要化成「情緒智力商數」並不容易，因其不似「IQ」可用標準的智力測驗來測量，情緒智力包含許多抽象的性格特徵和社交技巧，不容易測量出來。「情緒智慧」一詞在1985年提出，薩洛維和邁耶（Salovey & Mayer, 1990）融合社會智慧、人際智慧和內省智慧等多元智力的概念，提出情緒智慧內涵及理論後，才受到學術界重視，而直到高曼的書出版後，有關情緒智慧的相關研究才蜂擁而出（陳李綢，2008b）。

一、情緒智慧內涵

在薩洛維和邁耶（Salovey & Mayer, 1990）的早期研究中，認為情緒智慧是能覺察自己與別人感覺與情緒，並能區辨情緒之間的不同，進而能處理情緒並能運用情緒訊息來引導個體思考與行動之能力。高曼（Goleman, 1995）認為情緒智慧是自我激勵和勇於面對挫折、控制衝動和延宕滿足、調節情緒和正向思考，以及具有同理心和希望的能力，因此包括認識自己的情緒（自我覺察）、妥善管理自己的情緒（自我調節）、自我激勵、認知他人的情緒（同理心）、人際關係的管理等五大能力。

心理學家薩爾尼（Saarni, 1997）亦提出「情緒能力」（emotion competence）的概念，也就是情緒調節成熟者所需具備的能力，包括：1.覺察個人的情緒狀態；2.能辨識他人的情緒；3.能使用自己文化的情緒語彙；4.能對他人的情緒狀態持有同理心；5.能適當表達自己的情緒；6.能因應不舒服的情緒；7.能做良好情緒的溝通；8.能掌握情緒的效能，即有能力調節負向的情緒，並能保持平靜、愉快的心境。

由上述的討論，可知情緒智慧的內涵也就是個人情緒管理的能力，消極方面在避免情緒失控，積極方面在增強情感能力，可再細分為四項主要能力：1.情緒覺察；2.情緒調整；3.情緒表達；4.情緒運用（陳金定，2015）。相關的實證研究結果，均可證實情緒智慧的高低會影響青少年的情緒與學習。黃韞臻和林淑惠（2009）對大學生的研究，發現大學生情緒智慧以「察覺自我情緒」得分最高，而「自我激勵」得分最低，情緒智慧愈高的大學生，其生活壓力愈小。王春展（2006）對高中職學生的研究發現，不同性別的情緒智慧有顯著差異，而情緒智慧與憂鬱傾向之間呈現顯著負相關，整體高中職學生的情緒智慧呈現中等以上程度。莊月麗和李城忠（2022）對國中七至九年級的青少年進行研究，結果驗證情緒智商對學習效能有正向影響，而其中以「正向激勵」影響最大，其次為「情緒反省」，最後為「情緒認知」。

二、社會情緒學習課程

為改善兒童及青少年的社會情緒發展，「社會情緒學習」（social emotional learning, SEL）的課程近年來在美國受到重視，2015年美國聯邦政府即通過「學業、社會與情緒學習法案」（Academic, Social, and Emotional Learning Act of 2015），在國中小學內推動SEL課程，讓學生習得SEL的相關知識、態度與技巧（黃絢質，2020）。社會情緒學習包含五大核心能力，而這些能力與上述的情緒調節、情緒智慧的內涵有異曲同工之妙，主要目的在增進青少年對自我與他人的了解、注意力調整、管理自我情緒與認知，以發展出合宜的壓力因應策略。以下分別說明五大核心能力（劉宗幸，2021）：

㈠自我覺察能力

能覺察自身情緒、思考，與價值觀，以及它們在不同情境下對自身行為的影響；能了解自己優缺點，具備一定程度自信心。

㈡自我管理能力

能在不同情境下有效管理自身情緒、思考與價值觀，並能朝自我成長方向前進，使青少年具有延遲滿足能力、壓力管理策略、自制力、自我激勵能力。

㈢能做負責任的決定

在不同情境下能對個人行為與社交互動做出道德與安全性決定，能思考可能後果做出理性關懷與建設性決定。

㈣建立與維持關係能力

能建立維持健康支持性人際關係，具溝通、傾聽、合作與解決衝突的能力。

㈤社交覺察能力

能對不同背景與文化的人具理解與同理能力，能從社會文化脈絡下理解人的行為，並保持同理心。

自我評量 ....

一、選擇題

(　) 1. 有關青少年情緒發展的敘述，下列何者較為正確？　(A)情緒波動及變化小　(B)與文化因素無直接關連　(C)受生理因素影響而無情緒自主性　(D)情緒經驗逐漸區分出主觀與客觀世界

(　) 2. 新同學雨柔是八年級小天心目中的女神，雖然小天心生愛慕，卻常公開的嘲諷與挑剔雨柔。小天這樣的表達方式，屬於下列哪一種青少年的情緒發展特徵？　(A)隱藏性　(B)差異性　(C)延續性　(D)兩極波動性

(　) 3. 八年級的明帆情緒控制差，教師在綜合活動課程播放適切表達情緒的影片，或請同學用角色扮演練習情緒表達，這是下列哪一種方法？　(A)示範法　(B)空椅法　(C)洪水法　(D)系統減敏感法

(　) 4. 小華的爸爸拒絕買小華想要的變形金剛玩具，小華就告訴自己：「我根本就不喜歡變形金剛。」小華的情緒調節處理屬於？　(A)情緒性處理　(B)認知性處理　(C)行為性處理　(D)表達性處理

(　) 5. 情緒智商（EQ）被視為是心理健康的指標。下面哪一項描述符合Goleman（1995）所稱的具有「自我動機」（motivating oneself）的人？　(A)能了解自己的情緒並且能在適當時機應用　(B)能夠自我控制衝動、延宕自己的需求，同時具有相當的創造力　(C)能夠將心比心，是相當有同理心的人　(D)能夠有效處理自己的情緒，使個人不致出現壓力與焦慮

(　) 6. 多元智慧論係由美國心理學家迦納（Gardner）所倡議，其中哪兩種智慧較屬於情緒智商（EQ）？　(A)空間智慧與動覺智慧　(B)人際智慧與與自然觀察者智慧　(C)內省智慧與人際智慧　(D)語文智慧與數學智慧

(　) 7. 情緒智商主要包括下列那些內容？　a.處理情緒能力　b.感情控制能力　c.處理生活能力　d.自我察覺能力　e.設身處地能力　f.自我激勵能力　(A)abcdf　(B)abcde　(C)acdef　(D)abdef

(　) 8. 小明這次段考考不好，覺得自己人生無望，所以整天躲在房間裡，

悶悶不樂，依據Ellis的ABC理論架構，下列敘述何者有誤？ (A)段考考不好，不是導致小明悶悶不樂的原因 (B)覺得自己人生無望，才是悶悶不樂的原因 (C)要改善小明不好的情緒，需要協助他改善學習方法 (D)只有改善小明的非理性信念，才能發揮治療效果

( ) 9. Ellis提出個人認知的「ABC情緒理論架構」，試問其中的「A」意指下列何者？ (A)引發的事件（activating event） (B)問題解決行動（action） (C)自動化思考（automatic thinking） (D)問題的答案（answer）

( ) 10. 有關青少年的擔憂與焦慮情緒之敘述，下列何者較為正確？ (A)青少年所擔憂的事，有些在成人看來是微不足道的事 (B)在焦慮時，個體的心跳會變慢，血壓會下降 C)擔憂和焦慮是青少年經過客觀觀察所得的感受 (D)青少年最擔憂的是未來是否有美滿的婚姻

( ) 11. 根據正向心理學觀點，以下何者正確？ (A)正向情緒是人們追求成就後的主要成果 (B)正向情緒可以擴展思考廣度 (C)不論正向或負向情緒都會激化壓力感受 (D)正向情緒會稀釋人的注意力、專注力

( ) 12. 有關失落的相關反應之敘述，下列何者錯誤？ (A)一般性的哀傷是失落的自然反應與過程，只需給予支持及時間，不需特殊治療 (B)失落的反應有個別差異，允許當事人有足夠的時間去經歷悲傷反應 (C)面對失落悲傷的事實，應避免重提事件以免觸景傷情 (D)檢視當事人的失落反應，發現明顯影響日常生活，應可協助其轉介就醫

( ) 13. 張老師在教學與班級經營時，希望增進兒童「社會與情緒學習」（social-emotional learning），因此採用下列作法：(1)每節上課前，引導同學進行正念覺察（mindfulness awareness），專注覺察自己的呼吸；(2)在國語教學時，運用情緒卡，請同學辨識課文中主角的情緒為何；(3)段考前，請同學說出自己的焦慮與擔心，並教導放鬆技巧；(4)於平日小考時，同學互相交換改考卷以及評

分。請問上述作法，何者合乎社會情緒學習的原理？　(A)(1)(2)(3)
(B)(2)(3)(4)　(C)(1)(2)(4)　(D)(1)(3)(4)

(　　) 14. 下列有關青少年社會情緒特徵的敘述，何者正確？　(A)青少年比
成人更仰賴杏仁核處理外來刺激，此處對負向情緒刺激特別敏感
(B)掌管社會情緒的神經迴路在青春期前幾乎已發展完成　(C)一般
而言，認知技術發展的敏感期比社會情緒學習的敏感期還要來得長
(D)腦造影讓我們了解打坐或冥想是無助於培養青少年同理心和慈
悲心

(　　) 15. 下列有關憤怒、罪惡感與羞愧三種情緒的敘述，何者有誤？
(A)此三種情緒都具有正向功能　(B)感到罪惡感是因為自我不好，
感到羞愧是因為行為本身不好　(C)憤怒能讓個人在面對人際關係
受到威脅時，取得自我控制感　(D)和有罪惡感傾向的人相較之
下，容易羞愧的人比較沒有同理心，比較容易生氣與憤怒

參考答案

1.(D)　2.(A)　3.(A)　4.(B)　5.(B)　6.(C)　7.(D)　8.(C)　9.(A)　10.(A)　11.(B)
12.(C)　13.(A)　14.(A)　15.(B)

二、問答題

1.請列舉青少年情緒發展的主要特徵並說明之。

2.九年級的學生面臨升學、同儕交往不順等壓力，而產生多種負面情緒。請舉
出負面情緒可能造成的五項不利影響。

3.九年級的小芬經常與同學產生爭執，也常有憤怒、悲傷等負面情緒，導師想
以理情行為治療（Rational Emotive Behavior Theory）取向來提升小芬的情緒
管理能力。請說明艾理斯（A. Ellis）的理情理論架構中之A-B-C內涵，並舉出
二項具體的輔導方法。

4.青少年在人際相處的過程中，往往會有許多負面情緒被激起。教師宜教導兒
童哪些調整情緒的策略？試列舉五項簡述之。

5.試列舉四項教師幫助青少年控制或降低憤怒情緒的策略。

6.七年級的小華跟導師說：「這次段考我的自然成績很爛，同學笑我題目這麼簡單都不會寫，我真的很笨，感覺超難過。」依理情行為學派的觀點，回答以下三個問題。(1)引發小華心理困擾的ABC架構中，A、B、C分別代表何者？(2)導師在協助小華了解ABC架構後，可以採取何種作法改善小華的負面情緒？(3)如果導師的輔導有效，小華的信念或想法可能會有什麼改變？

7.學校發展「社會情緒學習」課程可以增進學生何種能力？

第八章

青少年社會關係
的發展

　　社會關係所包含的範圍相當廣泛，例如親屬關係、工作關係、朋友關係、同鄉關係、同窗與校友關係、鄰居關係、社團成員關係等，其中親屬、朋友、工作關係在個人的社會關係網絡之中居於核心地位（林南、陳志柔、傅仰止，2010）。因為絕大多數的青少年都在就學中，因此朋友關係主要以同學關係及鄰居關係為主，部分青少年會有工讀或打工的機會，從工作場合認識到年齡相近的朋友，這兩項關係結合成同儕關係。從同儕關係之中，再發展出友誼關係或是情侶的親密關係。本章所要探討的社會關係，主要以同儕關係為主，也就是通稱的朋友關係。至於與父母或祖父母的親屬關係，則留待第十章青少年與家庭的關係再作討論。我國非常重視青少年的社會性發展，因此對青少年社會關係研究相當重視，不僅探討社會關係的類型、品質、狀態，還關注青少年的社會關係與青少年自尊、心理健康、問題行為、適應性之間的關係（王榮、佟月華、孫英紅，2021）。之所以重視這項議題，原因之一是青少年在社會發展上有一項重要任務是：即學習與異性交往的方法及技巧，並有益於未來擇偶與婚姻的成功（張春興，2007）。心理學家對社會關係的主要興趣，是在探究人與人之間友誼與愛情的建立是經過怎樣的心理歷程，本章整理相關文獻，分別探討有關社會關係發展的相關理論、同儕關係發展及親密關係發展。

第一節　社會關係相關理論

　　本節分別要介紹三項理論：沙利文人際關係理論、鮑爾比（J. Bowlby, 1907-1990）依附理論及薛爾曼（R. L. Selman）社會認知發展理論，前兩項同樣是受到精神分析論的影響，與青少年的親密關係發展有關聯。第三項理論屬於認知理論的觀點，包含兩項次理論，分別探討人際之間的了解及友誼發展。

沙利文人際關係理論

　　沙利文是美國心理學家和精神病學家,是新佛洛依德主義的代表之一,也是人際關係理論(interpersonal theory)的創始人,他以人際關係的理念解釋人格發展,也以人際關係的理念從事心理治療。他認為人格無法獨立於人際關係之外,人格必須依附在具有人際關係的社會情境中才能發展,所以人格是人際關係相互作用的結果。這樣的論述放棄了佛洛依德強調個體的內部心理機制(本能驅力)決定的內部心靈的觀點,轉而強調人是由社會因素決定的觀點。他認為人際關係是塑造人格發展與適應的重要因素。在個人與社會情境的互動中,形成對自己及他人的社會知覺,這些個人主觀的知覺又會影響我們在因應人際衝突與焦慮時的行為動機,構成所謂的自我動力(self-dynamism),然後再構成自我系統。自我系統(self-system)一旦形成,就成了個體的一個篩檢程式,它就會將可能引起焦慮的經驗過濾掉,而只允許那些不引起焦慮的經驗進入個人的意識中(郭本禹,2017;Sullivan, 1953)。他將人格的發展劃分為七個階段,並從人際關係特點上對每個階段的內容作了詳細說明(郭本禹,2017;Morgan, 2014):

一、嬰兒期

　　從出生至1歲,這時期餵奶為嬰兒提供了人際關係中最初的原始經驗。口腔區(oral zone)在這個階段最為重要,它與呼吸、餵奶、哭、吮吸手指等功能密切聯繫,是嬰兒與環境之間的人際關係場域。

二、童年期

　　約從1到4歲,兒童有能力發出清晰的聲音到學會尋求玩伴。在這一階段,只要父母透過獎賞和溫柔體貼,即可幫助「好我」(good-me)人格的發展;但如果兒童對溫柔體貼的需要被父母所拒絕,「壞我」(bad-me)成分將最終支配自我系統。除了與父母的關係之外,這一時期的兒童還有另外一種重要的關係,即與假想玩伴的關係,例如兒童有時和想像

中的朋友說話，在床上給他想像的玩伴留個位置。

三、少年期

少年期（juvenile）大約是4-8歲，從進入學校生活，開始親近同性同伴。少年須學習適應教師等新的權威人物的要求、獎賞和懲罰。少年開始學習與同輩相處，並且介入競爭與合作的社會化過程。少年在這一階段末期獲得與其他人相處的知識，包括精確了解人際關係及適當的相處之道。

四、前青少年期

前青少年期（preadolescent）大約是8-13歲，與同性別朋友發展親密、合作和愛（lovingness），這個密友時期是以後發展親密感的原型，親密和愛成為友誼最重要的內容。一位有益的親密朋友，可以說服個體改變一些錯誤的觀點，如驕傲自大、過分依賴。

五、青少年早期

大約是13-16歲，是尋求與異性的親密、合作、愛和對性產生興趣（sexual interest）時期。前青少年期所產生的同性親密關係的需要在青少年早期仍然持續著，同時產生了一種對異性的性愛需要，情慾（lust）開始成為另一種驅動個體行為的動力。沙利文的情慾包括複雜的衝動、感情，以及將性行為視為遠程或立即目標的人際交往。

六、青少年後期

大約是16歲以後，情慾構成了青春期後期的主要驅動力，尋求與他人的性互動成為此時期人際關係的重點。在同性密友時期不涉及情慾或性行為，但此時期情慾成為「親密關係的汙染物」（contaminant of intimacy），因此這一時期的特別顯著的特色是親密關係和性愛的融合。青少年後期必須承擔不斷增加的社會責任，諸如工作等，人際關係也日益複雜而成熟，個體不再只把異性當作性愛對象來追求，而且能夠給予對方無私的愛。

七、成人期

成人期或青少年期之後（post-adolescence）能與重要他人建立穩定的關係，彼此的世界觀也逐漸一致。

沙利文將青少年分為三個心理發展階段：前青少年期、青少年早期及青少年後期，在前青年期中會與同性朋友間發展出特定、親密的人際關係，形成所謂的「親密動力」（intimacy dynamism）；在青少年期，青少年的興趣轉移到異性朋友上，而到了後青少年期時，青少年開始解決人際關係與「情慾動力」（lust dynamism）間的衝突，所以對青少年的發展而言，親密關係和情慾，是促進青少年社會關係發展的重要動力（黃德祥，2005）。

 貳　依附理論

依附理論（attachment theory）是英國心理學家鮑爾比（Bowlby, 1969）結合發展心理學、精神分析學派、學習論、認知論、客體關係等理論觀點而提出，用以解釋嬰幼兒與照顧者之間情感連結現象。嬰兒具有依附行為的本能，這個本能驅使嬰幼兒童依賴他認為信任且成熟的主要照顧者，進而產生強烈的安全感和愛，並將依附對象視為「安全堡壘」。當照顧者不在嬰幼兒的視線範圍內，就會以哭泣、尖叫等行為來喚醒照顧者的注意。鮑爾比及後續的研究者對於嬰幼兒與照顧者之間的關係投入長期的觀察與研究，進而提出實證研究以支持鮑爾比的理論，並將依附型態分為四種類型：1.安全依附型（secure attachment），特徵為嬰幼兒與照顧者互相信任。2.逃避依附型（avoidant attachment）可細分為焦慮—逃避依附型（anxious-avoidant attachment）和焦慮—抗拒依附型（anxious-resistant attachment），前者與照顧缺乏感情聯繫，照顧者有沒有在現場沒有差別；後者原本稱為矛盾依附型（ambivalent attachment），與照顧者分離會表現不安，但回來後卻表現憤怒。3.難以分類的混亂依附型（disorganized-disoriented attachment），屬非安全型的依附。這四個依附型態（attachment style）只有第一種是安全依附，其餘三種皆為不安全依附（Steinberg, 2017）。

依附理論應用到青少年和成人愛情關係，主要是哈珊與薛佛（Hazan & Shaver, 1987），他們認為成人世界中和他人互動的方式，就是嬰幼兒時期和父母互動關係的延伸。而其中約會關係就是青少年依附關係的一種展現方式，我們維持著和伴侶的接近性，將伴侶的陪伴作為我們安全堡壘。當戀人相聚在一起時，能獲得舒適又安穩的感受，就會對降低周遭給予的不安全感。哈珊與薛佛將愛情型態分為以下三種（黃苡瑄，2018；陳金定，2004）：

㈠安全型愛情

在親密關係上，安全型的信念是「我好，你好」。由於安全型小時候的照顧者能隨時知悉他的需要，滿足他的需求，而形成「別人是值得信任」的信念。同時，因為他的需要受到照顧者的重視，也讓他學會看重自己，對自己有信心。安全型的感情生活建築在「平等、互信」的基礎下，因此感情穩定，少有風浪。即使愛情無法有期望的結果，在「我好，你好」信念的影響下，也不會走入極端。

㈡逃避型愛情

逃避型的信念是「我好，你不好」，這種信念源於照顧者長期忽略他的需要，讓他在生命中的第一個親密關係上，寫下「別人是不可以信任」的記憶痕跡。逃避型雖然認為「我好」，不過這個「我好」乃相對於「你不好」而產生，實質上，對自己並沒有信心。逃避型的「你不好」，讓其對親密關係有了扭曲的看法，他不相信情人，總是跟情人維持距離，以避免感情投入過多而受到傷害。

㈢焦慮／趨避型愛情

焦慮／趨避型的愛情關係信念是「我不好，你好，可是我不確定你可不可信任」。這種信念的形成，是因為照顧者無法給他一致的對待，有時候滿足他的需要，有時候棄他不顧，造成他無法確認別人是否值得信任的

猶豫與衝突。由於照顧者的不一致態度，讓焦慮／趨避型者對自己的生命產生無法掌控的恐懼感，以及覺得自己脆弱需要依賴他人。焦慮／趨避型者出現需要依賴愛人卻又無法信任愛人的衝突，這種衝突反映在行為上，便是一方面使用各種方法保住感情，例如討好、委曲求全；另一方面要求完全掌控情人的行蹤，以安頓內在的懷疑，這種做法帶給情人過度的壓力，讓情人承受不了而想離開。

 ## 薛爾曼社會認知發展理論

　　薛爾曼（Selman, 1979）著重青少年在人際互動的社會情境中，如何由社會訊息處理過程，例如基模與推論，來感知他人的想法、感受與行動的意義。其理論稱為人際了解理論（interpersonal understanding），或稱為社會觀點取替理論（social perspective-taking）。薛爾曼（Selman, 1980）所指的人際了解包括個人、親密朋友、同儕關係及親子關係，個人在成長過程中，人際了解是一系列社會觀點取替或社會角色取替能力發展的複雜結構。他的研究重點在兒童與青少年如何區別人我的不同及友誼的形成過程。他設計一系列的社會人際衝突情境，拍成有聲幻燈片，然後要求受試者描述每一位主角之動機及各主角的友誼關係。依研究結果提出人際了解與友誼發展（friendship development）五階段理論（王煥琛、柯華葳，1999）。以下分別介紹這兩項理論：

一、人際了解理論

　　薛爾曼在經過十多年的橫斷式與縱貫式研究後，建立了人際了解的五個發展層級（江南發，2005；潘慧玲，1994；Selman, 1980）：

(一)零層級：自我中心或未分化觀點

　　零層級（level 0）是自我中心或未分化觀點（egocentric and undifferentiated perspectives），大約3-6歲，兒童處於此層級尚不能清楚地區分人的外在行動與心理狀態。雖然可以辨別他人的情緒狀態，但無法了解行為背

後的動機，故無法區辨行為是不是有意的。兒童仍未具有觀點取替能力，無法了解不同的人對於同樣的社會行為可能有不同的解釋。

㈡層級一：主觀與分化的角色取替

層級一（level 1）是主觀的或分化的觀點（subjective or differentiated perspectives），大約5-9歲，兒童在此層級已能區分人的外在行動與心理狀態。因此能辨別哪些行為是有意的，哪些行為是無意的。此外，兒童亦能知曉他人的心理狀態可能會和自己有所不同，覺察到他人可能會有不同的社會看法。在人際關係的了解上是主觀的，他們的思想或情感是單向的，兒童認為如果別人和自己有一樣的資訊，就會和自己有一樣的感覺，他們有能力推估別人的意圖、感覺與想法，但只能基於現實觀察的推論，而無法洞察別人所隱藏的真實感覺。

㈢層級二：自我反省或互惠的觀點

層級二（level 2）是自我反省或互惠的觀點（self-reflective or reciprocal perspectives），大約7-12歲，兒童開始有能力對別人的看法加以推論，知道自己與他人在同一情境中有不同的觀點，他們也具有自我反省的能力，能從別人的觀點來反觀自己的想法與行為。同時也了解他人有兩個面向：一面是明顯可見的外表，一面是真正隱藏於內心的狀態，知覺的正確性因而會受到蒙蔽。上述的這些反省僅發生於兩人的情境，兒童僅想到自己與他人的觀點，無法採納第三者的立場來思考。

㈣層級三：第三人或相互的觀點

層級三（Level 3）是第三人或相互的觀點（third-person or mutual perspectives），大約是10-15歲的兒童或青少年進入此層級，此時青少年可以區分自己的與一般人的觀點。他們有一項重要進步，當處在對立的情境中，可以站在第三者的立場看待事物，已經有旁觀者的概念，可以公斷每一當事人的觀點。青少年也了解友誼不是相互利用，而是要經過長時間交往的，知道人際的衝突是源自不同的人格特質，為避免衝突有需要去協調相互的觀點或是相互的尊重，於是會產生自制感。

㈤層級四：社會的或深度的觀點

層級四（level 4）是社會的或深度的觀點（social or in-depth perspectives），年齡在12歲至成年人，個人產生了一個新的概念：人格，領悟到人格乃個人特質、信念、價值與態度的總合，個體由於具有人格的概念，因此了解他人的思考與行動乃是信念、價值與態度等心理因素所形塑。由於有此了解，他們可以進展到更高且更抽象的人際觀點，對人際的理解由主觀轉為共同的期望，且能進行深度的溝通。此層級的個體觀點取替由兩人情境（the level of the dyad）的層次提升至涉及一個群體或社會觀點的一般社會體系層次（the level of general social system）。他們認為自己所處的社會體系乃是所有成員共同規約觀點所建構，每一個人均應考慮概括化他人（generalized other）或社會體系之觀點，以促進正確的溝通與了解。此外，這個層級的個體能比較不同制度如法律、道德制度，與自己觀點之異同。

二、友誼發展理論

薛爾曼的理論彌補過去很少提到青少年發展上很重要課題：友誼、人際關係，以及社會能力的發展這些方面。社會觀點取替是個人把自己與他人都同樣當成主體來了解的能力，亦即對他人就如同對自己的反應，並從他人的觀點來反省自己的行為。到達青少年期後，個人才能從他人的看法、群體的角度及社會的觀點來反省思考自己，因此對社會人際了解的改變，就是觀點取替能力提升的結果（江南發，2005）。薛爾曼建議提供青少年更多的社會刺激，鼓勵青少年多參與團體活動、社會服務，以擴展人際層面，學習如何與他人相處及建立友誼、維持友誼的技巧，以促進社會能力的發展（黃德祥，2005）。薛爾曼另外提出友誼發展五階段論，對應觀點取替的發展，來解釋各層級的友誼發展特性，以下分別說明之（黃德祥，2005；李逢堅，2010；Selman, 1979）：

㈠階段0：暫時性玩伴

暫時性玩伴（momentary playments），大約3-7歲，由於無法區分人

我觀點不同，玩伴通常是短暫的，所以常以借他玩具的價值為基礎建立友誼。

(二)階段1：單向的協助

此階段介於5-9歲，此時的友誼概念單方面的意識到朋友的重要性，認為好朋友是做你希望他做的事情，例如：他是我的朋友，他借我彩色筆。友誼只是單向的協助（one-way assistance），不能發展出互惠的友誼。

(三)階段2：公平氣氛下合作

這階段大約是6-12歲，這階段友誼的特徵是在公平氣氛下合作（fair-weather cooperation）。兒童能了解互惠關係與他人的觀點，可共同合作，但是與他人合作時仍然是以自私為出發點，如果互惠的關係消失或彼此發生衝突，友誼就會結束。

(四)階段3：親密與相互分享

大約是9-15歲，由兒童期轉換到青少年期的階段，其特徵是親密與相互分享（intimate and mutual sharing）。朋友可以分享祕密、情感，以及自己的想法和計畫，彼此協助解決個人問題。此階段的兒童或青少年能以較平等互惠的方式來看待友誼，可以接納朋友不同的觀點與意見，即使因意見相左而有所爭執，也不會因此破壞或終止原來的友誼關係。

(五)階段4：自主又相互依賴

此階段大約是15歲以上之青少年及成人，友誼發展的特徵是自主又相互依賴（autonomous interdependence）。青少年或成人已了解到每個人都有不同的需求，並能真正體會到即使親密的朋友，也不會凡事順自己的意思，因此為了彼此的關係必須相互尊重，適時修正自己的言行和態度，以達和諧相處。

第二節　青少年同儕關係

　　青少年時期是人生發展歷程中從「依賴的兒童」轉變「獨立的成人」的過渡階段，隨著兒童年齡的成長，其人際關係不再僅限於與父母之間的互動關係，同儕關係的重要性會逐漸增加，到了兒童期後期或青少年時期，對部分兒童來說，同儕甚至會超越父母，對其更具影響力。而對於國中階段的青少年來說，朋友關係要比親子關係、手足關係和師生關係更顯得重要。同儕對特定事物所持看法，會對個人的態度、價值觀、志向、抱負產生影響力（潘秋燕、張弘勳，2018）。本節即探討青少年同儕關係的功能、結構及影響。

 ## 同儕關係的功能

　　同儕團體除了是年齡相近外，權力、地位也大致相同，這些同儕團體具有以下的特徵：1.年齡相近，價值與需求相當一致；2.處境相似，情誼密切，有助於團結一致；3.成員平等，沒有居於絕對地位者；4.互動自由，沒有長輩權威的控制（吳康寧等，2005）。同儕關係（peer relationship）是同等地位的人互動交往的情形與程度，通常是指學生在班級同儕團體中相處互動的歷程及情況，以及受同學接納和歡迎程度（潘秋燕、張弘勳，2018）。綜合學者的觀點，同儕關係在個人社會發展方面具有以下的功能（周新富，2022b；鄭曉楓、田秀蘭，2016）：

一、協助青少年發展社會能力

　　同儕團體最重要的功能是幫助青少年進行社會化，使他們得以從家庭生活進入成人世界，從雙親庇護到獨立自主。同儕團體是學生學習社會生活中一個重要過程，個人必須在同儕團體中扮演朋友、領導者、附從者等不同角色，經歷各種新的社會角色，可以增加個人的社會成熟性。學生很多能力的培養需要透過同儕團體協助進行，包括表達自我、相互溝通、

合作競爭等能力，都有賴在同儕團體中學得經驗。經由同齡友伴的互動，可以練習社會技巧，熟悉社會關係，學習信任別人，培養與人密切交往的能力。

二、紓解青少年對社會現實的不滿

青少年的生活空間擴展，受到較大的環境壓力和成人的壓制，為了逃離這種限制和壓力，同儕團體則可提供無拘無束的自由空間；加上青少年正值叛逆年齡，在團體中青少年可對社會的不滿與抱怨宣洩出來，十分符合青少年內心反抗權威的特質。

三、協助青少年適應學校生活

由於成長中的青少年，他們很多人生經驗是不足的，又不能完全效法成人，所以同儕團體就成了非常重要的參照團體。如果認同的同儕團體是知識導向，重視學業成就，則會影響他們也跟著追求學業上的成就。其中來自較低階層的學生，透過同儕團體的共同活動，吸收新的價值觀念與行為模式，獲得向上流動的機會。

四、協助青少年尋求自我認同感

青少年時期致力於發展自我統整與尋求自我肯定，是個體自我認同形成的重要關鍵時期。在學校生活中，除了正式課程之外，學生所學到無形的價值觀念、行為習慣等，會對學生產生潛移默化的作用，而同儕團體可提供行為參照的標準，以協助青少年尋求自我認同感，例如在服裝造型方面，青少年為了找尋讓自己感到安適的自我形象，除了會考慮同儕團體對造型打扮的接受度外，也會重視自己在服裝造型上的獨立自主風格。

五、滿足青少年社會歸屬感

尊重、歸屬感和愛的需要是人類的基本需要，同儕團體的存在提供學生一個安全而沒有壓力的環境，學生就可以在團體中真實表達自我，得到

一種歸屬感。青少年之間的口語表達、髮型、穿著、音樂品味與基本社交價值觀，讓自己被視為是屬於同一團體的成員，成員表現若能符合團體的規範，更可獲得適當的自尊與地位，否則便受排斥與冷落。

同儕團體的結構

　　同儕團體一般包括兩種結構：制度性結構（institutional structure）與次級制度結構（sub-institutional structure）。前者如正式規範章程，班級的班規屬之；後者則是由於個人與個人的互動，產生某種直接性的滿足及報酬，如友誼、信賴等，這可稱為次級制度結構。次級制度結構的分析可以從個人與個人的相互吸引關係及相互排斥關係著眼，也就是學生在團體中的地位（周新富，2022b）。本小節即就同儕團體內部的結構作一分析。

一、青少年團體的特徵

　　青少年的團體與兒童期的團體有很大的差異，青少年團體的成員比較多元，除了同學、鄰居之外，還有其他青少年加入，像外校的、打工認識的朋友等；同時青少年團體不再是單一性別，而是混合性別的團體。有些青少年團體甚至會訂定明確的團體規章與制度，還會選出領導者，例如高中的學生會、藝術社團、運動社團等（陳增穎譯，2022）。

二、青少年團體的形式

　　青少年同儕團體形成的因素以「物以類聚」或「志同道合」為基礎，最常見的形式是就讀學校班級所組成的同學，從班級內部的互動會分化成幾個志趣相投的互動群體，稱之小圈圈（cliques）或「死黨」，學生可以自由選擇是否加入，通常是由同性別或同年齡所組成，人數約在2-12人，成員之間相互陪伴，分享想法。另一種形式是「群夥」（crowds），人數比死黨多，但成員不一定認識，也不一定是同校或同班，並且隨年齡的增加由同性別團體漸漸發展至異性組成的同儕團體，例如陣頭、合唱團、團契等（周新富，2016）。

三、同儕在團體內的地位

由團體運作可以發現內部成員其因所具有的權力不同，而形成不同的角色，並且決定其在團體中的地位。以最常見的班級為例，有些學生擁有合法的權威，例如擔任幹部、高家庭社經地位、擁有良好的社交技巧等，使他們在班級裡擁有很大的權力，而成為班級中的領袖，可以讓同伴順從他們，報酬是給同學微笑、禮物或其他獎賞，還可以透過脅迫、給予身體懲罰，或把他排除在小圈圈之外等方式來掌握權力。有些學生擁有魅力吸引同學的認同，有些學生被看成專家，這些學生都會發揮其在同儕之間的影響（周新富，2016）。

要分析班級內部的同儕地位，可以使用社會計量法（sociometric method），這個方法是1934年美國心理學家莫雷諾（Moreno）所創立，此法可以得知以下五種情況：1.誰是受歡迎型領導者（the popular leader）；2.誰是次明星者（co-stars）；3.誰是一般者（average members）；4.誰是被忽視者（neglecters）；5.誰是邊緣者或孤立者（social isolator）。後來發展成一項測驗工具，並可用電腦軟體輕易地繪製出班級的社會關係圖（林璟玲、林儒君，2009）。但是教師可以用簡單的「提名三人法」方式，選出被拒絕的成員，例如請同學回答喜歡和誰坐在一起、最喜歡的人是誰、最喜歡與誰一起工作等問題，分別提出三位同學姓名，這樣大致上可以了解班級的同儕地位。

李麗卿（2007）以高中某班級做個案研究，發現高中生同儕分為受歡迎、被忽視、受爭議、普通、被拒絕等五類，其中受歡迎組的特徵包含有良好的個性、具有吸引力的外表、表現出正向的行為。被同儕排斥、人緣最差的被拒絕組的特徵包括了對人驕傲態度不佳、講話太衝等言語不當、表現不當等。高同儕地位者之同儕關係對學生的正向影響，包括比較快樂、促進正向行為、學會獨立；低同儕地位者之同儕關係對學生之負向影響包括孤獨感、對事物冷漠、自信受挫、延誤課業。班級中的低地位學生容易被同學孤立，不易與同儕建立友誼，很多時間都是獨來獨往，這類學生維持友誼有困難，容易因失敗和批評而感到沮喪，教師應對這些學生，

給予適當協助。

 同儕的影響

　　親和需求（need of affiliation）是人類的一項基本需求，個體都會想要與他人建立社會接觸，雖然這項需求的強度存在個別差異，除了少數青少年，因為興趣，思考方式與眾不同，自願選擇孤立之外，大多數人都想要與同儕一起讀書、一起遊玩、不受同儕排擠。班級同學的互動是青少年滿足親和需求最主要的來源，從小學到高中，個體會持續努力於尋求同儕的接納（peer acceptance），但是有些青年卻受到同儕的孤立、拒絕，或與同儕敵對，導致感受到內心的孤寂（周新富，2016）。以下即分別探討青少年友誼、寂寞與同儕壓力。

一、友誼

　　正向的同儕關係不只會影響學習與休閒活動的樂趣，也會影響身體的、認知的、情緒的與社會的發展；如果青少年擁有正向的同儕關係，除了可以在學校內和其他人互動得更好，也為將來的社會生活做好準備。正向的人際關係即形成友誼（friendship），即雙方建立朋友關係，朋友是同儕中能夠陪伴、支持，情感比同儕關係更密切的同伴。通常友誼可以發揮以下的功能：1.朋友是情感的資源（friends as emotional resources），是玩樂和調適壓力的良好資源；2.朋友是認知的資源（friends as cognitive resources），是解決問題和獲取知識的良好資源；3.很多的社會技巧（social skills），如溝通、合作、參與團體等，都可以在友誼的脈絡裡學到；4.友誼是日後各種人際關係的基礎（friendship and subsequent relationships），可持續發展出親密、信賴的關係（張漢宜，2009）。

㈠形成友誼的特徵

　　社會心理學研究影響人際吸引的要素，認為相似性、時空接近性、外表吸引力與互惠的好感等，是預測人際吸引力的重要變項（葉肅科，

2007）。也就是說在社會互動中，具有上述因素或特質，比較容易和同儕相處在一起，進一步彼此喜歡而發展成朋友，甚至產生愛情。以下僅就親密或和相似性兩項特徵詳加探討：

1. 親密感

友誼中的親密感（intimacy）被狹義地界定為自我揭露（self-disclosure）或分享心事，例如彼此知道對方的隱私或不公開的資訊，屬於「互惠的好感」的一部分。藉由相互關懷、體諒、喜歡與資訊的交往，人際間的友誼也被增強。當詢問青少年對好朋友的期待是什麼，最常聽到的回答是：好朋友是可以討論問題、分享煩惱與心事（葉肅科，2007；陳增穎譯，2022）。

2. 相似性

相似性（similarity）又稱為同質性（homophily），青少年的朋友在許多方面非常相似，例如年齡、性別、族裔、態度、興趣、價值、抱負等（葉肅科，2007）。楊天盾和熊瑞梅（2018）分析臺北、宜蘭地區國中生的友誼網絡，發現即使在男女混合的班級內，多數國中生只選擇同性的同學當朋友。吳秋園和葉高華（2021）以某高中升學班與普通班各一班為對象，追蹤調查班級內的友誼網絡，發現高中生選擇成績相似者交往的傾向，會隨著班級的升學氣氛差異而有所不同。在高度追求升學績效的班級內，以成績擇友的情形更明顯。但是也有些青少年會與年紀比自己大或小的人成為好朋友，一項研究顯示，從六年級到十年級，女孩更有可能認識年級大的男性（陳增穎譯，2022）。

㈡維持友誼關係的因素

青少年的朋友關係是不穩定的，可能因為受到對方的嘲諷，或是因細故產生衝突，兩人的關係因而破裂。為協助青少年妥善處理人際衝突，有必要教導「社交技巧」，促使青少年具有較佳的「觀點取替能力」。

研究發現具較佳者觀點取替能力者擁有較好的友誼關係，能詮釋與了解他人的想法、感受、行動、意圖、意義、動機，並能避免誤解與衝突。觀點取替包含同理心過程，有助於了解對方及預測他人的回應。愈能知覺

對方之情緒狀態與動機，更能敏感同儕的負面感受，依此調整自己的情緒和行為以做出回應。這項能力可以從與同儕互動的經驗中相互學習，當青少年擁有此項認知能力之後，還需將之「投入」於人際互動之中，才能達成預期成效（李逢堅，2010）。

二、寂寞感

寂寞感（loneliness）又稱孤獨感，是一種悲哀和傷心的情緒，也就是現存的社會關係被剝奪的感覺（洪光遠、程淑華、王郁茗譯，2017）。青少年尤其容易產生寂寞感，因為他們意識到尋求親密關係的重要性，但卻往往未能得到滿足。有時候寂寞是短暫的，但對某些人而言卻是長期的困擾，因而對其心理健康產生影響（陳婉真，2009）。

㈠害羞

害羞是導致寂寞或孤獨的原因之一，有關的研究皆證實兩者之間存在著正相關，愈害羞的人其寂寞感也愈高。害羞是一種穩定且持久的人格特質，也就是所謂的「性情上的害羞」（dispositional shyness），具有這種特質的人在社會情境中易產生內在主觀的焦慮，傾向於逃避可能引起別人注意的情境，在社會互動中會抑制自己的行為表現，因而無法適當地與人交往，並經常會有消極的認知，負面的情緒。害羞的相關研究發現：害羞者無法進行有效的談話，給予對方的反應較少，缺乏與人互動的溝通技巧。與非害羞者相較，害羞的青少年較不會主動和別人討論問題、較少和別人合作，或者說出自己的想法，也比較不會管理家庭中的人際衝突，更不敢揭露有關自己的一些事情或個人的內心感受（蘇素美、吳裕益，2014）。

㈡網路友誼

智慧型手機的普及與各式各樣社群App的興起，大幅改變了青少年結交新朋友的方式，大部分青少年會利用網路與異性網友分享心情、感受等等個人隱私（劉世華，2005）。在處理寂寞的問題上，網路會比傳統的面對面溝通要更具優勢，因為網路無遠弗屆，可以隨時在網路上找人談心，

而且網路上的互動具有匿名性，不用擔心真實的身分會被發現，因此網路被預期是減輕個體寂寞的一種補救方法（蘇素美，2014）。

在網路上偶遇陌生人之後，經由雙方保持接觸、交流情感、維持互動，逐漸發展出友誼關係。網路友誼的發展歷程即為個體透過網路與未曾謀面的人由陌生而相識，經由密切的互動與自我揭露，彼此之間有了更多的信任、關心、支持、陪伴、親近與了解等親密成分，進而形塑出親密友誼關係，但這種友誼也有可能會面臨惡化甚至終止與結束。現今青少年網路交友日益普遍，研究顯示女性較男性更喜歡建立網路人際關係。網路友誼的形成是有不同路徑的，有的青少年因個性外向且善於自我揭露而易形成網路友誼；有的內向的青少年則為補償其欠缺的社交技巧，而有強烈動機形成網路友誼。然而網路互動者很少將關係一直停留在網路上，當與網友的感情進展到一個階段，若不運用打電話、見面等現實生活的互動方式，很難讓友誼有進一步發展到更深的層次（田瑋茵、施香如，2016）。當然網路交友也存在許多的社交風險，青少年可能受騙、受到騷擾或是延伸出犯罪行為。

三、同儕壓力

青少年在同儕團體中，為了取得在同儕團體中的地位，或是為了被團體接納，往往會遵從團體的價值觀或服從團體的規範，若不遵守可能會遭受到成員的排擠、嘲笑，這種從眾的壓力稱之為「同儕壓力」，例如被朋友嘲笑連抽菸也不敢，因而就學會了抽菸（周新富，2016）。同儕給予青少年的影響是順從壓力與從眾性（conformity），特別在國中階段的影響最為明顯，因為青少年需要學習在個人自主與迎合他人行為期待中取得平衡點（Santrock, 2008）。

同儕壓力與友伴選擇有密切的關係，結交偏差同儕的青少年，就必然會產生偏差行為嗎？實際上並不然，家庭、學校、環境等，都有保護因子可以調節偏差同儕的影響。但是研究發現自尊愈低的青少年，若是結交了偏差同儕，相較於自尊高的青少年而言，愈容易產生偏差行為。自尊愈

高，愈能協助個人抵擋同儕壓力。部分低自尊的青少年，在無法得到家庭與學校的認同下，常常藉由與偏差同儕交往，來提升個人的自尊與自我價值感，進而導致負面的影響（張明宜，2018）。同儕壓力不一定是鼓勵攻擊、犯罪活動或反社會行為，有些同儕會鼓勵信任、合作、遠離毒品、學業成就等正向特質。父母或教師要教導青少年在面臨同儕反社會行為的壓力時如何因應，以下有幾點策略可供參考（陳金定，2015；張明宜，2018）：

㈠教導學生評估壓力的合理性

面對壓力時，青少年要評估壓力的合理性，再決定是否改變自己服從團體。例如在學校中，同儕要求遵守班規或校規，這是合理的同儕壓力，青少年必須改變自己，才能被團體接納。如果是校外團體如飆車團體，青少年就考慮所要求之事是否利人利己，如果不是就不要接受。

㈡分析團體能滿足青少年哪些需求

如果團體要求之事非利人利己，而青少年仍執意參與，教師要分析該團體能夠滿足青少年哪些需求，而這些需求是否為家庭、學校無法提供的？進而謀求改善的方法。

㈢在生活中培養能力與自尊

父母和老師應該思考如何在生活中培養青少年的能力與自尊，讓他們在關鍵時刻自己決定是否要順服於同儕壓力的影響。自尊的提高要靠長時間的自我改進，例如提高自我概念、自信心、自我價值感等。學習社交技巧、提升學業成就皆可增進青少年的自尊。

第三節　青少年情愛關係的發展

青少年男女的互動除了友誼關係的建立外，伴隨著青春期的變化，男女之間戀愛關係也隨之發展。戀愛的互動是人生歷程中必定經歷的過程，

隨著情竇初開的時期，人類也就開始學習如何去愛人與被愛（蔡函錕、陳國彥、黎進三，2014）。沙利文（Sullivan, 1953）區別「親密」（intimacy）和「性慾」（sexuality）的差異，青少年前期開始發展與同性朋友的親密關係，到了青春期因生物性的性驅力的緣故，青少年早期才開始與異性發展出浪漫愛或性關係，青少年主要的挑戰是由無性的、親密的同性別友誼，轉換至具有性關係的異性親密。沙利文的年代同性戀尚未被許可，因此未探討此主題。

 ## 壹 浪漫愛的發展歷程

　　社會學家杜菲（Dunphy）於1963年提出青少年同儕與戀愛關係發展的時序階段理論（sequential stage theory），青少年早期出現的是性別中立（unisexual）的同儕團體，同性別的友誼關係仍最重要；青少年中期出現的是混合性別（mixed-gender）的同儕團體，漸漸地男女之間打破隔離，彼此有更多互動的機會成為朋友，並且是由班上最受歡迎或是身分地位最高的人開始發生；而戀愛關係的發展要到青少年晚期才會出現，由男女互動的同儕關係轉變為戀愛的關係。然而克雷格（Kreager）等人於2016年的最新研究打破過去以往的觀點，發現青少年戀愛關係的發生大都不是由男女同儕關係所轉變而成，也不是在已經熟悉的封閉性群體中找到對象，而是與一些異質性的群體互動接觸並找到戀愛的對象。這樣的現象主要在避免朋友之間因為戀愛關係的所引發的忌妒感（楊天盾、熊瑞梅，2018）。以下分別探討愛情類型及發展歷程。

一、愛情類型

　　社會心理學家提出多種愛情分類的架構，例如有學者提出三種基本愛的形式：情慾之愛（eros）、遊戲愛（ludus）、友伴愛（storge）。較著名的分類方式是由史坦伯格（Sternberg, 1986）提出的愛情三角理論（triangular theory of love），從三種愛的成分之有無，可以組合八種愛情的次類型，這樣的組合請參見圖8-1。愛的三個基本成分如下（洪光遠等譯，

2017；Sternberg, 1986）：

㈠親密

親密（intimacy）是情緒的成分，包含喜歡與新近的感受。表示親密的行動有：溝通內心的感受、增進對方的福祉、與對方分享自己的時間及財物、表達同理、提供情緒及物質上的支持等。

㈡激情

激情（passion）屬動機的成分，包含吸引力、浪漫和性慾的驅力。表示激情的行動有：親吻、擁抱、凝視對方、觸摸、性行為等。

㈢承諾

承諾（commitment）屬認知的成分，決定對所愛的伴侶持久相守。表示承諾的行動有：誓約、忠貞、在最困難時仍不背棄對方、訂婚、結婚等。

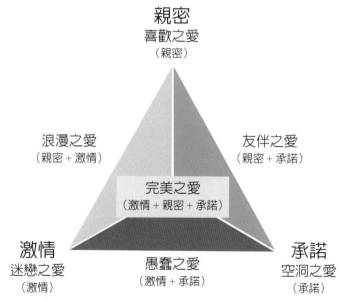

圖8-1　史坦伯格的愛情三角理論

資料來源：洪光遠等譯（2017，頁455）

　　本小節所要探討的激情之愛（passionate love），也稱為浪漫愛（romantic love）或情慾之愛，帶有強烈的性慾與迷戀的意味，源自親密和激情的成分所構成，本質上是喜歡（liking）再加上一個元素：喚起（arousal），即對身體及其伴隨物（concomitants）所產生的吸引力，還有情感上的黏著（bonded）（Sternberg, 1986）。浪漫愛讓青少年五味雜陳，擔心、生氣、性慾、喜悅、嫉妒等情緒交織在一起，有時候是痛苦的來源，讓人苦惱鬱悶（Santruck, 2008）。

二、浪漫愛的發展歷程

　　美國心理學家坎貝爾（Campbell, 1980）認為親密關係是一個所謂的旅程（journey），藉由另一個人進一步去認識自己的一個旅程。青少年在這個旅程中，由陌生而相識、相熟，經由親密關係的互動，雙方關係發展至以婚嫁為目標，或以分手為收場，整個旅程則稱之為浪漫愛發展歷程，此歷程會因當事人彼此的互動情形，或是外力等因素影響而產生不同的變化（蔡念家，2008）。有學者（Tzeng, 1993）將愛情的發展過程分為八個階段：1.陌生人階段（stranger stage）；2.友誼階段（friendliness stage）；3.吸引階段（attraction stage）；4.浪漫階段（romantic stage）；5.承諾（婚姻或同居）階段（commitment stage）；6.衝突階段（conflict stage）；7.愛情的褪色階段（love dissolution stage）；8.分開／離婚階段（separation/divorce stage）。但不是每個戀情的發展都循這樣的歷程發展。坎貝爾（Campbell, 1980）提出的情感關係發展五階段則是一個週期的循環歷程，分別是：1.浪漫期；2.權力爭奪期；3.整合期；4.承諾期；5.共同創造期。情侶在浪漫期過後，可能吵架、衝突不斷，在無法整合的情形之下，戀情因而結束。史坦伯格（Sternberg, 1986）依據愛情三角理論將愛情的發展分成以幾個階段：1.曖昧期；2.交往甜蜜期；3.親密磨合期；4.未來感期。另一學者瑞斯（Reiss, 1980）提出愛情車輪理論（wheel theory of love），說明伴侶的選擇經過四個持續及高相關的過程，在愛情車輪中，如果愛情順利則向前進，不順則向後退，經由「持續轉動」的輪子，兩人

愛情關係就愈益親密、穩定。以下分別說明四階段之內涵：

㈠和諧

最初的階段稱為和諧（rapport），潛在的伴侶相互交往，後此之間感覺舒坦穩靠、心情放鬆、身心舒暢，相互了解且易於溝通。這種和諧感的建立是由相似性所促進，例如相同的宗教、教育背景的相似，較容易建立和諧的情緒。

㈡自我揭露

由和諧感自然進入相互的自我揭露（self-revelation），後此分享有關自己的價值觀和信念等資訊，但雙方分享的程度有時是不一致的。

㈢互相依賴

由於自我揭露導致更加了解對方，因而促進雙方互相的依賴（mutual dependency）。在此階段，雙方會表現出特定的習性（specific habits）或想要得到一些目的，例如一方說笑話一方當聽眾、一方作為表達恐懼或願望的知己、一方想要得到性的需求等。當這些目的或習性未能得到滿足，一方即會表現出挫折感或孤獨感，進而影響關係的持續與否。

㈣親密需求的滿足

第四階段也是最後階段，稱為親密需求的滿足（intimacy need fulfillment），在互動過程中，雙方會評估自己的基本親密的需求是否得到滿足，包含愛、同情和支持等需求，如果滿足的話，雙方的愛情關係會更加緊密。

貳　約會和浪漫關係

戀愛與約會（dating）是分不開的，戀愛是對異性有愛的感受，透過約會展現對異性的喜歡，並增加相互的了解。學者將青少年的戀愛關係發展分為三個階段：1.初識戀愛滋味，約11-13歲，約會通常以團體形式進行；2.摸索嘗試戀愛關係，約14-16歲，多半採隨興、團體的方式；3.穩固

的成對戀愛關係，約17-19歲，大約在高中畢業前後，發展出認真專一的戀愛關係，可持續一年以上的約會。但不是每位青少年的發展軌跡都一樣的，依據約會時間的早晚可分為早起步者（early starrers）、晚開竅者（late bloomers）及按時開始者（on-time）三類，其中早起步者的界定是早於15歲，晚開竅者是到了成人前期才開始約會，而對早起步女孩的研究比男孩多，因為男孩早約會的人數比較少，但研究得到的結果大都屬於負面影響的居多（陳增穎譯，2022；Steinberg, 2017）。

一、約會的功能

在青少年期不同階段，情愛關係的發展會有不同的變化，青少年早期通常是短暫、快速、低獨占性及親密性，雙方的關係以友伴、朋友關係為主，強調合作、互惠，也涉及自我揭露及自我價值確認。男女的約會目的，在於娛樂、親密及提升團體地位；而約會的形式是以群體方式進行，而愛的表現方式是友伴式的陪伴（陳金定，2015）。到了青少年中期，也就是高中職階段，學生個人生理、心理發展日趨成熟，再加上社會風氣開放的影響，高中生談戀愛已是非常普遍的現象（林嘉梅，2007）。青少年從沒有約會關係，進入一般約會關係，再轉入更穩定的約會關係。不過情愛關係在此時若穩定，反而容易造成情緒與學校問題。這個時期的約會形式仍然大都在團體情境中進行，例如一群人一起去看電影，但是兩人的約會有愈來愈高的趨勢，高中生愛的表現方式是情慾，因此性行為很可能在青少年中期的約會中發生（陳金定，2015）。根據秦穗玟和黃馨慧（2011）的以臺北及新市高中生為對象的研究發現，在高中職期間有過戀愛經驗達35.22%，若包括高中前的戀愛經驗則高達五到六成，此研究推論青少年中期有過戀愛經驗的人數已是相當普遍。更有受訪學生認為「如何與異性交往、約會」是他們最需要的知識，由此可知，青少年在親密關係的課題上，需要更多正確的知識與協助。青少年的約會很少是為了結婚目的而交往，而是從約會中學習如何與伴侶發展親密關係，以下是學者所歸納出來的約會功能（陳增穎譯，2022；洪光遠、連廷嘉譯，2018；Steinberg, 2017）：

1. 娛樂消遣，視約會本身是一種目的，是一種休閒享樂。

2. 地位的象徵，藉由約會達成、證明或維持其在同儕團體中地位，評比誰的約會對象最帥、最美。

3. 社會化的過程，藉此學習如何與人相處，學習合作、體貼、責任及各種社交技巧。

4. 發展親密關係的能力，青少年渴求親密關係，藉由約會學習這項能力。

5. 得到性經驗，約會與性行為有密切的關係，在約會中有些青少年會從事性行為，滿足性的需求。

6. 相互陪伴，想要有異性朋友的陪伴，亦是約會的一項強烈動機。

7. 篩選結婚伴侶，較年長的青少年從約會中了解對方，提供兩人有機會成為結婚的伴侶。

8. 協助青少年認同的形成與發展，透過約會釐清自我認同，學習從原生家庭中獨立自主。

二、約會的負面影響

發展心理學者探討約會對青少年的發展和心理健康有何影響，大都情況皆證實青少年戀愛關係有助正向發展，例如滿足隸屬與愛的需求。而有負面影響的發現主要與年齡有關，對於早起步者比較不利，正處在國小高年級或國中階段，而過早的約會與戀會經驗與青少女懷孕及家庭、學校問題有關，像是家庭關係緊張，學校表現不佳等，她們也可能有較高的偏差行為、藥物濫用及危險行為。通常早約會的少女比較早熟，在同性別同儕之間不受歡迎，因同性別的朋友少，因此特別重視與異性的約會關係。也有研究發現早約會者比較容易成為約會暴力（dating violence）的犧牲者，很多青少年的戀愛關係之中，存在著敵意、攻擊、虐待等現象，高比例的年輕青少年受到身體上的暴力（Steinberg, 2017）。

青少年的認知、情緒發展尚未完全成熟，仍處於不穩定的階段，在與異性交往的過程中可能產生衝突，若沒有辦法以理性的方式處理衝突，

則有可能訴諸暴力來解決，這也就產生青少年的約會暴力；對16-24歲的青少年情侶來說，約會暴力發生的盛行率並不低，國內外的相關研究都顯示，大約有三成到五成的青少年情侶曾經遭到另一半的暴力對待。約會暴力的經驗，對青少年身體和心靈的健康都有負面的影響，肢體的衝突造成身體的疼痛之外，更可能造成致命性的危險；情感上的創傷，卻可能對青少年造成憂鬱的情緒等長期的負面影響（曹幼萱、顏麗敏、陳香玲，2014）。最嚴重的約會暴力型式則是「約會強暴」（date rape）。在輔導上則建議從發展青少年的認知訓練著手，藉由指導解決兩性衝突問題，進而減少性攻擊事件的發生（王煥琛、柯華葳，1999）。

 參 分手

在現今的性別多元狀態中，如不婚、晚婚、同居、離婚等，各個年齡階層都可能會遭遇形形色色的分手經驗，並且可能隨著不同的情境，而出現不一樣的發展與需要面對及處理的問題（蔡函錤等，2014），因此在學校教育階段，有必要將分手經驗列為教材之中，讓青少年學習如何因應。青少年情竇初開，開始學習如何去愛人與被愛，許多人在戀愛過程中，受到不同的因素干擾，導致分手情況發生，結束一段浪漫關係或許是最痛苦的經驗之一，若不適當地處理分手，除了會影響青少年的心理健康，也有可能出現暴力事件或自我傷害（劉玉玲，2016）。

一、分手的過程

親密關係不是永久的，可能因變化而終結，而親密關係的崩解並非單一事件，是一個有許多步驟的過程。戀愛雙方面對問題的策略同時包含破壞性行為與建設性行為，破壞性行為包括：1.主動損害關係，例如對伴侶施暴、對伴侶不忠、威脅分手與結束關係等；2.被動旁觀關係的惡化，例如忽視伴侶、對關係不進行任何投入、拒絕解決關係中的問題等。建設性的行為又稱積極性行為，包括：1.主動嘗試改進關係，例如討論問題、嘗試改變等；2.被動保持對關係的忠誠，例如等待並希望事情變好、表現支

持而非開戰、維持樂觀態度等。當伴侶的行為屬破壞行為時，另一方試圖
以建設性行為回應對方，這段關係即可挽救；如果兩人均表現破壞行為，
那麼關係通常會宣告結束（葉肅科，2007）。青少年造成分手的理由除了
當事人的因素外，尚有外在因素的干擾，例如家人的阻擾、生活壓力事件
（升學考試、生病等），以致一方主動想結束關係。

二、分手的因應

　　情感依附於他人身上的這種本質，致使戀愛者很容易因為失去那位重
要的人而受到傷害。要將情感從一段關係中抽離需要相當的時間和努力，
青少年在分手後常有悲傷的經驗，導致學業成績低落及健康的問題，他們
也可能嘗試以藥物或酒精自我治療，也可能表現退縮行為，把自己關在房
間裡或花更多時間獨處（洪光遠、連廷嘉譯，2018）。香港基督教女青年
會於2011年針對青少年分手的研究發現：超過50%的受訪者在14-15歲即經
歷過分手的傷害；超過五成的受訪者在經歷分手時會出現負面的情緒，有
五成的人選擇逃避、自責、悶悶不樂及傷心來因應，四至五成的受訪者會
選擇憤怒、平靜及釋放。分手後有超過兩成的受訪者經歷被對方糾纏、要
求復合、被對方用言語中傷，甚至自我傷害。約有一成以下的受訪者會以
社交軟體傷害對方、阻止對方發展其他戀情、用暴力傷害對方、企圖自殺
或以毒品麻醉自己（引自劉玉玲，2016）。

　　喪失浪漫關係對青少年造成生命中的重大改變，他們格外容易因失落
而受到傷害，因為他們的處事技巧尚未發展完成，一段失戀的經驗能造成
青少年憂鬱、自殺與殺人（洪光遠、連廷嘉譯，2018）。多數的情傷約需
半年的哀傷，才能逐漸走出陰霾，因此父母及教師有必要協助青少年度過
失落期，讓他們在經歷挫折後，在情緒上變得加堅強、更有自信。

自我評量 ....

一、選擇題

( ) 1. 下列與薛爾曼（R. Selman）角色取替（role-taking）理論有關的敘述何者正確？ (A)將角色取替的發展現象分成階段一到階段五 (B)「自我反射」（self-reflective）的角色取替階段是在階段三 (C)設計出採用紙筆逐題填寫的問卷，蒐集與角色取替能力有關的資料 (D)其角色取替能力的發展階段與皮亞傑（J. Piaget）的認知發展階段有關

( ) 2. 依據薛爾曼（R. Selman）的角色取替理論（role-taking theory），下列角色取替能力的發展順序為何？①自我反省的觀點（self-reflective） ②社會角色的觀點（societal） ③相互性的觀點（mutual） ④社會訊息的觀點（social-informational） ⑤自我中心或未分化的觀點（egocentric or undifferentiated） (A)①②③④⑤ (B)④②⑤③① (C)⑤①②④③ (D)⑤④①③②

( ) 3. 小華曾答應父親不再爬樹，但為了救樹上的小貓他還是爬了樹，唯小華相信父親不會責備他。請問依據賽爾門（R. Selman）的角色取替理論，小華處於下列哪一個階段？ (A)自我中心或未分化的觀點（egocentric or undifferentiated perspective） (B)自我反省的角色取替（self-reflective role taking） (C)相互性的角色取替（mutual role taking） (D)社會的角色取替（societal role taking）

4-5 為題組，閱讀下文後，回答 4-5 題。七年級的小平和安安是同窗好友，小平未來想就讀職業學校，安安計畫就讀普通高中。安安理解不是每個人的想法都跟自己一樣，會受成長背景和經驗的影響。

( ) 4. 根據賽爾門（R. Selman）的觀點取替理論，安安的觀點取替較偏向下列何者？ (A)相互觀點階段 (B)自我反省階段 (C)社會資訊階段 (D)深層與社會觀點階段

( ) 5. 小平和安安約定即使將來就讀不同學校，還是要定期碰面聊聊彼此近況，若一方有要事要忙時，可以改約時間或者用網路聯繫。根據賽爾門（R. Selman）的友誼發展理論，小平的觀點較屬於下列哪一

個階段？　(A)單方協助　(B)公平氣氛下的合作　(C)自主相互依賴　(D)親密與相互分享

(　) 6. 張老師請班上學生寫下好朋友的定義，下列哪一項描述最符合賽爾門（R. Selman）友誼發展理論中親密與相互分享（intimate and mutual sharing）階段的特徵？　(A)看法意見一致才是好朋友　(B)好朋友就是能配合自己的人　(C)只願意跟好朋友分享自己的內在世界　(D)好朋友能夠了解彼此與尊重對方的獨立性

(　) 7. 下列何者不是Sternberg的愛情三角理論（triangular theory of love）中三個重要成分（component）之一？　(A)親密（intimacy）　(B)信任（trust）　(C)承諾（commitment）　(D)熱情（passion）

(　) 8. 小明與阿珠都是14歲的八年級學生，在元旦連假時發生性行為，阿珠事後跟導師提及此事，導師除了告知家長外，應該採取下列哪一項作法較為適當？　(A)訓斥並禁止二人繼續交往　(B)視同疑似性侵害情事，通報主管機關　(C)因當事人均未成年，請家長嚴厲訓斥　(D)尊重他們的兩情相悅，並實施正確性教育

(　) 9. 十二年級的阿立上學途中遇到一個摔倒受傷的老奶奶，他決定先陪老奶奶就醫。雖然遲到會受罰，但他認為弱勢者應該受到照顧，也相信老師和大多數人都會認同他的抉擇。根據賽爾門（R. Selman）的角色取替（role taking）觀點，阿立的想法最符合下列哪一個階段？　(A)社會資訊階段　(B)相互觀點階段　(C)自我反省階段　(D)深層與社會觀點階段

(　) 10. 根據社交測量的同儕聲望分類方式，大雄獲得同儕的正向與負向提名都較高，大雄屬於下列哪一類型？　(A)平均的　(B)受歡迎的　(C)受爭議的　(D)被拒絕的

(　) 11. 交往一陣子的男（女）朋友，今天竟然提出分手的要求，下列何者是最合適的調適方式？　(A)到臉書罵他（她）一解心頭之恨　(B)我人長得普通、成績又不好，註定沒人愛　(C)一定是我做得不夠好，要發動更強烈的追求攻勢　(D)雖然難過，但明白不是自己差勁，只是彼此不適合

(　) 12. 有關青少年的同儕關係敘述，何者為非？　(A)團體中的同儕可視

為青少年面對問題的緩衝器　(B)父母親透過教養仍會影響青少年的同儕選擇　(C)青少年同儕關係已對其行為和發展有深切影響，重要性僅次於家庭關係　(D)與兒童期相較，青少年的友誼相對較不穩定

參考答案

1.(D)　2.(D)　3.(D)　4.(A)　5.(C)　6.(C)　7.(B)　8.(B)　9.(D)　10.(C)　11.(D)　12.(D)

二、問答題

1. 請依據沙利文（Sullivan）的人際關係理論，說明青少年階段的社會關係有何特徵。

2. 鮑爾比（Bowlby）提出依附理論，學者將此理論應用在愛情關係，請依此理論說明青少年愛情型態之類別及內涵。

3. 請依據薛爾曼（R. Selman）所提出的人際瞭解理論，說明青少年階段的角色取替能力的發展情形。

4. 薛爾曼（R. Selman）提出友誼發展（friendship development）五階段理論，請依此理論敘述青少年友誼發展的特徵。

5. 八年級的萱萱、伶伶、珮珮、依依和倩倩是班上眾所皆知的小團體，自稱「五朵花」。平時吃午餐、做報告總是形影不離，交情甚篤。但萱萱和伶伶最近鬧得很不愉快，起因是在下個月畢業旅行的分組裡，誰也不想被邊緣化。平時的小團體裡，總是五個人一起行動，可是畢業旅行的住宿安排為四個人一間房，勢必有一個人得排到其他組別。於是萱萱和伶伶兩人在小團體裡各自拉攏其他三位同伴，不但公開排擠對方，互相嘲笑辱罵，甚至在社群媒體上攻擊彼此。

   (1) 畢業旅行分組事件前，根據薛爾曼（R. Selman）的友誼發展階段論，「五朵花」的友誼狀態最符合下列哪一個階段？

   (2) 導師發現「五朵花」的關係因畢業旅行分組產生變化，導師想要分析全班12位女生的人際網絡，請問有何方法可用？並說明要如何使用。

6.心理學者史坦伯格（R. T. Sternberg）提出愛情三角理論（triangular theory of love），認為愛情有三種基本成分，依此可組合八種愛情的類型，請敘述三個基本成分為何。

7.青少年開始與心儀的對象進行約會，請問約會有何正向功能？同時約會也會產生何種負面影響？

第九章

青少年工作與生涯
的發展

　　赫威斯特提出的青少年階段的發展任務之一：為經濟的生涯做好準備（preparing for an economic career），大學畢業後很多人就要投入職場，少數人可能提早到國中畢業後投入職場或是從事兼職工作，絕大多數青少年則是處於「生涯準備」階段，除發現自己的興趣適合從事那項職業之外，還要為取得某項專業的學識、技能與證照而努力。對臺灣地區的國、高中學生而言，生涯決定是其生涯發展過程中的一大課題，學生面臨的重要決定情境，例如國中生面臨就讀高中或高職的抉擇，高中生需面對文組或理組的選擇，以及進入大學之前的科系選擇（田秀蘭，2003）。針對青少年生涯發展（career development），教育體系實施生涯輔導工作從旁協助，除了針對青少年的自我探索以及外在工作世界的認識之外，藉由生涯輔導理論引導學生認識自己的興趣與價值觀。青少年的生涯發展結果，不僅影響其幸福快樂與成就表現，也反映出國家人力資源發展的實質指標。所以探討青少年生涯發展的相關議題近年來頗受重視，許多國家紛紛投入心力，不遺餘力探究生涯發展的相關因素，並且根據此一研究結果，作為生涯輔導、生涯諮商，乃至生涯教育政策的擬定（林蔚芳、賴協志、林秀勤，2012）。本章在架構上的安排，首先探討生涯發展的相關理論，從理論中掌握生涯教育中的重要主題；其次探討青少年的兼職工作及就業前的準備；最後則是探討學校如何實施生涯輔導。

第一節　生涯發展的基本概念與理論

　　生涯（career）有人生經歷、生活道路和職業、專業、事業的涵義。廣義的生涯是指人一生中整體生活與生命意義的追尋，但其核心內容，則是職業問題，所以狹義的生涯內涵指的是個人職業或工作的探索（劉玉玲，2007）。然而生涯不能僅侷限於工作或職業，生涯是一個有關生活風格的概念，包含一個人在其一生中所從事的一系列與個人工作生涯有關的所有活動（吳芝儀，2000）。而所謂的生涯發展，是個體一生中連續不斷的歷程，以發展個人對自我及生涯的認同，並且增進生涯的規劃與生涯成

熟度，進一步導引出個體的工作價值、職業選擇、生涯型態、角色整合、
教育水準等相關現象等（張添洲，1999）。

 生涯發展階段

　　金茲伯（Ginzberg）等人、舒伯（Super）及葛佛森（Gottfredson）
均提出生涯發展的階段理論，以人生各不同發展階段的發展特徵及發展
任務來描述生涯發展情形，以下分別說明之（劉玉玲，2007；周新富，
2019b；朱敬先，1997；何瑞珠等，2015；Super, 1980）：

一、金茲伯等人生涯發展階段論

　　金茲伯等人（Ginzberg et al., 1951）是第一位以發展性的觀點探討職
業選擇（occupational choice）的心理學家，所提出生涯發展理論認為個體
的成長是一個持續不斷的歷程，隨時都需要做不同的抉擇。金茲伯等人
依照不同的年齡特性，將整個生涯發展的歷程劃分為三個階段：幻想階
段（fantasy period），約在11歲以前；試驗階段（tentative period），約為
11-17歲；以及現實階段（realistic period），17歲至成年，由表9-1可知生

表9-1　生涯發展階段論各發展階段及其特性

階段	年齡	特性
幻想階段	兒童時期 （11歲以前）	初期為純粹遊戲，進而由遊戲中逐漸發展成工作的觀念，不注重需求、能力、訓練、工作機會或其他現實層面的考量。
試驗階段	青少年前期 （11-17歲）	逐漸了解工作對個人的要求，也漸漸發展出對個人興趣、能力及價值觀念等等的認識。17歲是轉換的階段，從試驗期轉換到實際的選擇。
現實階段	青少年後期 （17歲至成人）	在現實階段中進一步釐清職業選擇問題解決的途徑，細分成探索時期（17-18歲）、具體化（crystallization）時期（19-21歲）與專門化時期。探索時期獲得更多的資訊與了解，具體化時期縮小到單一組合的決定並投入其中，專門化時期則從概括化選擇到特定的類別。

資料來源：林幸台等（2010，頁50）；洪光遠、連廷嘉譯（2018，頁407）

涯發展各階段的特性。由表可知，處於試驗階段的青少年，對於自身興趣、能力及價值觀等人格特質有強烈探索的意願，開始對職業世界開始產生好奇，並嘗試各種與職業有關的活動，在這樣的過程中，個體會衡量並表現自己的能力，以了解職業與個人特質之間的適配性。

二、舒伯生涯發展階段論

舒伯（Super, 1980）的生涯發展理論提出生涯發展階段、生涯成熟、生涯彩虹圖（life-career rainbow）及生涯自我概念等觀念，不但能有效解釋個人的職業行為，且刺激更多的實徵研究。所謂生涯自我概念，意即個人的生涯選擇是其自我概念的實現，個人的自我概念愈具體清晰者，在生涯的發展過程中亦愈趨成熟，舒伯認為自我概念在童年晚期和青少年早期時，會慢慢地展現出來。舒伯採用赫威斯特的發展任務觀點，將個人的生涯展分成成長、探索、建立、維持及衰退五個階段，每階段各有其任務：

㈠成長期

從出生至14歲左右，著重於生理的成長與自我概念的發展，透過兒童的自我了解，發展對工作的興趣與了解。此時期又分三期，「幻想期」（4-10歲）、「興趣期」（11-12歲）、「能力期」（13-14歲），成長期的主要任務為個人能力、態度、興趣、需求的發展。

㈡探索期

年齡範圍約在15至24歲，涵蓋青少年時期和成年初期，又細分為「試驗期」（15-17歲）、「過渡期」（18-21歲）、「初步承諾期」（22-24歲）。此時期的主要任務為透過知識與生活經驗的學習，進行自我檢討，嘗試發掘自己的職業興趣，並做出暫時性的職業選擇。探索期首要的發展任務是生涯方向的「結晶化」（具體化）（crystallization），當15-18歲青少年能逐漸建立理解及探索能力，便開始能夠構想如何就個人興趣、技能及價值，初步建立生涯方向。當青少年開始對個人生涯有較強的規劃動機，會透過不同行動對自己及工作世界進行更深入的探索，以便在稍後階段（19-24歲）更有信心地「特定化」（specifying）及「實踐」（implementing）個人的生涯選擇。青少年可經由工讀、實習、參觀、社會參與等活動，對未來職業生活進行探索，以確認自己適合擔任的角色，若發現不適任時，可重新探索歷程，以達成職業興趣具體化、行動化之任務。

㈢建立期

年齡範圍約在25至44歲之間，會傾向安定於某一類的職業。在職業領域中建立起穩固與專精的地位。此時期的主要任務為在工作上力求升遷和晉級。

㈣維持期

由成年邁入中老年的階段，年齡範圍約在45至64歲之間。個人已逐漸在職場上取得相當的地位，此時期的主要任務為維持既有的地位與成就。

㈤衰退期

年齡在65歲以上，身心狀況已逐漸衰退，此時期的主要任務為發展工作之外的新的角色，維持生命的活力，開拓新的生活。

三、葛佛森的職業發展階段

葛佛森（Gottfredson, 1981）同意舒伯對自我概念的看法，然而自我概念在職業輔導理論中的重要地位仍須進一步地闡釋，因而發展出設限（circumscription）及妥協（compromise）的概念，以這兩個概念來說明個人職業目標的選定。設限是指個人根據自我概念的發展而將職業興趣逐漸窄化，妥協則是指個人做決定時周旋於各考慮因素之間，得想清楚必須堅持哪些因素或可以放棄哪些因素。葛佛森認為個人選定某個職業領域之後，妥協的步驟仍不可避免地進行著，妥協的過程裡，興趣最早被犧牲，職業聲望其次，而性別角色刻板印象是最後被放棄，顯示一般人仍舊希望從符合自己的性別角色的職業。葛佛森根據自我認識與個人對工作世界的認知，個人可以衡量哪些工作適合自己，並考慮可以做多少努力，以進入自己期望進入的職業。個人對自己及工作世界的認識，大致上有以下四個發展階段，各階段的特性如表9-2所示。

表9-2 葛佛森的職業發展階段及各階段的特性

階段	年齡	特性
權力傾向期	3-5歲	思考過程相當具體，並發現大人有相當的權力
性別角色傾向期	6-8歲	自我觀念的發展顯然地受到性別的影響
社會價值傾向期	9-13歲	體會出自己是生活在社會情境之中，對工作的偏好亦容易受社會價值的影響
自我傾向期	14歲以後	能發展出較多對自己的認識，並根據自我觀念、性別角色及職業聲望發展出對職業選擇的期望

資料來源：林幸台等（2010，頁60）

生涯發展的理論基礎

在1950年以前，生涯發展的理論主要為特質因素論的擅場時代，60年代以後，以發展觀點及人格理論為基礎的研究不斷出現並逐漸形成理論，生涯決策模式在此時期漸受重視。自從克魯柏茲（Krumboltz, 1994）由「信念」（beliefs）的角度來看個人所遭遇的生涯困境後，認知取向觀點在生涯決定歷程中的地位便逐漸受到重視（田秀蘭，2003）。特質、發展、社會學習及社會認知等取向的生涯理論形成生涯輔導的重要理論基礎，雖然後現代主義（post-modernism）等新興的生涯理論試圖挑戰傳統生涯理論的，但這些理論仍然在生涯輔導工作上發揮其影響力。後現代的生涯理論例如凱立（Kelly）的生涯建構論、生涯混沌理論（chaos theory of careers）及沙維卡斯（Savickas）的敘事取向生涯諮商。後現代生涯是個性化的生活設計（life design），注重自我建構與自我塑成，「我要創造怎樣的人生？」取代了傳統的生涯提問：「我要選擇甚麼生涯？」最大的不同是，生涯不是在既定選項中的決策過程，而是在無限可能中去開創、建構與塑成（黃素菲，2016）。以下僅就何倫、羅伊、克魯柏茲、葛雷特等四位學者的理論說明之。

一、人格心理學的類型論

何倫（Holland, 1985）的類型論（typology theory）是源自於人格心理學的概念，並視職業選擇為個人人格的延伸，而企圖以職業生活的範疇說明個人行為型態的實際表現。他認為父母的人格類型以及對待子女態度所構成的生活環境，將會影響青少年興趣發展的方向與範圍，隨著年齡的增長，這樣的興趣會逐漸定型，且由於受其本身與同儕團體交往經驗的影響，使得青少年的興趣漸漸發展出特定方向的能力和專長。如此，在遺傳的影響與環境的經驗下，使得個人逐漸形成其獨特的人格特質，這些人格特質便是左右其教育與職業方向的重要因素（田秀蘭，1991）。何倫的理論在輔導上的應用價值甚高，容易為一般人接受，但也相對地受「過於簡單」、「不具深度」等批評（Zunker, 2012）。何倫（Holland, 1985）的理論主要內容有以下四點：

1. 在我們的文化中，大部分的人可以區分成六種類型，即實際型（realistic）、探究型（investigative）、藝術型（artistic）、社會型（social）、企業型（enterprising）、事務型（conventional），顯示出個人的人格特質是不同的，而且是可以比較的。

2. 環境也可以區分為上述六種類型，每一種環境　有一種相對應的人格特質，因此個人將以自己的人格特質作為選擇職業的依據，去選擇一個能與自己人格類型相配合的工作環境，這六種類型之間的關係可用六角形的模式來解釋。

3. 人們尋找適合個人人格類型的環境，以鍛鍊他們的技巧與能力，來表現他們的態度與價值觀，並面對同樣的問題及扮演一致的角色。

4. 個人的行為決定其人格與環境特質之間的交互作用。

二、生涯選擇人格論

羅伊（Ann Roe, 1904-1991）的生涯選擇人格論約在二十世紀60年代提出，她綜合精神分析論與馬斯洛的需要層次理論，特別強調兒童早期經驗所發展的適應模式（防衛機轉）對於日後職業選擇與行為的影響。羅伊

認為個人的需求層次是生涯決定的驅力，因此個體做某種職業選擇是受內在獨特需求所驅使，而這些驅力因素可能是意識的，也可能是潛意識的。羅伊特別強調個體童年的經驗，特別是與父母的關係，她認為個人早期的家庭氣氛，尤其是父母對待子女的態度，對於子女成年後於職業的選擇上具有密切的關係（王文秀等，2011）。

羅伊（Roe, 1956）將父母對待子女的方式可以分為關注（emotional concentration）、逃避（avoidance）與接納（acceptance）三種類型；而在對待子女的態度方面，也可分為冷淡與溫暖兩種類型，以這兩個向度來區分父母對待子女的方式，共可以分成過度保護、過度要求、拒絕、忽略、關愛與不明確的接納等六種情況，不同的對待子女方式使個人發展出不同的人格特質，羅伊將之區分為人際傾向及非人際傾向兩大類，前者傾向選擇與人接觸較多的職業，例如服務業、藝術與娛樂、一般文化；後者傾向選擇非人際傾向的職業，例如科學、戶外工作、技術等。父母對待子女的方式與態度對子女往後的職業選擇的影響如下（曾耀霖，2011；郭靜晃，2006：Roe, 1956）：

1. 生長於關愛、過度保護及過度要求的家庭者，將發展出傾向他人的個性，而選擇與他人有關的職業。

2. 生長於拒絕、忽略或是不明確接納的家庭者，將發展出傾向與他人無關的性格，而選擇與他人無關的職業。

3. 生長於過度保護或過度要求的家庭，則可能產生強烈的防衛與侵略性格，形成非人際的傾向。

4. 來自拒絕型家庭的人，為尋求補償，也可能發展出人際傾向的性格。

5. 關愛與不明確接納的家庭，可能提供充足的人際關係，因此其他的因素則會比個人需要的因素，更影響其對他人的反應傾向。

三、社會學習取向的生涯決定論

克魯柏茲（Krumboltz, 1994）的社會學習取向的生涯決定論（social learning theory of career decision making），背後的基礎是來自班度拉的社會

學習論與增強理論，認為個人的人格與行為特性受其獨特的學習經驗所影響，這些經驗包含對環境中積極或消極增強事件的行為接觸與認知分析。克魯柏茲將此一理論應用在生涯輔導的領域裡，探討影響個人做決定的一些因素，並進而設計出一些輔導方案，以增進個人的決策能力。

(一)影響生涯決定的因素

生涯決定理論主要目的是在說明影響一個人決定進入某一個職業領域的因素，克魯柏茲認為影響生涯決定的因素共有四類因素（王文秀等，2011；林幸台等，2010）：

1. 遺傳天賦

生物性因素包括種族、性別、外貌、智力、肌肉協調、特殊才能等，為個人遺傳自家族的一些特質，在某些程度上限制個人對職業或學校教育的選擇可能性。

2. 環境情況與特殊事件

社會學習論認為影響教育和職業的選擇因素中，有許多是發生於外在環境，而非個人所能控制。例如就學與訓練機會、社會政策、社會變遷、自然災害、社區背景、家庭等，不是個人所能控制的因素。

3. 學習經驗

可分為工具性學習經驗（instrumental learning experiences）和聯結式的學習經驗（associative learning experiences），前者包括前因、行為、後果三個重要的成因，例如：當事人在某個科目上屢得高分，可能就願意在這個科目上努力研讀或是選修更多有關這類科目的課程。後者包含觀察學習（observation）和古典制約（classical conditioning）兩個類型，例如職業的刻板印象的獲得。

4. 工作取向技巧

以上所提到的各種因素交織而成，鍛鍊出專屬於個人獨有的工作取向技能，包括解決問題能力、工作習慣、工作的標準與價值、情緒反應、知覺與認知歷程等。目前尚未找出因素間如何交互作用的原因，不過這些技能本身亦會互相影響、不斷演進。

㈡認知行為技巧

上述四大類因素之交互作用後會形成個人的信念，進而建構出一套自己的現實觀。這些信念影響個人對自己及對工作世界的看法，再影響個人的學習經驗、期望與行動。上述四類因素交互作用後所形成的認知行為技巧計有以下三項（王文秀等，2011；林幸台等，2010；Krumboltz, 1994）：

1. 自我觀察推論

自我觀察推論是指個人對自己的看法及評估，包括興趣、能力及價值觀念等，這些了解也是學習經驗的結果。

2. 世界觀之推論

世界觀之推論也是學習經驗的結果，是指個人對所處環境之觀察及對未來可能進入之職業世界的預測。與自我觀察推論均屬相當主觀的，至於推論是否正確，則與經驗的多寡與經驗的代表性有關。

3. 任務取向技能與生涯決定

任務取向技能是指個人所學的認知及表現能力，與個人的生涯決定歷程有關。包括工作習慣、情緒反應、思考歷程以及問題解決能力等。隨著時間的演進，個人的學習經驗會愈複雜，而個人自我觀察類推與任務取向技巧亦隨之變化，這些技能是一連串生涯相關行動之基礎，可協助個人有效地預測自己的未來。

四、葛雷特的職業決策模式

葛雷特（Gelatt, 1962）提出職業決策過程模式，認為決策是一連串的決定，任何一個決定將會影響其後來的決定，亦會受先前決定的影響，因此決策是一個發展的歷程而非單一的事件。這也說明生涯決策不是一次選擇，或一個結果，而是持續不斷的做決定及修正的終生歷程。決策的基準在於選擇有利因素最多，不利因素最少的方案。

㈠處理資料的策略

這個模式特別強調資料的重要性，葛雷特將個人處理資料的策略分成

三個系統（謝守成、郎東鵬，2009；Gelatt, 1962）：

1. 預測系統

預測不同的選擇可能會造成的結果，及估算出每個行動可能造成該結果的機率，以作為該採取哪個行動方案之參考。

2. 價值系統

個人對於各種可能的行動之喜好程度。

3. 決策系統

評判各種行動方案的標準，其選擇取向分為三種：(1)期望取向，就是選擇可能達成自己最想要的結果之方案，就是與自己的職業觀相一致，與自己的興趣、特長最相符的方案。但該方案也許是成功幾率很小的方案，所以存在著較大的風險。(2)安全取向，選擇最安全、最保險的方案。這方案適合追求穩定的人，但該方案也許與你的職業興趣是不一致的。(3)逃避取向，避免選擇可能造成最不好結果的方案。這也是適合追求穩妥、不愛挑戰的人，選擇的結果也許是與你的期望有一定差距的。(4)綜合取向，就是考慮自己對於行動結果的需求程度、成功機率及避免最不好的結果。衡量這三個方面，然後選擇一個行動方案。

二職業決定模式

葛雷特（Gelatt, 1962）提出職業決定的五步驟模式，第一個步驟為面臨決策情境下，需要建立自己的目標；第二個步驟為蒐集個人與環境資料，以了解可能的行動方向；第三個步驟為分析所蒐集的資料，也就是根據所得到的資料，預測各種可能行動的成功機率及其結果；第四個步驟為強調價值系統在決定歷程中的重要性，個人根據價值系統，估算自己對每個行動方案的喜好程度；第五個步驟為評估各種可能方案，選擇其中的一個方案來執行。如果達成預期目標則終止決定，然後再等待下一個決定的出現；如果沒有成功，則繼續探討其他可行的辦法。在這個架構中，預測系統與價值系統在這個架構中是相當重要的部分，顯示有關個人興趣、能力及價值觀念的探索及澄清活動在生涯決定歷程中是很重要的工作（林幸台等，2010）。

第二節 青少年的生涯發展現況

　　工作係指排除家庭以外的地方，從事有薪酬的工作。而以學生來說，利用課餘時間去工作，我們經常會以打工、半工半讀、工讀、部分工時、兼職來表示這個概念，更加強調工作者的身分為學生，這些概念都代表著一種非正職、非全職的彈性工時型態（王純蕙，2017）。青少年打工在西方國家相當普遍，從美國勞工統計局2014年新數據顯示，就業青少年的百分比接近77%，大部分青少年每週工作時間超過20小時，而加拿大也有37%的青少年正在工作。從年齡來看，美國12歲的青少年約有30.6%在工作，13歲的有36.9%，14歲的35.4%，15歲的占44.2%，隨著年紀大幅上升（王純蕙，2017）。依據我國勞動統計通報（2022），因高等教育普及，求學年限較長，15-24歲勞動參與率較低，110年為36.8%，低於美國（55.5%）、日本（48.8%）及新加坡（41.3%），高於南韓（29.6%）。在臺灣大學生一面工作，一面完成大學學業，已漸漸成為一種趨勢，早期只在寒暑假打工，但現在打工已經是同時兼顧學校課業。從勞動統計通報中，也可看出高中職學生參與打工的人數眾多，近幾年均維持20,000人以上。而國中生因受限於法令限制，未滿15歲尚未能合法打工。由上述的統計數字，可知青少年打工風氣在臺灣已是相當普遍。

 ## 青少年打工的優缺點

　　近年來青少年兼職風氣盛行，除了是因為要賺取學費減輕家庭負擔之外，更因消費文化及消費產品的推陳出新，某些商品對青少年誘發強烈吸引力，青少年因此想要工作賺錢以購買想要的商品，導致打工、工讀現象迅速地擴大。這股青少年打工風潮因而延伸出打工問題，社會輿論及學術界對青少年打工帶來的正負面影響存在很大的爭議，認為打工有以下的正面意義：可成為一種人生歷練、使青少年了解賺錢不易、學習經濟獨立、培養責任感、學習人際互動、有助於畢業後的就業。認為打工會對青少年

造成的負面影響有以下幾項：影響課業成績、導致上課缺席、感染不良嗜好、誤入法律陷阱、物質慾望難以滿足等（黃韞臻、林淑惠，2010）。

反對者認為打工行為占用了青少年原本用以從事學業活動的時間，也耗費不少的體力，以致青少年的課業大受影響，對長期而言有不利的影響。不少研究都發現工時過長對課業學習和認知發展有負面影響，只是何謂工時過長，仍無定論。美國一項長期追蹤23所大學生的研究，發現工作超過每週15或20小時就會對認知發展有負面影響。但是有學者以美國華盛頓州所有公私立大學裡接受獎學金的學生與在校內工讀的學生為對象，探討工作時間對學業的影響，結果發現工作的時間對學生的學業總平均成績沒有影響。工作時數和學習是否相關，除了個人學習動機強弱之外，也與打工或工讀的類型有關（黃雅容，2008）。黃雅容（2008）的研究發現，在學期當中，大學生理想的工作時數最好每週不要超過25小時。

 ## 貳　青少年打工的研究

目前國內外學者針對青少年兼職工作的相關研究探討多著重在青少年就業狀況調查、打工帶來的正負面影響、青少年安全、不公平待遇、青少年工作價值觀、生涯輔導或衍生問題之諮商輔導等方面，大部分以大專生為研究對象，因為在大學時期沒有國高中的升學壓力，每週上課的時數也較少，因而有較多的時間可以打工（胡蘭沁，2006）。而近年來針對高中職學生打工的研究也在增加之中。

一、大專生的研究

黃韞臻和林淑惠（2010）以中部大學生為對象，調查大學生的打工、實習現況與看法，有效樣本共988人，其中73.2%具打工經驗，半數以上的學生打工的目的為「賺取生活費用」；調查對象中有39.7%的比例具有實習經驗，其中以「我想要事先認識工作環境」、「我學會到人與人間相處的關係」獲得最大的認同。胡蘭沁（2006）研究大學生打工的情形，研究結果發現：男大學生的工作時數與工作壓力皆較女大學生大，並且男生專

職或無工作者比例也較高；大一學生工作時數最高，但兼職比例最低，大二學生卻剛好相反，打工者比例顯著上升，但打工時數卻是最低，大四學生則是工作經驗與自主性最高；家庭社經地位愈低之大學生工作經驗愈高，兼職比例也愈高；不同學院大學生中，人文社會學院之學生兼職比例最高，並且平均工作薪資也最高。

李文瑞和陳詳衡（2008）以技職院校大學生為對象，發現大學生每週打工時數多數在8小時以內，其次為25小時以上。而打工之目的多數為了自我生活，其次為休閒娛樂，第三為打發時間。與一般人認為打工是為了賺取學費有明顯之差異，並且幾乎很少大學生是為了貼補家用而去從事打工工作；此外，研究也發現打工時數與學業成績呈顯著負向影響。當大學生在工作與課業衝突時，將會採用何種壓力因應方式？張曉楨和何秀慈（2013）的研究結果發現，少部分的學生會採取較消極的因應方式來面對問題，如遷怒責怪別人、放棄不理會、自暴自棄等方式；但大多數的大學生會使用正向積極的因應方式去面對，如找出問題的來源、尋求他人的協助。

胡秀媛等人（2016）以北部地區五間專科學校共438名受試者為研究對象，探討青少年打工活動之相關因素及其影響層面，主要發現如下：1.受試者曾經打工的比率為100.0%；初始打工年齡階段以專科階段為主（81.7%）；打工所得以5,000元以下占多數（37.7%）；打工時段以12-18點最多（63.9%）；多數受試者每週打工時數介於8-16小時（36.6%）；打工場所則以工廠占多數（32.2%）。2.在打工動機上，多數五專學生主要動機為獲得工作經驗。3.在影響層面上，多數學生認為打工主要益處為「可學習到不同工作角色」（90.4%）；主要害處則為「睡眠不足」（55.7%）。

二、高中職生的研究

王純蕙（2017）使用「臺灣青少年成長歷程研究」第五波調查資料，共有1,772位高中生為本研究的分析樣本。樣本中共有455位打工，占25.68%，在學的青少年打工與其快樂感、總體自評健康及生重病或受傷並

沒有顯著相關，但有打工的學生可能較容易有睡眠上問題，及養成不良健康行為，例如抽菸及喝酒。楊睿哲（2008）探討臺灣高中職學生的在學打工行為，會對其畢業後之就學或就業選擇產生何種影響，研究對象是「臺灣青少年成長歷程研究」資料庫中的樣本。研究結果顯示，對高中畢業受訪者而言，高中時期的在學打工行為與進入普通大學就讀呈負向的關係；高中只要有過打工經驗，便會顯著提高受試者轉換跑道就讀科大或技術學院的機會。

全國中學學生權益研究會進行「全國高中職學生勞動權益調查」，研究結果如下：高中生打工以短期兼職為主，五成三為餐飲業，其次為服務業、工廠、文教等。超過兩成高中生未投保勞保，兩成六不知道是否投保；近六成為了賺零用錢而打工，其次為賺學費、分擔家計。調查也發現只有六成四高中打工族薪資符合基本工資。勞動權益方面，高中打工族在意薪資，其次為休假、工作時數、排班（沈育如，2020）。

三、工作價值觀

舒伯（Super, 1970）認為影響個體的職業選擇與生涯的主要因素是「工作價值觀」，可見於生涯探索過程中，認識自我工作價值觀是選擇職業的重要依據。根據《管理雜誌》針對大專畢業生的調查報告顯示，大專畢業生在選擇工作時考慮的條件，是以薪資與福利制度為第一優先考量（黃韞臻、林淑惠，2010）。工作價值觀乃是個人工作時所持有之信念，用以評斷工作相關事物或行為的準則，並反映個人需求及偏好，以引導態度傾向、行為方向和追求工作目標（林惠彥、陸洛、佘思科，2011）。工作價值觀是一個人職業選擇與就業目標的重要決定因素，而青少年時期是形成職業興趣與職業認同之關鍵時期，因此青少年時期的工作經驗對其未來對工作的看法會有重要的影響力（胡蘭沁，2006）。

舒伯（Super, 1970）提出了工作價值觀量表（Work Values Inventory, WVI），將工作價值觀的類別分成利他主義、審美、創意、智慧激發、獨立性、成就感、聲望、管理權力、經濟報酬、安全感、工作環境、與上司關係、與同事關係、變化性、生活方式等15個項目。林惠彥等人（2011）

再依相關學者的研究，將工作價值觀分為以下七項：工作保障、高收入、升遷機會、工作有趣、工作獨立、可幫助人、回饋社會。從上述項目中，可以分成內在與外在工作價值觀二大類，內在價值是個體傾向於追求在工作中能使個人自我成長、發揮個人才能與創造力、提升生活品質、獲得成就感、贏得他人尊重與肯定以及達成人生目標的價值；外在價值為個體偏好工作所得、升遷機會、工作安定性與聲望等方面的價值（胡蘭沁，2006）。林惠彥等人（2011）的研究發現工作價值觀與工作現況間存在著落差，而保障落差、收入落差、升遷落差與有趣落差可預測工作滿足；保障落差、升遷落差、有趣落差與回饋落差可預測離職傾向。

黃韞臻和林淑惠（2010）以中部高年級的大學生為研究對象，探討有無打工、實習經驗的學生在工作價值觀的差異比較。研究結果得到以下發現：1.大學生的工作價值觀以「工作環境與安全感」、「福利與升遷」、「人際關係」等3個層面的重視程度較高；2.女生對於工作價值觀重視度顯著高於男生；3.具工讀經驗者，在「工作環境與安全感」、「福利與升遷」的重視度顯著高於無經驗者；4.具實習經驗者，在「利他主義」層面的重視度顯著高於無經驗者；5.大學生的打工、實習經驗與其工作價值觀具顯著關係。胡蘭沁（2006）以全國北、中、南三地區的大學生為研究對象，探討大學生兼職與其工作價值觀之關聯性，研究主要的發現如下：大學生兼職工作狀況與其工作價值觀有顯著關係，女大學生對工作中人際互動關係較為重視，而工作內在價值觀較強之大學生所兼任之工作自主性與技術性也較高。

參 青少年失業

國內對於失業問題雖然日漸重視，但對於青少年失業的研究仍屬少數，大都只是運用官方二手統計資料探討青少年就業困境、失業現況與政策建言等（曾敏傑、林佩瑤，2005）。依統計資料顯示，我國2021年青少年失業人數20.4萬人，失業率8.8%，較109年上升0.2個百分點，高於全體之4%，可能與青年初入職場尚在學習摸索階段，且多非家計主要負擔

者，致轉換工作頻率較高等因素有關，惟隨年齡增長失業情勢回穩，失業率亦由15-24歲之12.1%降至25-29歲之6.6%；另青少年失業週數為19.4週，長期失業者比率為8.7%，均低於全體之20.2週及10.7%（勞動統計通報，2022）。由於15至24歲之專科與大學畢業者，多屬剛出校門而未具工作經驗者，因工作經驗不足而形成求職門檻。此外，「國中及以下」和「高中職」之青少年，因進入職場相對較早，因此其在「工作經驗不合」上遭遇求職困難比率即低於整體水準，但這些教育程度較低的青少年也反映因「教育程度不合」而遭受求職困難（曾敏傑、林佩瑤，2005）。曾敏傑和林佩瑤（2005）由行政院統計資料，間接推論「15至19歲」之青少年，其教育程度約在「高中職以下」者，傾向因家境困難而不能再升學，並選擇提早進入就業市場以協助家庭經濟條件，而他們在求職上的主要困難也多反映在「教育程度不合」，同時就業後實際的失業率也是各年齡層中最高者，顯示青少年勞工中，年齡較輕且教育程度較低者，其因家庭因素提早就業所致的困難與高失業率，尤應獲得政策加以重視。

　　青少年失業率高的原因之一是不願意屈就低薪高工時的工作，企業為降減人事支出成本，開始大量利用派遣、外包、部分工時及臨時性等非典型就業模式。為掩蓋低薪，企業一再釋出高薪找不到青少年的說法，但所謂的高薪，卻是超低月薪，加上超時加班、全勤、輪班等津貼獎金的總合。因為市場勞務價值偏低，缺乏合理報酬的誘因，導致青少年勞動意願低落而選擇退出市場（洪敬舒，2014）。近幾年因網路帶來的便利性改變了消費習慣，加上新冠肺炎疫情的延燒，更是帶動了Uber EATS、foodpanda外送服務的蓬勃發展，吸引了大批的青少年投入外送員的行業，因為工時有彈性、不用輪班，而且薪資所得比在工廠擔任操作員還要高。這種現象顯示青少年是不願從事「低薪又超長工時的就業環境」，而不是「青年只想吹冷氣當白領」（洪敬舒，2014）。

 ## 肆　弱勢青少年的生涯準備

　　現今臺灣社會中，繼續生存在教育體制中才是青少年的正確道路，未

升學未就業青少年自動被歸類為偏離正軌的一群人。提早離開學校體系的青少年，他們的過渡期是被急迫壓縮的，可能原因包括獨立生活需要、家庭系統支持不足、與外界連結不多等原因，使得這群青少年必須提早進入職場。但是又因為職場的適應不良，導致他們又離開職場，有些人甚至就此長期離開職場。這些現象使這些青少年逐漸被職場邊緣化，造成青少年職涯發展陷入惡性循環（林哲寧，2013）。這類弱勢青少年包括國中的中輟生、高中職的中離生，因為未在學未就業，也未參加職業訓練，整天遊手好閒，成為社會治安的隱憂。此外經濟弱勢的及原住民青少年，皆是本小節所要探討的對象，如何協助他們做好生涯準備是一項重要的課題。

一、尼特族

從尼特族（NEET, Not in Education, Employment or Training）縮寫的定義來看，尼特族需同時符合三項條件，亦即目前沒有就學、沒有就業以及未接受任何職業訓練。尼特族的形成包含下列幾項：在家庭資源方面生長在低收入、負向家庭生活經驗的青少年可能容易失去工作興趣，因而成為尼特族。而在父母教養方面，父母親過度保護子女、不願意放手讓孩子自立生活的情況下，使得孩子對未來沒有責任感，因此助長尼特族的形成。在學校教育因素方面，學校教育的缺失可能是影響尼特族不願繼續進修和工作的重要因素，例如在學校所學非用、升學主義掛帥、缺少為職業做準備，以及高等教育的快速擴張，促使多餘的人才無法就業。在經濟與就業環境因素方面，青少年勞工多半是低薪資、長工時，或者以學徒名義進入工廠工作，薪水甚至遠低於最低基本工資，長工時的結果限制了青少年勞動社會參與機會（林哲寧，2013；黃民凱、黃素雲，2013）。由林哲寧（2013）所創辦的「乘風少年學園」最近五年的統計分析，發現尼特族是男性多於女性，而年齡的差距，則以15歲為最大宗（62人），再者為16歲（60人），最年長的學員為19歲。在學歷方面包括國中應屆畢業或前屆畢業、高中職休學也占有一定的比例。

二、高職建教合作班

　　建教合作教育是高職與產業界建立合作關係，以培養基礎技術人力，這種教育型式是學校與產業雇主合作下的一種技術及職業教育方案，使學生一方面在學校接受職業教育，另一方面到企業界接受工作崗位的訓練（宋修德、謝品軒，2017）。香港的「商界─學校協作」類似建教合作班，研究證實這類的職業教育，能為弱勢學生提供更實際的升學就業資訊及職場體驗（何瑞珠等，2015）。建教合作教育的規劃，期望協助經濟弱勢的青少年，以工作的方式賺取學費，並協助他們習得一技之長，以便畢業後能順利進入職場。然而近年來建教生勞動權與受教權被剝削的案例，普遍受到社會關注，2013年政府為健全建教合作制度，保障建教生權益，提升職業教育品質，公布《高級中等學校建教合作實施及建教生權益保障法》。蔡宜穎等人（2016）探討建教專法是否能改善建教合作職場實習問題，研究發現建教專法確實能提供學生有系統的教育訓練及學習環境、訂定合理薪資及福利、加強建教生的生活及技能輔導與協助學生適性的生涯發展，但是仍存在著職場銜接問題、超時工作及工作報酬的落差狀況，因此建議對於職場超時工作宜進行更嚴格的監督。因為建教合作班最常受到詬病的是雇主對青少年的剝削，涂曉蝶（2021）在《失去青春的孩子：美髮建教生的圓夢與碎夢》這本書裡訪談了17位美髮建教生的故事，記錄了包括長工時、薪資苛刻、教育訓練不落實等現象。這些當年15-18歲的受訪者，有的人迫於現實、選擇承受不平等待遇，也有人勇於挑戰、蒐集資料後捍衛自己的勞動權益。這些受訪者有人後來成功當上設計師，有人因此習得一技之長，有人選擇違約，有人轉換跑道。有了建教專法就可約束企業對建教生的無理要求，更能保障建教生的勞動權益。

三、原住民青少年

　　依據原住民族委員會（2019）的調查，原住民族的學歷以高中（職）所占的比例最高，專科大學的比例偏低；職業則多數從事製造業、營建工程等勞力密集工作。原住民族青少年的職業選擇，多數被鼓勵以教師、

職業軍人、警察、護士為生涯志向，這些職業的共同特徵在於穩定性，能確保收入穩定且失業風險低。運動表現突出的少年常被鼓勵往運動方向發展，因為運動在原住民族社群中，被視為社會流動的機會。雖然體育、音樂、舞蹈是多數原住民族的擅長項目，卻也成為對原住民族的刻板印象，認為只要有原住民族血統就一定擅長或喜好運動、音樂、舞蹈。現實需求和刻板印象都可能使原住民族少年過於早閉或窄化了自己的生涯方向，原住民族青少年也可能會受到生活現實的影響，限縮了自己的生涯選擇。生涯興趣的投入，一方面讓青少年感受自我效能，促進他們投入學習、掌握學習方法，並增加學習新事物的動機；另一方面，透過積極經營生涯興趣，會促發青少年對未來的想像，思考生涯方向。而透過累積與生涯興趣相關的技能，會讓青少年對未來更有掌握感，一步步具體化未來生涯的規劃。因此幫助少年識別和追求生涯興趣，有助於提升青少年對未來生涯的準備（楊佩榮等，2019）。

第三節 青少年的生涯教育與輔導

　　生涯輔導的奠基者是美國波士頓大學教授帕森斯（F. Parsons），他於1908年創辦波士頓職業指導局，1909年出版《選擇職業》（*Choosing a Vacation*）一書，第一次運用「職業輔導」這個專業術語。他主張了解自我、了解工作世界，並合理推論此兩因素的相關（人事配合）（matching man and job），認為這是職業輔導工作的主要內容。然而此一理論逐漸受到攻擊，批評者認為此一主張並不具理論性質，且無法考慮個人生涯發展過程之所有內涵（吳芝儀，2000）。後續學者提出多種生涯輔導理論，闡述生涯輔導的實施方式，促進此一領域的蓬勃發展。生涯輔導與生涯教育雖然名詞不同，但實質內涵是一致的，生涯教育通常是由學校的輔導教師擔任相關課程的授課，對於有特殊需求者，再輔以小團體諮商或個別諮商，使青少年的生涯展目標更為明確。

生涯輔導的意義

　　生涯輔導（career guidance）的概念源自職業輔導，意在協助個人做職業的選擇，偏重人與事的配合。隨著時代的發展，狹義的職業輔導已不足以適應個人的整體生活與現代社會要求，生涯輔導一詞乃應時而興，生涯輔導的涵義比職業輔導寬廣，並適合個人生長發展與社會潮流（馮觀富，1997）。生涯輔導係指由輔導人員結合其專業知識提供一套有系統的計畫，用來促進個人生涯發展。在這套計畫中，結合了不同心理學的方法與技術，幫助個人了解自己，了解教育環境、休閒環境與工作環境。經由生涯決定的能力，選擇適切的生活方式，增進個人的幸福，進而謀求社會的福祉。生涯輔導的積極做法也是在於防患於未然，也就是協助學生在進行生涯規劃時，將有關因素列入研判，並且注意未來社會趨勢的資訊，例如職業展望、人力推估等，以未來的眼光決定現在的方向。其次，消極的做法是培養學生應變的能力，例如中文系畢業的學生因為中等學校減班而出路不佳時，能有應變對策（周新富，2019b）。

　　生涯介入（career intervention）的概念與生涯輔導頗為近似，生涯介入的目標在促進個人的生涯發展及影響生涯決定過程，生涯介入的形式相當多元，包含生涯輔導、生涯發展、生涯教育、生涯諮商、生涯資訊和生涯教練（career coaching）。生涯教育與生涯輔導這兩個名詞很容易使人混淆，生涯教育這個名詞開始出現在1970年代，是透過不同的教育策略，試圖有系統地影響學生和成人的生涯發展，這些策略包含提供職業資訊、將生涯相關概念融入到學術性課程、到工商企業參訪、邀請不同職業的從業人員至校演講、開設生涯相關的課程等。生涯教育方案與生涯發展方案可視為同義字，有時與生涯輔導方案是相同的。生涯諮商（career counseling）也是與生涯輔導很類近的一個名詞，這是對正在尋求生涯抉擇和生涯調適協助的個人或團體提供服務，其過程包括建立關係（rapport）、評估問題、目標設定、介入（intervention）、終止（Brown, 2012）。

生涯輔導的內容

生涯輔導的對象是成長中的個體，一個人在變動的社會中，從生涯認知、生涯探索、生涯準備，到生涯選擇，以至於投身至工作世界，完成一生的事業環繞著個人的生涯發展，生涯輔導所提供的服務係強調包括以下的內容（周新富，2019b；金樹人，1998）：

一、生涯規劃和生涯決策能力的發展

人在一生當中會遭逢到不同的生涯抉擇，例如國中畢業即面臨第一個生涯抉擇，是選擇就讀高中、高職、五專或就業？高中畢業又面臨升大學、選系、就業等抉擇，進入大學後，又有轉系、就業、轉業等等一連串的抉擇。因此生涯輔導的首要工作要協助個體學習如何規劃人生，在面對各種抉擇情境時，能夠明確界定問題，蒐集並運用資料，以提高生涯的規劃和決策能力。

二、了解自我狀況和澄清個人價值觀的輔導

生涯輔導要協助個體了解自我，不僅要了解個體的能力、能力傾向、興趣、個性等情況，還要辨析和澄清個人的職業價值、個人生涯發展的狀況；不僅要知道職業的事實狀況、有關的信息，還應該結合個人的期望和價值傾向。

三、重視生活方式、價值及休閒的整合

生涯的選擇就是一種生活方式的選擇，是一種結合了工作、學習與休閒的特殊生活方式的選擇。教育、休閒與職業，交織影響而形成個人特有的生活方式，每一個人的生活方式又和其價值觀念的清晰程度與內涵有關。傳統職業輔導的做法，並不太重視休閒生活的輔導，生涯輔導係將休閒視為生涯中與教育、職業不可分割的部分。因此，生涯輔導所關懷的是一種全方位生活方式的選擇，更深層地看，是關懷一個人生命意義的選擇。

四、強調自由選擇與責任承擔

　　青少年最普遍的問題就是生涯選擇的問題，在生涯輔導的過程中，輔導人員儘量提供不同的選擇方案，力求配合個人的特質與抱負，同時斟酌社會環境的需要，由學生擇一而行，其背後的精神，是對學生自由選擇權的尊重。生涯輔導同時強調責任承擔，輔導人員協助學生增進對自我的了解，以及對環境的了解，一方面增加自我強度（ego strength），另方面可以增加對環境的操控性與適應性；輔導人員提供學生的選擇方案，是詳細評估其可能的後果及利弊得失，再由學生自由選擇。所以生涯輔導能同時兼顧「自由選擇與責任承擔」的精神。

五、培養因應變遷的彈性和能力

　　現代化的社會變遷迅速，職業的內涵、職業在社會上的品評也不斷更替，各項職業供需之間的落差難以逆料，雖說世事難料，人必須有應對的方法，也就是具備應變的能力。生涯輔導必須協助個人思考持續性的生涯規劃、達成目標的多種途徑和目標的彈性，並發展出能因應社會及職業條件快速變化的方法。

 生涯輔導的實務工作內涵

　　生涯輔導的理念如要有效落實，則需有適當的實務工作相對應，本小節先由史旺的生涯金三角談起，其次探討實施生涯輔導的實務工作內容。

一、生涯金三角理論

　　美國學者史旺（Swain, 1984）的生涯規劃模式，將複雜的生涯理論，以簡單明瞭的圖形呈現出來（如圖9-1所示），這個模式告訴我們在做生涯決定時要考量「自我」、「教育與職業資料」及「環境」三個面向，一般稱之為「生涯金三角」。目標的決定是三角形的核心，要考慮因素首先是自己，因為決定的對錯、成敗，最終都要由自己來承擔，所以應先考量

自己的能力、性向、興趣、需求與價值觀。第二個小三角形是指「個人與環境的關係」，包括家庭與師長、社會與經濟，及其所形成的助力或阻力等因素；第三個小三角形是「教育與職業資料」，這部分包括對各種生涯選項的了解與資訊蒐集，例如與人的接觸、閱讀印刷品、視聽媒體、參觀訪問和演講講座等。自己的決定如果能得到客觀環境的支持，以及完整的資料、訊息做後盾，生涯目標的完成會更加順利。史旺的理論對學校實施生涯輔導有以下的啟示：學校教育引導學生透過自我覺察及生涯覺察，可以協助學生做好生涯規劃。自我覺察、生涯覺察與生涯規劃是生涯發展的三個主要內涵，亦可作學校規劃生涯輔導實務工作的理念依據（方崇雄、周麗玉，2003）。

二、生涯輔導的具體做法

生涯輔導的具體做法因不同教育階段而有不同的做法，但其共同點均針對輔導對象所面臨的問題予適切協助。常見的生涯輔導的具體做法包括生涯探索、認識職業世界、生涯決定、生涯進路規劃等項目，以下分別介紹之（林育陞，2016；周新富，2019b；教育部，2011）：

㈠生涯探索

生涯探索也可視為職業方向的探索。有部分學生的生涯問題在於不知如何選擇職業，甚或不知哪類職業較適合自己，此類問題可歸之為職業認同（vocational identity）的問題。對於這類的學生協助其探索自我、了解自我，重於對工作世界的探索。而對自我的探索包括：1.評估自己的能力、性向、性格、興趣、價值觀等特質；2.探索自己對各項特質的態度與接納程度；3.了解影響自己未來發展的「助力與阻力」；4.了解家庭、社會與經濟等外在因素對未來生涯發展可能的影響。

㈡認識職業世界

認識職業世界包括各種升學、就業資訊的提供，協助學生了解職場的需求、所需的能力、職業的特性、就業管道、工作內容及發展前景等，進而能主動蒐集、評估與運用生涯資訊，而為升學進路與未來就業途徑做

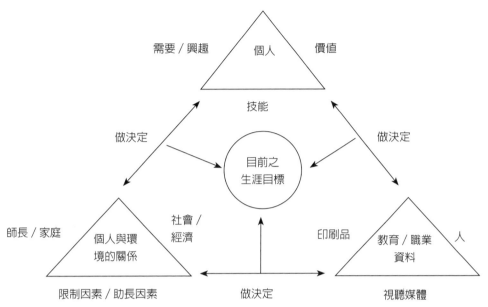

圖9-1　生涯規劃模式

資料來源：周新富（2019b，頁224）

好準備。職業世界的認識除了讓學生了解客觀的職業資料外，個人對職業
資料的主觀感受也非常重要，主觀感受是個人職業決定的基本要素之一。
針對職業世界進行探索時要掌握兩項重點：1.如何取得並使用職業資料；
2.這些職業資料如何形成個人的生涯知識。前者為客觀的職業資料探索，
後者為個人對職業資料的認知及處理。

㈢生涯決定技巧

　　生涯規劃的五大要素包括知己、知彼、抉擇、目標、行動，教導學
生為自己的生涯發展做決定的技巧是重要的實務工作內容。生涯決定包含
抉擇技巧、抉擇風格，及抉擇可能面臨的衝突、阻力、助力等，根據生涯
決定擬定生涯計畫並能適時有效調整內容。在做生涯決策的過程中，可以
採用三個步驟來協助學生做決定：1.考慮個人的主觀價值因素，去除不感
興趣的職業群；2.在所剩下的職業群中排出可以接受的選擇；3.列出重要
的考慮因素，並根據這些因素對所剩的選擇作加權分析。有時學生因職業

認同尚未明確因而產生焦慮，因焦慮而難以做決定，這時輔導的方向，除技巧的學習之外，需要回到職業認同的問題上，並應協助學生了解其個人特質。

㈣生涯進路規劃

國中畢業後的進路選擇，是人生中首次面臨升學與職涯發展的重要抉擇，協助學生做出適性的教育進路選擇是生涯輔導工作的重要內容。輔導室要辦理升學與就業的諮詢服務，協助學生思考生涯發展進路。升學方面的輔導包含升學制度、學校科系的介紹，以及推甄面試準備工作等；求職方面的輔導則包括個人就業的準備度、晤談面試技巧的練習及個人履歷自傳的撰寫等。

 ## 學校實施生涯輔導的方式

高中職的生涯輔導除了學生將面臨的選組、選系的升學課題外，對於建立生涯規劃的概念、探索生涯發展的方向和了解環境等，均應是生涯輔導的重點。國中階段同樣面臨升學的抉擇，少部分國中生接受職業試探課程，原則上是強調生涯探索，讓學生了解自己的生涯興趣。以下為常見的辦理方式（楊靜芳，2011；韓楷檉、蘇惠慈，2008）：

一、提供書面資料

生涯資訊的蒐集與提供，可協助學生對教育與職業世界有基本的了解與認識，其做法包含：1.蒐集各大學校系簡章，成立專區，供學生查詢；2.蒐集大學多元入學方案、學習檔案製作方式等參考資料供學生參考；3.針對報章雜誌所報導的升學及生涯專題，定期製作成海報，張貼在「輔導園地」，讓學生能在校園裡隨時獲得最新資訊；4.編印「生涯輔導手冊」，作為高一學生生涯輔導課上課補充教材。國中則是蒐集各高中職的簡介、電子資料或書籍供學生借閱，升學資訊的提供如同高中職做法。

二、心理測驗的施測

對自我充分的了解是做出正確生涯抉擇的第一步，心理測驗的施測正是幫助學生以客觀的方法了解自己的方式，高一時施測「高一性向測驗」、「大考中心興趣量表」，於高二時施測「人格測驗」，高三施測「大學學系探索量表」，對於有特別需要的同學，再個別施測「職業興趣組合卡」。國中階段則實施賴氏人格測驗、國中新編多元性向測驗、興趣測驗等，幫助學生了解與探索自我，認識自己的潛能與興趣。

三、實施生涯規劃課程

對高中生來說，要做的第一個生涯抉擇便是「選組」，為輔導學生做適性的選擇，輔導室利用每週一堂課時間實施生涯規劃課程。課程中協助學生探索自我內在世界、介紹大學學群及職業世界、教導同學抉擇的技巧，期能在自然組與社會組之間順利地做選擇。國中生的生涯輔導機制是實施「生涯輔導紀錄手冊」，內容涵括學生的成長軌跡、各項心理測驗結果、學習成果及特殊表現、生涯輔導紀錄等，並透過生涯發展規劃書，幫助學生在進行進路規劃時有更清晰、明確的步驟和方式。生涯輔導紀錄手冊結合生涯檔案資料，透過課程的設計及教學的安排，協助學生探索自我，認識升學進路及工作世界。

四、舉辦相關活動

輔導室辦理演講等活動，進行生涯探索與規劃活動，例如學術生涯試探活動，活動內容包括職業座談、面試講習及模擬面試；職業生涯探索座談請家長或校友現身說法，為學生介紹某些專業領域的工作內容。高中職亦可辦理大學校系宣導、大學參訪、大學甄選入學輔導、選填志願輔導等活動。國中階段的宣導與演講則有技職教育宣導活動、辦理親職講座等，向學生及家長宣導建立生涯輔導之基本觀念，協助其子女選擇適合之生涯方向。

五、提供個別生涯諮商

因應學生個別需要，輔導教師提供諮商服務，希望透過個別晤談的方式，使同學能更充分地自我認識，對困擾的生涯問題能更有洞察力，以期做出良好的生涯抉擇。也可在親職教育日讓家長預約與輔導教師進行生涯諮詢，提供家長深入了解新的升學制度、升學進路。

自我評量

一、選擇題

(　) 1. 青少年打工或兼差的工作型態，根據舒伯（D. Super）對生涯發展階段的看法，屬於下列哪一個階段？　(A)成長　(B)探索　(C)建立　(D)維持

(　) 2. 十二年國教推動適性輔導，根據舒伯（D. Super）生涯發展理論，下列哪一項活動較不符合國中學生的需求？　(A)技藝教育學程　(B)多元才藝活動　(C)校園徵才博覽會　(D)高中職體驗課程

(　) 3. 根據金滋伯（E. Ginzberg）之生涯發展理論，十一歲至十八歲的青少年會進入生涯選擇的試驗階段，此階段可再分成四個時期，下列何者正確？　(A)能力、價值觀、興趣、決定　(B)興趣、能力、價值觀、轉換　(C)興趣、探索、驗證、轉換　(D)價值觀、興趣、能力、評估

(　) 4. 高一的小剛喜歡收養流浪狗、幫助班上弱勢的同學，並利用假日到家庭扶助中心當義工。根據賀倫德（J. Holland）生涯類型論，小剛較屬於下列哪一種類型？　(A)研究型　(B)實際型　(C)社會型　(D)傳統型

(　) 5. 教師請國中學生訪問自己的父母，以瞭解父母所從事的職業。這是協助學生進行哪一個面向的生涯探索？　(A)工作世界　(B)個別差異　(C)社會環境　(D)自我覺察

(　) 6. 十四歲的伯翰評估自己在數理上的能力很強，但運動能力很不好。根據金滋伯（E. Ginzberg）在「發展性生涯選擇理論」（developmental career choice theory）上的看法，伯翰是在哪一個生涯選擇階段？　(A)實現期　(B)探索期　(C)幻想期　(D)理想期

(　) 7. 根據舒伯（D. Super）的生涯發展理論，青少年階段最重要的發展重點為何？　(A)讓自己的能力、興趣和自我概念能充分的發展　(B)多瞭解自己的興趣和能力，以及工作世界的面貌　(C)從一些工作的經驗中考慮職業和自我興趣的配合　(D)爭取不同的工作經驗，建立正向自我概念與信心

( ) 8. Super提出生涯彩虹發展階段，把人的生涯分為五個階段，試問下列何者正確？ (A)探索、成長、維持、建立、退離 (B)探索、成長、建立、維持、退離 (C)成長、建立、探索、維持、退離 (D)成長、探索、建立、維持、退離

( ) 9. 下列哪一個描述符合特質論（trait-factor approach）的生涯發展觀點？ (A)只要我想想要當個好老師，不論我原先是個怎樣的人，動機會決定一切 (B)中學老師有很多種可能，不論哪一種人，只要夠努力都會是個好老師 (C)要當好中學老師一定要有某些特質，我相信自己的性向可以讓我當個好老師 (D)好老師有很多種，不論我的特質是否適合，工作磨練會讓我成為一個好老師

( ) 10. 根據舒伯（D. Super）的觀點，就青少年階段的生涯發展，下列哪一項較不重要？ (A)選擇特定職業 (B)嘗試某些工作 (C)運用資訊自我探索 (D)擴大對職業的視野

( ) 11. 旅居英國的服裝設計師小剛，從小愛玩芭比娃娃，喜歡拿針線為娃娃縫衣服，未滿18歲時，就懂得做時尚生意。根據賀倫德（J. Holland）的生涯類型論（theory of career typology），他的人格類型可能為何？ (A)藝術型、企業型 (B)藝術型、實際型 (C)企業型、社會型 (D)研究型、傳統型

( ) 12. 王老師在輔導學生就業時，強調學生能力、興趣必須和職場所要求的條件相適配。請問王老師的作法屬於哪一種理論取向？ (A)特質因素論 (B)自我發展理論 (C)生涯選擇的社會生態模式 (D)職業選擇及人格論

( ) 13. 羅伊（Ann Roe）的生涯選擇人格論，強調家庭經驗對日後職業選擇行為具有重要影響力。所謂家庭經驗，係指個體在下列哪一個時期的經驗？(A)童年早期經驗 (B)少年時期經驗 (C)青年時期經驗 (D)壯年時期經驗

( ) 14. 金茲伯（Ginzberg）的生涯發展階段論中，青少年期（11-17歲）是屬於哪一個階段？ (A)幻想階段 (B)試驗階段 (C)實現階段 (D)統整階段

( ) 15. 輔導老師與小伶談話過後，發現小伶深受家人性別刻板印象的影響

而限制了他對職業的選擇，請問以下何種生涯理論較適用理解小伶的生涯困境？　(A)設限與妥協理論　(B)特質因素論　(C)生涯發展階段論　(D)何倫的類型論

(　) 16. 葛雷特（Gelatt）的職業決策模式，在實際應用時包含五個主要步驟。其內容有：A經驗做決定的必要性同時為自己建立目標、B蒐集資料、C分析所蒐集的資料、D評量並做成決定、E瞭解價值系統在決定歷程中的重要性。若依這五個步驟的先後順序排列，下列敘述何者正確？　(A)A-B-C-E-D　(B)A-B-C-D-E　(C)B-C-E-A-D　(D)B-C-A-E-D

(　) 17. 史旺（R. Swain）的生涯發展黃金三角形，提出瞭解生涯發展有哪三個向度？　(A)自我、支持系統、資訊　(B)自我、環境、資訊　(C)自我、環境、支持系統　(D)自我、職業、資源

參考答案

1.(B)　2.(C)　3.(B)　4.(C)　5.(A)　6.(B)　7.(B)　8.(D)　9.(C)　10.(A)　11.(A)
12.(A)　13.(A)　14.(B)　15.(A)　16.(A)　17.(B)

二、問答題

1.何倫（Holland）所提出之類型論，其基本假設與內涵各為何？

2.請略述舒伯（Super）生涯發展理論的要點，並依該理論說明您目前正處的階段所關切的重點為何。

3.國三的湘玲面對畢業，不確定要念高中或是高職。有哪些生涯輔導的方法協助她完成目前的生涯發展任務？請列舉並簡略說明三項生涯輔導的方法。

4.面對中學生升學或就業選擇的迷惘時，就生涯規劃與探索的觀點，教師可提供哪些協助？

5.十二年級的建明想要擬定一份生涯發展計畫，他應考慮哪些因素？請舉出五項。

6.請說明生涯輔導的意義與內容；面對多元複雜的社會與許多不確定因素，生涯規劃是否仍有實施之價值，試申述之。

7.請分別說明國中及高中職生涯輔導的實施方式。

第十章

青少年與家庭的關係

　　布朗芬布倫納的生態系統理論，認為微系統（microsystem）是對青少年最具立即性影響系統，家庭、同儕及學校屬之。青少年成長過程中，雖然家庭、學校、社會三方面對青少年都具有影響，然而不可否認地，青少年與家庭的接觸最為久遠，而家庭因素也可能是學校和社會因素的根本，因此家庭因素對青少年的影響可能最為深遠（黃德祥，2005）。一般而言，家庭具有以下幾方面的功能：1.生育；2.性生活；3.經濟；4.撫養和贍養；5.教育和社會化；6.情感交流；7.娛樂；8.宗教；9.傳遞特權等。但隨著社會的變遷，家庭的功能逐漸在萎縮中，西方學者甚至提出「家庭危機」、「家庭崩潰」等論點來說明現代社會中家庭功能的變化，但家庭在教育及社會化的功能仍受到普遍地重視（周新富，2022b）。在本章將探討青少年的家庭關係，將要檢視在家庭系統中的不同因素對青少年發展的影響，首先探討父母的親職，也就是教養方式，對青少年的心理發展有何影響；親子關係說明青少年對父母的依附情形，在第二節中將探討親子關係的相關理論及親子衝突的因應。第三節所要探討的是不同家庭結構對青少年的影響，我們將討論單親家庭、再婚家庭、雙薪家庭、隔代教養家庭及同志家庭對青少年的影響。

第一節　父母親職與青少年發展

　　家庭生活有一套與生命過程關係密切的循環模式，稱之為「家庭生命週期」（family life cycle），該理論認為家庭具有產生、發展和自然結束的動態過程，多數家庭都會經歷特定而可預知的生活事件，大多數的學者將家庭生命週期分為八個階段：1.新婚夫妻（married couple）；2.養育孩子的家庭（childbearing family）；3.學齡前孩子的家庭（preschool children）；4.小學年齡孩子的家庭（school children）；5.青少年子女的家庭（teenagers）；6.孩子已成年且離家的家庭（launching children）；7.中年父母的家庭（middle-aged parents）；8.老年的家庭（aging family members）（周新富，2006）。在不同的週期中，有不同的發展任務要完成，家有青少年的家庭，父母會面臨親子衝突與管教子女的難題，這個階段的親職不同與其他階段，父母對於子女的教養問題需要更加費心。

 ## 壹　親職與共親職

父母扮演的親職角色不僅對青少年的發展過程有很大的影響，親職對父母本身也是重大的壓力事件，尤其當親子間無法形成良好的互動時，不僅父母失去教養信心及角色功能，導致身體與心理上的困擾，也會造成青少年生長發展的問題（林惠雅，2010）。以下針對父母的親職內容作一探討，亦對共親職的概念作一闡述。

一、親職

「職」這個字表示必須負責，職也表示主管某些事務，有職務必須執行，相對的也是一種負擔（高淑清、廖昭銘，2004）。親職（parenting）一詞一般界定為「保護與養育子女，並且與子女互動的歷程」。社會學家以較宏觀的角度來分析親職觀念，認為親職包括三個要素：1.愛、關懷與責任；2.規範子女行為；3.促進子女生長發展。心理學者認為親職包括養育、保護、疼愛與教導子女、為子女之精神典範等，其中父母對子女的養育工作主要為培養子女之生活規範以促進其社會化行為，以及促進子女情感上的支持（莊小玲、汪正青、黃秀梨，2010）。在親職的過程中，父母是教養的起始者，子女是接受管教者，但是親子的互動仍是相對的，父母的管教當然會影響到青少年的行為與發展，不過青少年的反應和行為方式，也會左右父母的管教方式和態度。所以親職過程乃是經由當事人雙方交互作用而形成，而不是單方面的指導和命令所造就（劉安彥、陳英豪，1994）。這樣的歷程又稱為相互社會化（reciprocal socialization），父母社會化子女，同時亦受到子女的社會化。

親職包含「父職」與「母職」，即為父親與母親在角色上應盡的職責，具體表現在對子女的日常照顧和監督管教兩方面。就前者而言，父母

必須提供經濟和物質資源，並且維持合宜的生活環境，關心孩子的身心狀況等，例如父母要支付開銷、料理餐飲、洗衣打掃、噓寒問暖，以及生活起居的其他打點照顧。另一方面，家長監督是指父母為了了解子女而從事的一連串親職相關活動，包括注意、主動監視或追蹤子女的行蹤、活動及適應狀況，例如了解孩子的人際狀況、孩子的朋友是哪些人，以及了解孩子空閒時間都做些什麼等。傳統華人教養觀當中常強調嚴格的監督看管，將其視為愛護和關心孩子的善意表現（徐美雯、魏希聖，2015）。因此親職就包括五項基本任務：從事對子女的教養工作、提供子女心理上的安全感、培養子女良好的生活習慣與行為規範、提供子女經濟支援和社會資源的運用、培養子女正確的學習態度與行為規範（高淑清、廖昭銘，2004）。

從家庭生命週期的發展來看，父母親職必須隨著孩子的發展來做調整，當子女都已發展至青少年的階段，父母親完全的撫育及權威已漸漸淡去，而必須適應另一種新的權威關係，父母的控制權變得較小較弱，且需要修訂自己的信念，當舊的溝通模式行不通時，就要有新的溝通模式出現，但還是要對孩子設定限制與提供引導，也就是父母親須由保護、撫育的角色，變成幫助青少年為進入成人世界預做準備的角色（高淑清、廖昭銘，2004）。

二、共親職

共親職（coparenting）的概念源自於離婚的父母為照顧子女進而尋求合作，此概念擴展到家庭內居住在一起的父母，為了教養子女的工作，彼此協調合作，以促進子女的發展（Feldman, 2008）。共親職的概念像是教養分擔（shared parenting）、教養夥伴（parenting partnership）或教養聯盟（parenting alliance）等，包括父母之間對於教養問題的互動、父母與孩子在互動時的語言與非語言的溝通，以及父母以其他不同形式參與孩子事務（林雅萍、林惠雅，2009）。有效的共親職在教養子女時，父母會相互合作，特別在管教的方式上要取得共識，雙方的立場一致，如果父母的管教

態度或方式不一致，兩人即會面臨衝突的情況，進而相互批評，導致父或母一方失去權威，子女對父母的管教無所適從，或是會以父或母的意見來反抗管教，因而造成不利青少年發展的後果。特別是與祖父母同住的家庭，祖父母與父母務必取得一致的立場，避免產生祖父母過度溺愛孫子的情形。

　　學者認為共親職的內涵包含以下四個部分：1.夫妻共同經營家庭（joint family management）；2.家務分工（division of Labor）；3.管教相互支持／抵制（support/undermining）；4.子女教養一致（child-rearing agreement）（Feinberg, 2003）。修慧蘭（2005）依四項共親職內容編製共親職量表，並以國中生為對象進行研究，發現育有國中生的家長在共親職四個分量表中，其知覺與配偶的「教養態度一致性」最高，「親職分工滿意」、「管教方式之支持」居中，而在「共同經營家庭」上較低，表示北部國中生的家長具有不錯的共親職行為，配偶彼此會相互合作與分工。

三、離婚家庭與共親職

　　根據內政部統計通報（2022），我國2020年離婚對數達5萬1,000對，平均每天約有141對夫妻離異，2021年離婚對數計4萬7,888對，減少3,722對。兒童福利聯盟的調查報告顯示，將近四成的單親孩子在父母離婚後與爸爸或媽媽失去聯繫（兒童福利聯盟，2016）。由此數據可見，有許多孩子面臨父母婚姻關係終結且失去維繫親情的機會。若離婚父母無法在養育孩子上互相支持與溝通、顯性或隱性地排斥對方、拉攏子女結盟、教養原則不一致時，青少年會更難適應父母的離婚，且影響其身心發展。若父母離婚後仍可維持親職合作關係，持續提供孩子照顧與經濟協助，則會大幅降低對青少年身心發展與生活適應之影響程度（程芷妍、沈瓊桃，2022）。離婚父母共親職係指離婚父母共同養育子女的親職合作關係，可以參與子女每一項事務，包括子女事項的討論與決定、分享子女的醫療與學校資訊、規劃特殊事件，父母離婚之後可以持續地、合作地、互相支持地參與子女的教養工作（林秋芬，2017）。離婚後或是沒有同住之父母共同參與子女親職角色之家庭，稱之為「雙核心家庭」（binuclear family），強調雙方代表著兩個系統間持續性的親職合作關係。當離婚父母間的衝突程度愈低而相互支持的程度愈高時，其共親職之品質愈好（程芷妍、沈瓊桃，2022）。

程芷妍和沈瓊桃（2022）以離婚一年以上且有至少一名未成年子女之離婚父母為研究對象，探討共親職的品質。研究結果顯示，整體上離婚父母的共親職關係呈現支持程度低，但偶有衝突的狀況。若離婚父母對於子女相處時間安排愈滿意、離婚父母認為前配偶與子女的親密程度愈高，以及離婚父母愈能饒恕前配偶者，其共親職品質會愈好。依據林秋芬（2017）的研究發現，離異父母雖認同共親職的重要性，但是在執行上感到困難，依據父母雙方的衝突程度、認知能力等方面的評估，並不是每一對離異父母都適合共親職，有些涉及家暴之離異父母藉由共親職而繼續箝制前配偶，造成主要照顧者與青少年的身心壓力，因此事前評估與提供親職合作指導是重要的。

 ## 貳 父母教養方式

父母管教方式是影響子女行為的重要因素之一，對子女一生的影響可以說是又深又遠。管教同時是令父母最感頭痛的問題，父母經常會懷疑自己管教子女是否太嚴厲，還是太放任？許多父母仍然期望子女在成長過程中服從管教，西方社會也認為子女是否服從父母乃是社會化成功的指標之一。但當子女邁入青少年時期，他們認知能力增強、尋求自我認同和自主。在此情況下，青少年是否仍然會服從父母的管教（林惠雅，2014）？研究發現父母的管教方式不是一成不變，子女在兒童期的管教方式可能偏指導式、命令式，但隨著子女的成長，父母的管教方式也要跟著改變，當子女到青少年，父母要適度賦予其自主權，尤其到高中階段，不能再事必躬親或做太多的干涉，這樣子女的服從會比較高。國內有關親職的研究喜歡使用「管教方式」（disciplinary practice）這個名詞，其意義與「教養方式」（parenting practices）存在著差異，以下即針對這個名詞加以說明，並說明父母教養方式的類型與影響。

一、父母教養方式的意義

　　國內外有關父母教養或管教子女的研究，有教養態度、管教態度、教養方式、管教方式等名稱，其所包含的範圍大小不一，所以在意義的解釋上也略有差異。父母對子女的教養方式基本上是親子之間的互動歷程，包括父母價值觀念、信仰、興趣、態度的表現及對子女的愛護與訓練的行為（周新富，2006）。楊國樞（1986）認為教養方式（child-rearing practice）同時包含態度層次（教養態度）與行為層次（教養行為），教養態度係指父母在訓練或教導時所有的認知、情感及行為意圖；而在教導或訓練子女方面所實際表現的行動和做法則指教養行為。教養方式亦可稱為管教方式，但內容兼及嬰幼兒飲食、大小便及基本動作的教導訓練與青少年做人做事的管教指導，所以涵義較廣。黃德祥（2005）則將父母對於生養、教育訓練或管教子女的一套思想觀念、目標、價值與行為模式稱之為父母管教態度（parenting attitudes）。管教一詞就字面的意義是「管束教導」，就內涵的意義則包括管教的態度與方法，前者指的是父母在管教子女時所持的看法、想法、情緒和行為上的行為表現；後者指的是父母所採用的實際行動與做法（周新富，2006）。李芊蒂、吳齊殷、關秉寅（2005）則提出「教養行為」的概念，其內涵包括：1.溫情，即父母向孩子表達關愛和支持；2.監督，即父母對於孩子日常生活的掌握程度；3.一致性，即子女做了父母不允許或錯的事，父母會在意或加以懲罰；4.引導，即父母採用說明或引導的方法，解釋其行為的成因與後果；5.嚴厲，即父母採用較為嚴酷或體罰的教養行為。由以上所引述學者對父母教養方式的看法，可以得知「教養」與「管教」在意義上是有所不同，教養所包含的範圍較廣，管教則偏重子女紀律方面的要求。然而因為長期下來國內在親職教育的研究，皆將教養與管教視為同樣概念，因此本書亦視為同義字，有時這兩個名詞會相互替換。

二、父母教養方式的類型與影響

　　有關父母教養方式的研究，以美國學者包姆林（Baumrind, 1966,

1971）所提出的類型影響比較深遠，她發現不同的父母教養方式主要的差別就在於愛和規矩這兩個向度上，她以「滿足需要」（responsiveness）和「堅持要求」（demandingness）來代表愛和規矩，根據這兩個向度上的強弱結合，可以畫分出四種父母教養方式。麥克比和馬丁（Maccoby & Martin, 1983）再將包姆林的理論更加精緻化，父母的滿足需要（簡稱反應）代表父母以可接受、支持的方式回應子女需求的程度；父母的堅持要求（簡稱要求）是父母的期望和對成熟、負責的行為的要求程度。因此父母教養方式即分為「開明權威型」（authoritative-reciprocal pattern）、「專制權威型」（authoritarian autocratic pattern）、「寬鬆放任型」（indulgent-permissive patterns）、「忽視冷模型」（indifferent-uninvolved pattern）四種類型（周新富，2006），如圖10-1所示。這四種基本類型的內涵與對子女的影響說明如下：

(一)開明權威型

這是一種以子女為中心的教養方式，父母對子女的行為給予較多的要求、監控與反應。父母積極參與孩子的成長歷程，會以接納的態度面對子女的表現，並且與子女維持良好的溝通。父母也會以溫暖與負責任的態度鼓勵子女獨立自主，但對子女的健康與安全會有所約束，因此被認為是一種比較好的教養方式（劉俊良、張弘遠、陳意文，2019；周新富，2006）。

在包姆林（Baumrind, 1966）的縱貫性研究中，發現知覺開明權威父母的子女較其他類型來得成熟、社會獨立、積極且較成功。李維斯（Levis, 1981）認為這種模式下成長的兒童其自尊心最高，父母會採合理及穩定的要求與子女互動，不會採用非理性的限制及要求，雖然尊重兒童的選擇，但也會採取某種程度的控制，所以這種模式最可能培育出高自尊的青少年。蘭伯恩等人（Lamborn et al., 1991）的研究發現在開明權威管教下，子女的自我信賴、社交能力、適應、學習能力等方面的表現，會優於威權專制、放任寬容及忽視冷漠等管教方式成長下的子女。史坦柏格等人（Steinberg, Elmen, & Mounts）於1989年以120位10-16歲青少年為樣本的研

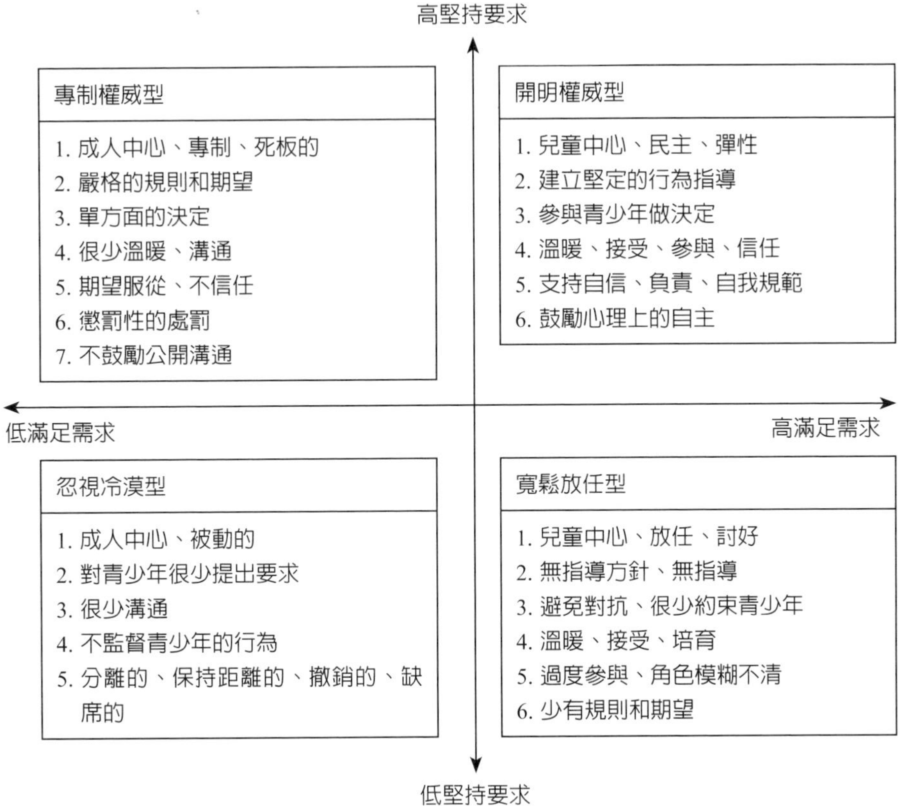

高堅持要求

專制權威型	開明權威型
1. 成人中心、專制、死板的 2. 嚴格的規則和期望 3. 單方面的決定 4. 很少溫暖、溝通 5. 期望服從、不信任 6. 懲罰性的處罰 7. 不鼓勵公開溝通	1. 兒童中心、民主、彈性 2. 建立堅定的行為指導 3. 參與青少年做決定 4. 溫暖、接受、參與、信任 5. 支持自信、負責、自我規範 6. 鼓勵心理上的自主

低滿足需求　　　　　　　　　　　　　　　高滿足需求

忽視冷漠型	寬鬆放任型
1. 成人中心、被動的 2. 對青少年很少提出要求 3. 很少溝通 4. 不監督青少年的行為 5. 分離的、保持距離的、撤銷的、缺席的	1. 兒童中心、放任、討好 2. 無指導方針、無指導 3. 避免對抗、很少約束青少年 4. 溫暖、接受、培育 5. 過度參與、角色模糊不清 6. 少有規則和期望

低堅持要求

圖10-1　四種教養方式的內容

資料來源：Steinberg（2017, p.105）

究中，指出父母具有高程度的溫暖、民主與堅持等特質，可以為青少年提供親情、自主性和心理成熟，並且讓子女對自身成就建立正向的態度與信念（引自蕭銘輝、謝智玲，2016）。

(二)專制權威型

　　此類型是一種以父母為中心的教養方式，父母非常重視權威，對子女有較多的要求及控制，且經常訴諸威脅、體罰與控制的方式來約束子女行為，通常他們忽略子女的心理需求，極少與子女協商與解釋，因而形成子女陽奉陰違的行為（周新富，2006）。

　　這類型的教養專制性質較強、不重視說明解釋、不顧慮子女感受，以及涉及怒罵體罰的管教行為，因此歸類為「嚴厲教養」。國外已有許多文獻指出，父母體罰（corporal punishment）的頻率與子女憂鬱等負面心理症狀有關。至於國內的研究者則經常將「嚴厲教養」及「非引導式教養」視為某種「不當教養」，並指出青少年憂鬱傾向及偏差行為與父母不當教養有關。不論是西方國家還是華人社會，都有研究指出嚴厲教養對青少年帶來的不良影響，包括較差的情緒控制、攻擊行為等（陳婉琪、徐崇倫，2011）。

　　在道德發展方面，威權專制管教下的兒童當其錯誤行為被父母發現時，會有較高的罪惡感，例如自我責備、自我批評，在良心測驗的分數也較低，也就是比較偏向於外在控制傾向。在攻擊行為方面，威權專制管教下的兒童在家中或學校中會有較高的攻擊行為，雖然兒童的攻擊行為與父母的處罰方式有關聯，但目前的研究仍然無法確定父母對兒童的體罰會導致兒童的攻擊行為（Maccoby & Martin, 1983）。

🗀 寬鬆放任型

　　此類型父母雖然能夠接納與反應子女的需求，但卻給予子女過度自由，結果子女無法制止本身的負向、不合理的行為，同時常以收回愛的方式表現憤怒與不高興，因而子女常感到被遺棄。寬鬆放任型的教養風格，容易導致孩子的社會能力變差，也缺乏自制力（周新富，2006）。

　　採用這種教養方式的父母，通常會認為小孩的表現是對的，但子女對父母表現出憤怒的行為時，父母會認為這是天性使然，以合理化的方式來寬容子女的行為。其結果是負面多於正面，這種模式下的子女行為容易衝動、有攻擊傾向、缺乏獨立及負責任的能力。但這些兒童的攻擊行為，但大都是對父母或家人的攻擊，不會導致家庭外的攻擊行為（Maccoby & Martin, 1983）。

🗀 忽視冷漠型

　　這是一種完全以父母自己為中心的教養方式，父母對子女較少感情的涉入，對子女很少有要求，對子女的行為表現也很少給予反應，很少想到

子女的需求。此類型父母通常對子女不良行為視而不見，子女雖有較多自由，但卻常有被忽視、遺棄、沒有溫暖的感受，因而不利於青少年的發展（劉俊良等，2019；周新富，2006）。

　　研究發現這種模式對子女情緒的發展最為不利，最傷害他們的心理社會能力及自主性，且在自我信賴、社交能力與適應等方面均表現較差，對子女攻擊行為、犯罪行為、反抗行為存有正向的相關。這種教養方式最容易導致兒童虐待問題，兒童的基本需求受到剝奪，因而衍生出更多的問題（周新富，2006）。劉俊良等人（2019）對國中生的研究則發現父母管教方式是忽視冷漠（低反應、低要求）類型，國中生的偏差行為則較為嚴重。

第二節　青少年與父母的關係與衝突

　　家庭系統理論（family system theory）是由美國心理治療專家鮑恩（Murray Bowen）在二十世紀40年代末所提出，運用系統思維，對個體、夫妻和家人在相互關係中以及活動環境中的情感、思想和行為進行研究。鮑恩把家庭看成一個情緒單位，發現家庭成員之間的活動是相互影響的。而原生家庭對個體的心理健康的影響因素主要包括父母的婚姻關係、親子關係兩個方面，其中「自我分化」則是理論的核心概念（Bowen, 1978）。本節即在探討青少年與父母及家中其他成員的關係對青少年發展的影響，將會闡述自我分化（differentiation of self）、分離—個體化的理論，再以青少年為中心，分別探討其與家庭成員的人際關係。

 ### 壹　親子關係

　　親子關係是個體一生中最早接觸到的關係，與家庭中的其他人際關係相比，親子關係是對個體心理健康影響最深。親子關係主要取決於父母與子女之間的相互信任與情感的交流，從許多探討青少年與父母關係的結果

顯示，大部分的青少年與父母的關係是和諧且良好的，而親子關係在青少年階段仍舊扮演著調適的重要功能，若青少年與父母之依附關係良好，則能促進其自我認同的發展、自我能力的知覺及關係自主性，在個人適應、社會適應的情形愈佳，也和青少年的心理幸福感有正相關，而與心理憂鬱呈負相關。另外針對青少年母子互動與心理社會幸福感的關係的研究，結果顯示母子間良好的互動型態及溝通品質，對青少年心理社會幸福感具有正向的影響力（林惠雅、林麗玲，2008）。由相關研究可以得知親子關係良好與否對青少年的發展有重要的影響。

親子關係相關理論

與親子關係的相關理論有三種，一是分離—個體化（separation-individuation），這個概念由馬勒等人（Mahler, Pine, & Bergman, 1975）提出，廣泛應用於兒童發展以及諮商與心理治療的領域。二是鮑恩（Bowen, 1978）以自我分化（differentiation of self）概念詮釋家庭成員的互動，強調藉由調整來達成適切的人際距離與互動。三是鮑爾比（Bowlby, 1988）的依附理論，探討嬰兒與照顧者之間所建立的情感連結，但是依附關係卻是一種動力的過程，長達人生的全部歷程。依附理論於第八章中已經提出，以下就探討分離—個體化及自我分化兩理論。

一、分離—個體化

分離—個體化也稱為心理分離（psychological separation），是源自精神分析論的重要概念之一，人生中第一次的分離—個體化是起始於幼兒學步期，而至四、五歲結束，可說是第一次的斷奶，屬於生理的斷奶，它使幼童能夠把自己與提供他需求滿足的內化對象（internalized object）加以分離的過程，能夠在內心上區分父母是與自己不同的客體。第一次的分離—個體化對個體與自我、父母及其他人際知覺與交往方式的影響會持續到青少年早期。第二次的分離—個體化則是第二次斷奶，屬於心理上的斷奶，是從青春期開始，它是青少年藉以形成清晰的人己界限、使自己變得

更獨立自主，以及了解他們與父母是分離的過程，這個過程包含著個體對自己、個人的抉擇及個人的行動負起更大的責任。因此它是青少年期的重要發展任務，也是獲得與鞏固成熟自我統合感的必要步驟，其目標乃是當青少年自己要與家庭之外的人建立關係時，仍能夠與家人維持一種連結感（sense of connectedness）（陳秉華，1996；Mahler et al., 1975）。

　　青少年經由第二次的分離—個體化歷程逐漸地在心理上從長期情感依賴的父母分化出來，若能順利度過第二次的分離—個體化歷程，個體將形成更穩固的自我存在及自我意識，成為獨立、自主而獨特的個體，減少對外在的依賴，而成為成熟的成人；反之，將對個體日後發展有所妨礙，嚴重者則會導致疏離感、破壞性行為、拒斥家庭、違反社會的規範，及自殺等行為（江南發，2005）。布洛斯（Blos, 1979）對青春期的分離過程提出精闢的見解，認為青少年一方面害怕失去與客體聯結，想再回到親密關係，但是又畏懼會被控制，以致失去個體的自主性，而想要與父母保持距離，在這樣的擺動之間，青少年逐漸再一次確定自己的自我意識，完成分離的過程。完成後個體會獲得穩定的自我與他人之間的界限，減少在心理上對撫育者的依賴，成為心理上獨立自主的個體。

　　李文等人（Levine et al., 1986）將分離—個體化的歷程區分為六個基本要素：1.教養—共生（nurturance-symbiosis），青少年對他人有著強烈的依賴需求；2.淹沒焦慮（engulfment anxiety），青少年會害怕親密關係，覺得與他人的親密關係是對自己獨立自主的一種威脅；3.分離焦慮（separation anxiety），青少年會害怕喪失與他人在身體或情感上的連結；4.需求的拒絕（need denial），青少年會逃避並從依賴需求中退縮；5.自我中心（self-centeredness），青少年過度地將注意的焦點放在自己的身上而自負自大；6.健康分離（healthy separation），青少年在獨立自主與連結之間達成一種健康的平衡狀態。這些基本要素是互相關聯的（江南發，2005）。

二、自我分化

　　鮑恩的家庭系統理論中的自我分化概念，也有與心理分離—個體化相似之處（陳秉華，1996）。鮑恩以自我分化處理長期焦慮，建構出八個理論核心概念：自我分化、三角關係、核心家庭情緒系統、家庭投射歷程、情緒截斷、多世代傳遞歷程、手足位置、社會退化，核心概念彼此環環相扣，且明確地說明了家庭的困擾如何產生、作用，並長久傳遞下去（李岳庭，2018）。自我分化的概念是從生物學的「細胞分化」（differentiation of cells from each other）而來，取其人類自我分化的過程和細胞分化過程相似之意。鮑恩理論假設個體的內在都有兩種驅力，一種使人在發展過程中學習獨立思考、感覺與行動，稱為獨立性（individuality）；另一種使人趨向人群、與他人及家庭維持情感連結，稱為連結性（togetherness）（阮琳雅，2017）。但任何人都無法完全個體化或自主，每個人多少會受到另一股要與家庭在情感上有連結的力量所牽連，但是在情緒上與家庭分離能力較高的個體，也就是情緒能獨立自主者，則其自我分化程度就比較高。這樣的家庭成員較不容易受家人焦慮情緒的感染，在情緒上也比較不會依賴家庭，比較能夠在面對壓力情境時保持適度理性與平衡（陳秉華，1996；Bowen, 1978）。

　　自我分化指的就是個體區辨情緒和思維的程度，分化程度較佳者能清楚區辨情緒和思維，分化程度較差者為「混淆」（fusion）狀態，無法清楚區辨情緒和思維，且被自動化情緒系統（automatic emotional system）所支配（王鑾襄、賈紅鶯，2013）。自我分化可分為低、中、高三種程度，低度分化者常討好他人，依賴性高且自主能力低，他們害怕獨立做決定、問題解決能力弱。中度分化者有明確的價值觀、信念，但常因過度在意他人看法而左右自己的決定，因此有時可能會依據情緒、感覺反應來做抉擇，他們有很高比例會發展出心理問題。高度分化者有清楚的價值觀和信念，他們在情緒系統中比較自由，在情緒事件中他們能夠冷靜下來，並能以理性、邏輯的思維方式幫助自己。不同人的不同分化程度，將反映在個體與家庭、家庭外團體的情感獨立程度（阮琳雅，2017）。

　　依據實證研究發現自我分化程度對於個體在身心健康、人際、婚姻等調適有很大的影響，並且自我分化程度與個人在親密關係、人際關係、幸福感、生活適應、身心健康等面向的表現皆有高度相關（王鑾襄、賈紅鶯，2013）。然而鮑恩理論運用到本土文化中，必定會有些許不適合本土文化之處，因其發展於西方個人主義及理性主義之下，相對於東方華人以關係主義為主的文化，是不相同的文化內涵。強調分化在西方個人主義的社會價值觀中也許容易達成，但在華人集體文化及注重家庭倫理的價值觀中，分化卻是個困難的議題，當個體想要與家庭分化時，可能被視為對家庭的挑戰或不忠誠（李岳庭，2018）。鮑恩理論對於華人文化之適用性尚需多加驗證或融入其他理論加以彌補。

 ## 參　親子衝突

　　該如何因應親子衝突？這對家有青少年子女的父母來說往往是件棘手的挑戰。父母與青少年子女之間的衝突其實相當常見，子女在青少年階段由於身心日益成熟，而想要爭取更多的生活自主空間，但是父母卻未必能夠事先準備好因應子女的這些轉變。一旦父母無法覺察、理解，並回應子女嘔欲發展出成熟自主適應能力的期望，那麼親子間的衝突不僅會愈演愈烈，造成親子關係更趨緊張，對子女的身心適應也會帶來負面影響（吳志文、葉光輝、何文澤，2019）。

一、親子衝突之定義

　　一般對親子衝突通俗的定義是指父母與子女間因認知相異、意見不合或是感情不睦而起爭執的情形（張春興，2007）。而比較完整的定義，則是指在親子互動中任何造成阻礙、不一致、緊張力、防衛性溝通、焦慮、情緒不滿、對立、負向的親子情感，以及口語與非口語訊息矛盾的結果與歷程都能視為親子衝突（葉光輝，1999）。衝突往往被視為親子關係品質的負向指標，但也有研究指出愈是親密、相互依賴的人際關係，愈無可避免地會發生較多的衝突（吳志文等，2019）。尤其在華人的家庭文化中，

父母對子女有許多關愛，但教養過程容易干涉子女事務，在華人的孝道文化影響下，子女通常仍常以孝順或隱忍態度回應，造成許多隱性的親子衝突與心理衝突（阮琳雅，2017）。

二、親子衝突的原因

一般青少年與父母衝突的發生，可能同時包含了多種原因，針對親子衝突的內涵，學者有許多不同的分類，劉安彥及陳英豪（1994）認為青少年與父母的衝突事件主要與下列五種內涵有關：社交生活與習慣、責任問題、學業事務、家庭關係、價值觀與道德觀等方面。高婉嘉（2005）分析親子衝突的相關研究，則將親子衝突原因歸納為下列八種：1.權力分配；2.學業成就；3.生活習慣；4.認知與價值觀差異；5.教養方式；6.手足關係；7.父母的婚姻關係；8.親子性格差異。主計處2006年在家庭生活概況調查中發現：青春期的孩子自我意識增強，往往不喜歡與父母溝通，造成親子間衝突增加。在少子女化的情形下，父母對子女期望愈高。因此，子女的求學態度成為父母與子女爭執的主因，占56.7%；其次是作息時間安排（44.9%）及品德與待人態度（37.1%），其中母親與子女發生各項衝突的比率均高於父親（引自程可珍，2017）。

吳志文等（2019）認為人際之間的對立衝突主要牽涉兩項人類的基本需求：「個體化／獨立」與「關係連結／依附」；尤其是在家人關係中，愈重視彼此之間的親密關係，愈希望可以在這兩項基本需求之間取得平衡，但是這並不容易，因此個體該如何消解與家人之間的衝突更顯重要。青少年時期正是個體發展出健康成熟自主性的重要時期，許多親子衝突即便在表象內容上各有不同，但其深層的原因多可歸咎於青少年子女想要向父母爭取更多個體化的自主空間，對個體化自主的渴求益加突顯親子雙方能否妥善因應彼此之間衝突的重要性。

羅賓（Robin）和福斯特（Foster）於1989年對青少年與父母間發生衝突並持續延伸的原因，提出一個較完整的解釋模型。在此模型中，他們認為青少年階段所涵蓋的個人發展因素，包括青春期的生理改變以及心理上的獨立需求等，常會增加親子關係的混亂不安。若父母在回應這個混亂不

安的現象時，在解決問題能力、溝通方式、認知信念（如對未來行動的預期、對過去行動的歸因，以及伴隨衝突時的非理性想法等）以及家庭關係結構（如聯盟、三角關係及家庭凝聚力）等方面的表現不佳，則會影響著親子衝突發生的程度、持續度、廣泛度與情緒強度（見圖10-2）。當家庭系統面臨子女因獨立需求而產生失衡時，自然會設法處理以期恢復平衡，親子衝突也可能持續累積、無法解決而陷入惡性循環，但青少年期親子衝突現象的出現仍具有其功能性，也是使家庭系統順利過渡到下一階段的必經過程（引自葉光輝，2012）。

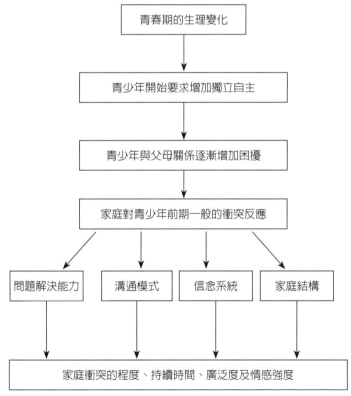

圖10-2　父母與青少年產生衝突的模型

資料來源：葉光輝（2012，頁39）

三、親子衝突的影響

　　陳思宇（2019）回顧國內共29篇有關親子衝突的期刊論文，有九篇論文將親子衝突視為負向的影響因子，當中有八篇將親子衝突視為對子女的心理健康或是偏差行為的影響因子，有四篇研究發現親子衝突與子女憂鬱可能存在正向關聯，有兩篇研究發現親子衝突與子女偏差行為之間可能為正向關聯。國外的研究發現親子衝突對子女的影響，會隨著衝突因應策略而有所不同，經常採用攻擊型因應策略的男孩，容易生活適應不良；逃避型因應策略與憂鬱及精神症狀有關；折衷妥協型的問題最少。國外學者更進一步探討親子衝突的正向影響，已經有實證研究證實親子衝突能提升自尊、角色取代能力，以及青少年的自我認同。

四、親子衝突的因應

　　至於親子衝突的該如何因應或解決？邱紹一與胡秀媛（2009）以湯瑪思（Thomas, 1976）合作與強制兩個向度的衝突管理策略作為框架，將親子衝突因應策略分為：1.競爭（competing），個人嘗試去滿足其自身的利益，不顧他人的反應；2.合作（collaborating），雙方共同解決問題，考慮滿足自己以及對方的期望；3.逃避（avoiding），儘量避免起爭執，或是延緩、不去面對衝突議題；4.遷就（accommodating），指個人會先考慮對方的利益先於自己的需求，以忍讓順應他人的需求；5.妥協（compromising），指個體試圖找到中立點或是彼此讓步的條件，與對方彼此經由溝通、談判、折衷（葉怡伶、王鍾和，2012）。

　　許多親職教育模式都強調父母應採取傾聽、同理、尊重子女需求與情緒感受的支持性溝通模式，並且避免以拒絕、指責、威脅的防衛性溝通模式來因應與青少年子女之間的衝突。在親子衝突的互動歷程中，即便負面的情緒在所難免，但是父母若能妥善管理自己的情緒、緩和子女的情緒波動、主動聆聽並鼓勵子女表達自己的內在經驗感受，以及積極尋求彼此之間的共識（吳志文等，2019），如此將可緩和親子之間的衝突。

第三節 青少年和多元化的家庭型式

　　我們現在處於一個變遷異常迅速的社會，許多新的器物不斷發明出來，各種知識也不斷地推陳出新，連帶影響的是社會成員的價值觀念愈來愈多元，傳統的規範與價值不斷受到抨擊與挑戰，於是導致價值觀念混淆與社會的脫序。家庭是組成社會的基本單位，有穩定的家庭才能維持社會的安定，但在社會快速變遷之下，家庭結構、家庭功能發生了改變，家庭的型態也變得更加多樣化（周新富，2006）。臺灣於1980年代踏入現代化社會，而臺灣的家庭型態變得更多元，主要因為婚姻的不穩定使得家庭功能呈現較脆弱的狀態。在1990年代之前，最容易觀察到的家庭型態變化，是由傳統的主幹家庭（stem family）和擴大家庭（extended family）轉為核心家庭（nuclear family），後者是指父母及其未婚子女組成的家庭。此外，導致夫妻離異的原因也從其中一方的死亡逐漸轉變為離婚。臺灣女性的總生育率，也由1984年的2.1人，下降至2010年的1.05人，近年來總生育率徘徊在1人左右（薛承泰、蔡昀霆、耿瑞琦，2020）。因為社會的變遷導致家庭型式的多元化，因而影響到父母的親職角色扮演，對於育有青少年的家庭，要如何同時兼顧子女管教與情感維繫，便成為一項重要的任務。

 壹 單親家庭

　　若家庭成員中有18歲以下的孩童，而由父或母單獨撫養，這種家庭型態通常稱為單親家庭。然而，撫養孩童的單親爸媽可能會和其他親戚住在一起，尤其和自己的父母同住最為常見，這樣的家庭型態會被歸屬於主幹家庭，這樣的家戶的戶長通常是單親的父母（薛承泰等，2020）。單親家庭的成因有離婚、分居、喪偶、遺棄、未婚生子等因素，王舒芸、鄭清霞和謝玉玲（2009）針對1988-2007年單親家長的婚姻狀況分析，在男、女單親家庭成因中，離婚比例逐年上升（39.57%升至67.18%），喪偶比例則是下降。

一、單親家庭教養的難題

當雙親家庭變成單親家庭時，除了家庭結構的改變、家庭氛圍的不同，也對於原本的家庭功能有所變動，導致單親家庭較容易面臨的困境有：情緒行為的問題、經濟問題、子女教養的問題及社會支持網絡的問題（賴佳君，2016）。其中在子女教養的問題方面，單親家庭由於父親或母親的缺席，使得單親家長必須一人分飾兩角，但無論是父代母職或母代父職，要同時扮演好養家者與照顧者的角色，常讓單親父母感到力不從心與分身乏術。而隨著孩子年齡之不同，單親父母所面對的親職課題將有所差異，在子女12歲以前，孩子的「照顧」需求大於溝通與管教，因此單親父母最擔心的是無力負擔子女托育或課後照顧費用，以及自身工作時間無法與子女上下課時間相配合。但當子女進入青少年以後，單親家長之親職困境便轉為「親子關係與溝通」上的障礙，例如「不清楚子女在家庭以外的活動情形」、「不知如何與子女溝通」，以及「子女不聽管教」等（謝玉玲、王舒芸、鄭清霞，2014）。另一項單親家庭最大的困擾是經濟問題，相較於單親男性，單親女性的就業障礙、經濟不安全感及落入貧窮的危機更高。其中女性單親家長最容易落入貧窮困境，形成「貧窮女性化」（feminization of poverty）的現象，女性單親因長期操持家務，無一技之長或需照顧子女而無法穩定工作，離婚之後自行就業或為照顧子女從事兼職工作，與雙親家庭相較，家庭的收入銳減，迫使家庭成員必須減縮日常生活的支出，在教育資源的開支受到大幅的刪減，以致子女參與教育活動的機會受到限制，而對學業成就產生不利影響（周新富，2006）。有些單親家庭選擇與原生家庭的父母同住，相對於一般的單親家庭可能會得到較多的支持，包括來自在物質和情感方面的協助（薛承泰等，2020）。

二、父母離婚對青少年的影響

離婚議題的重要性不在離婚事件本身，而是其背後所引發一連串對個體發展的可能影響。其中家庭成員會因生命週期被打亂，而需面對不易走過的失落經驗，若無法妥善處理因失落所帶來的憤怒、哀傷、內疚等情

緒，對個體將造成不利影響（羅皓誠、洪雅鳳，2012）。對有子女的家庭而言，離婚所帶來的變動，對兒童在社會發展、學業成就、心理、情緒以及自尊等層面，有持續性的負向影響；成人也必須面對法律問題、孩子反應、親職角色與親子關係轉變、情感支持的缺乏、財務困頓以及其他生活壓力源（如搬家）（陳韻如，2013）。

　　國內外有關離婚對子女影響的研究，大都在探討幼兒或兒童期，因為父母在離婚之前，往往會發生劇烈的爭吵，除了導致對子女疏於照顧之外，也會使兒童和父母一樣，處於緊張焦慮、擔心不安的狀態，生活無法正常，身心健康亦受到影響。當夫妻雙方已經確定無法復合而要離婚時，對於子女的監護權又會有所爭執，兒童處在父母雙方的拉鋸當中，對未來產生高度的焦慮與不安全感，因而導致生活與學業的適應困難。父母離婚之後，對兒童而言是另一種新的開始，其可能遭遇的問題有：1.家庭經濟改變，生活較為困難；2.搬家，使得兒童必須面臨更換新環境、新鄰居、新同學與新學校；3.面臨父母的再婚及與繼父母或兄弟姊妹相處的適應問題（周新富，2006）。

　　相關研究顯示，經歷父母離婚且長期衝突的青少年，其情緒困擾、不安全的社會關係、反社會行為有密切相關。也有針對青少年的研究發現：離婚後沒有和父親住在一起，家中父母衝突減少了，因而對子女有正向的影響（陳增穎譯，2022）。持生命歷程觀點（life course perspective）的學者認為生命後期的經驗會受到來自前期重大事件的影響，若子女曾經歷父母離婚或婚姻不穩定，容易對後來生命經驗有負向影響，如果子女收入低，通常容易發生早婚或未婚生子等離婚風險因子。父母離婚代表了青少年要面對各式壓力源：適應新環境、與父母一方更少聯繫、繼父母加入的適應、父母間持續仇恨等，這樣的家庭壓力會對子代心理造成負向影響，容易產生提早離家、早婚與早生等現象（陳韻如，2013）。

貳　再婚家庭

　　再婚家庭（remarried families）也稱為重組家庭（reconstituted fami-

lies）、繼親家庭或混合家庭，指子女的父母有一方並非是親生的父母，
且至少有一方在一段新的關係中帶著一個孩子或前一段關係中的孩子的一
種家庭模式，這個定義還包括至少有一方將孩子帶入婚姻關係的男女同
性戀夫婦。雖然大多數人認為再婚家庭是因為離婚後再婚而形成的，但事
實證明，愈來愈多的再婚家庭是透過同居的方式形成的（趙倩、曹曉君，
2019）。

一、再婚家庭面臨的難題

　　如前所述，離婚之後家庭會面臨許多的難題，例如經濟問題、子女的
照顧問題，因此有些單親者願意展開新關係或再次成家。再婚家庭成員可
能經歷失落，及多次生活型態的轉變與調適，亦有家庭的磨合過程並不如
預期般順利，因而結束伴侶關係或再次離婚（許瀞心，2015）。因此有必
要對再婚家庭所面臨的難題加以了解，才能有效協助青少年的發展（許瀞
心，2015；周新富，2006；羅皓誠、洪雅鳳，2012）：

㈠家庭成員的認同問題

　　繼親家庭的子女或父母在進入再婚前，都經歷一段與親人分離的「失
落」感受，不論是父母離婚或是父母一方死亡，這兩種情形都將帶給孩童
極大的失落經驗及傷痛歷程。父母再婚後，他們被迫與親生父母分離或與
手足分散，巨大的轉變往往不是兒童所能承受，甚至將親生父母無法延續
婚姻的原因怪罪在新成員的身上，憤怒的繼子女將哀傷、沮喪的情緒感受
全傾洩在繼父母的身上，不自覺地抱著防衛、排斥的心態。有些兒童在潛
意識中覺得要對親生父母效忠，如果喜歡繼父母，會感到背叛親生父母而
深感罪惡。

㈡家庭人際關係問題

　　再婚家庭的人際關係相當複雜，因為許多再婚者都撫養著子女，如
果雙方都帶有子女，這個再婚家庭就同時存在著繼父、繼母，還存在著異
父異母的兄弟姊妹，所以再婚家庭的人際關係問題可以是最難處理的一項
家庭問題。就繼父母與繼子女的關係而言，很多繼父母會不切實際地期待

新伴侶與孩子一拍即合，但事實上，孩子往往需要一段時間與繼父母建立關係，這個過程牽涉到適應繼父母的好惡、脾氣，擔心這是對親生父母不忠的內心掙扎，還有瑣碎的生活習慣等問題，孩子一般需要5到7年的時間完全接受新家庭。再就繼手足的關係而言，這是繼親家庭的子女在適應新生活的另一個風暴點，大部分的孩子會對新手足感到憂慮，擔心新手足的加入影響了自己在家庭中的原有地位，例如占去了父親或母親的愛。共同生活中難免共用物品，原先專屬自己的東西突然有了競爭者，已令他們難以忍受，還得設法了解這些新手足的喜惡、行為態度的界線，才能在家庭生活中和平相處，因此繼手足關係的形成是在彼此不斷競爭與調適下逐步醞釀而成。這些變化如果繼父母沒有給予足夠的重視，並採取合理措施加以解決，就可能引起孩子嫉妒等不良情緒，導致手足之間的矛盾、衝突不斷。再加上在管教繼子女方面，如果繼父母偏袒自己的親生子女，管教的衝突會因此而產生，導致家庭中的氣氛更加緊張。

二、對青少年的影響

繼父母與青少年能否建立良好的關係，這是再婚家庭最大的挑戰，很多的繼父母還是可以成功達成挑戰目標，與青少年建立溫暖和相互尊重的關係。建立與繼父母的依附關係也是一件困難的事，因為青少年在家的時間比較少，與同儕相處的時間增加，青少年心中可能存在著對繼父母的依附是對親生父母背叛的想法。加上青少年的性成熟，想到生父母與繼父母的性關係，心中就會覺得不舒服（Arnett, 2018）。

在相關研究方面，來自再婚家庭的青少年，其高中輟學率高於與親生父母同住的孩子，且更有可能提早離校。再婚家庭的青少年在高中學業完成情況、上學時間、成績分數、學業成就以及學業表現等方面都略低於與親生父母同住的青少年。再婚家庭對青少年來說會存在壓力，尤其是經歷過父母離異並成為再婚家庭一部分的青少年更是面臨著新舊家庭的挑戰，這些壓力與繼子女的負面影響有關，繼而表現出許多負面問題行為，包括外化行為問題（反社會行為、攻擊、不服從）和內化行為問題（抑制、退

縮行為、焦慮、抑鬱）的比例較高。解釋青少年對父母再婚的消極適應的可能觀點包括：親生父母的缺席、與繼父母的調整適應期、經濟困難和與繼父母、繼兄弟姊妹之間的家庭衝突等。然而少部分學者認為再婚家庭不一定就對青少年有害，雖然再婚家庭充滿挑戰，但比起單親家庭撫養的孩子，經歷經濟困難和家庭不穩定的可能性更小（趙倩、曹曉君，2019）。

 ## 雙薪家庭

雙薪家庭（dual-earner family）是指夫妻兩人均擁有工作和薪水的家庭。許多家庭的父母都是為了給孩子和家庭更好的生活品質而工作，但也常因為工作讓自己疲於奔命，無法參與親職活動以及人際互動的交流。其中照顧子女的部分，大多數父母因工作關係把孩子送到安親班、課後托育或參加學校社團等方式，家庭該負起的教養責任功能似乎逐漸式微，取而代之的是委外的親情，由「外包商」來承攬教養及照顧責任，弱化了家庭中父母應盡的角色與親子關係（徐維澤，2019）。現今臺灣普遍處於低薪高工時工作環境，在夫妻雙方皆有來自工作及家庭事項的壓力情境中，在家事時間緊迫與工作負面情緒夾擊之下，導致不少雙薪家庭逐漸兩極化的採用「嚴厲權威」與「忽視放任」管教方式（吳姿瑩，2017）。

關於雙薪家庭的研究，多數著眼於幼兒與母親就業，很少研究關注雙親工作對青少年的影響（陳增穎譯，2022）。克勞特（Crouter）於2006年研究父母如何把工作經驗帶回家裡，結果發現職場工作環境差的父母，例如長工時、加班、壓力大、缺乏自主性，比起擁有好的工作環境的父母，他們回到家容易發脾氣、較少參與有效能的親職工作。父母職場工作環境不佳，與青少年的行為問題和低學業成就有相關。也有研究發現父親每週工作超過60小時，工作負荷讓他下班後只能有少量時間做想做的事情，這樣的家庭容易與青少年產生衝突（Santrock, 2008）。

心理學家想要了解當父母去工作時，青少年會發生什麼事？青少年父母兩人全職工作與父母一方從事兼職工作相比較，青少年的父母是全職工作的，有較高比例容易有社會孤立、沮喪的經驗，甚至是使用藥物或酒

精。因為這些青少年在放學之後的幾個小時不受父母或其他成人監督，父母只能透過手機遠距離監控，無法維持適當的要求或回應，因此影響到親子關係的品質（Arnett, 2018）。下午放學後及學校放暑假確實是青少年最容易發生不良行為的時間點，家長應該為子女安排課外活動或交由其他成人監督（陳增穎譯，2022）。

肆　隔代教養家庭

隨著家庭結構的改變（如單親家庭、未婚生子）及經濟現況變動（如父母在外地工作或失業），隔代教養家庭似有增加的趨勢。隔代教養家庭（grandparenting families）或稱為祖孫家庭，其型式相當多元，例如祖孫同住、祖孫與其中之一子輩同住、祖孫與子輩家庭同住等，只是教養責任主要落在祖輩身上，祖父母俱存或一同分擔教養責任，則有較佳的角色適應。擔任教養責任的祖輩年齡介於四十五歲到七十多歲居多，這類家庭的增加與社會及價值觀變動、經濟情況有連帶關係，祖輩在教養自身子女成年之後，在不得已的情況下接掌教養責任的居多（邱珍琬，2010）。隔代教養家庭與父母的失功能有很大的關係，有些隔代教養者有可能在孫子女一出生即扮演教養之角色，有些則是在父母無法照顧孫子女後才銜接教養的角色。因此隔代教養家庭中的祖孫關係也就不再像一般家庭的祖孫關係，而是變得更加複雜，也較容易遭遇困境（鄭凱芸，2011）。

一、隔代教養家庭的挑戰

隔代教養雖然是在不得已的情況下所產生的結果，但是也發揮了一些補足與替代的親職功能，隔代教養家庭對兒童正面的影響有以下幾項：1.協助照顧孫子女，減輕父母負擔；2.讓祖孫可以有機會發展更親密的關係，祖輩可以貢獻自己能力、為養育下一代效力；3.祖父母有較多的時間陪伴小孩，能給予孩子有較多的安全感；4.祖父母有使命感、生活有目標，甚至因為職責所在可以戒除一些不良習慣，作為孫輩的好榜樣（陳麗欣等，2000；邱珍琬，2004）。隔代教養家庭雖然有上述正面的影響，但

是負面的影響也相當多，包括以下幾項（邱珍琬，2013；周新富，2006；鄭凱芸，2011）：

㈠體力上的問題

龐大的教養責任很容易惡化隔代教養者的身心健康，尤其老化（aging）本身就是一個壓力源，是一種健康與體力上不可避免的衰退過程，特別是他們常常會擔心自己死亡而無法繼續照顧孫子女，以及擔心孫子女接下來的照顧問題，這是一種面對不確定的未來而引發的種種擔心與壓力。

㈡語言溝通問題

隔代教養者與孫子女分屬不同的群體，在不同的歷史及社會脈絡下生活，如此很容易造成語言溝通的障礙。

㈢價值觀念差異問題

因所處的年代不同，彼此所形成的價值觀念也不同，造成代間的差異而產生溝通問題。根據一項研究發現，祖父母與父母間的代間差距大約是28年，也就是說，隔代教養者用28年前的知識、方法來教育孫子女，無法切合當代教育對孫子女的要求。

㈣管教態度與技巧問題

一方面來自世代間的差異，以及祖父母與父母處在不同的環境下，所造成管教態度與技巧的差異問題；另一方面由於祖父母之管教態度與技巧較不理想導致管教不當的情況。研究發現祖輩管教學童方式以不一致、放任寬鬆最多，在祖孫關係方面也呈現出親密、表面、互惠、疏遠與否認五種類型，而以前二者最多，或是呈現相依為命或是過度關切兩極化，也有研究發現祖輩以忽視冷漠教養青少年居多。

㈤文化刺激問題

時代快速變遷，即使祖父母過去有豐富教養小孩經驗，但在文化刺激較弱的條件下，祖父母的經驗不一定能給予孫子女完善的照顧，甚至無法

給予孫子女課業上的指導或是提供較多的文化刺激。

㈥相關資源網絡問題

隔代教養者所面臨的問題包括：經濟、法律、喘息服務、情緒支持、教育等問題，需要多方資源與專業的整合與協助，但因為隔代教養家庭祖父母對於孫子女的照顧常處在封閉的情境中，無法主動獲知相關支援網絡的資訊，特別是有關經濟補助、教養孫子女的資源。

二、隔代教養家庭對青少年的影響

隔代教養家庭的研究大都是針對兒童，對於青少年的研究很少，而且多偏重在管教問題的探討，國內對於青少年心理健康的縱貫性研究相當少見。邱珍琬（2010）以臺灣南部地區孫輩目前就讀國中的隔代教養家庭祖孫為對象，研究隔代教養家庭的教養問題。研究結果發現隔代教養家庭的祖輩肩負養育與教育的雙重責任，許多家戶由祖父母獨力擔任教養工作，父母這一代幾乎嚴重缺席，經濟、體力與教養能力是這些祖輩面臨的最大考驗，倘若加上家庭其他問題，如親子關係欠佳、身體健康問題，或父母一方不負責，更讓祖輩感受雪上加霜。祖輩對孫輩的家庭教育著力在行為約束、交友限制、勸阻不良習慣等；祖輩都希望提供孫輩最好的教育與照顧，然而對於孫輩的發展與價值觀的變化，有時亦有力不能逮的無力與無助感。隔代教養家庭的青少年給人比較「早熟」的印象，也會體諒祖輩的辛勞，而孫輩自主的需求與祖輩產生較多的衝突。邱珍琬（2004）的一項個案研究發現，父母因在外地賺錢，祖父母協助孫子女的照顧，雖然可以提供孩子有較高品質的教育環境，但因祖父母與孫子女之年齡差距過大，而衍生出代溝或過於溺愛的問題。

伍　同志家庭

提起「家庭」、「家長」等詞彙，人們腦中浮現的畫面通常是異性戀家庭，鮮少會有關於同志家庭的想像。隨著社會看待同志的態度逐漸轉

變，加上人工生殖技術的進步，同志開始透過收養、組成同性繼親家庭等方式，與伴侶共同養育下一代。臺灣於2019年5月通過《司法院釋字第七四八號解釋施行法》保障同性伴侶結婚的權利，已婚的同性伴侶依然無法使用人工生殖醫療資源。然而，縱使難關重重，仍有許多女同志期待養育子女，根據2007年「女同志健康行為調查」，想要有小孩的女同志比例達66.5%。同性伴侶需透過第三方協助，才能親自生育下一代，這使得同性伴侶成為家長的方式較異性戀者多元，包含收養、人工生殖與接受寄養等方式（潘琴葳，2019）。要收養一個孩子不容易，評估流程可長至2-5年，2022年1月臺灣第一對男同志伴侶收養女兒正式完成戶口登記，兩人於2016年開始經歷漫長收養程序、親職課程、6次評估、審查會、家訪檢視環境等，足足花了5年之久（謝孟穎，2022）。

目前探討同性戀者關係樣態與家庭型態的研究發現，耕耘長期關係和經營家庭的意願與性取向無關。即使在對同性戀伴侶不夠友善、欠缺支持的社會，仍有一定比例的同性戀伴侶（男同性戀伴侶18%至28%；女同性戀8%至21%）攜手共度超過十年。國內研究發現，同性戀者的愛情觀與異性戀者有許多相似性，如價值觀的相似度；不同之處在於，女同性戀者有較高的自我揭露程度、關係滿意度與信任度，男同性戀者則自陳有較高的外在可能對象吸引力。國外研究也有類似發現：同性戀的關係品質大致與異性戀無異（李怡青，2014）。

根據美國學者切爾林（Cherlin, 2010）的研究發現，約14%到31%的女同性戀家庭有小孩，3%到5%的男同性戀家庭有小孩，那個年代有一些州同性婚姻合法化才剛上路。而無論在同性戀家庭或異性戀家庭成長的孩子，其身心健康與能力表現皆相似。克勞爾等人（Crowl, Ahn, & Baker）在2008年一項比較564個同性伴侶家庭與641個異性伴侶家庭的研究發現：兩類家庭子女在性別認同、心理調適、認知發展、性偏好上沒有差別（引自李怡青，2014）。美國一份檢視1977-2013年與同志家長相關的研究報告指出，無論雙親是同性戀還是異性戀，他們的子女在心理、行為或是教育上並無顯著差異（Adams & Light, 2015）。

自我評量 ....

一、選擇題

(　　) 1. 根據包姆林（D. Baumrind）的觀點，父母採用哪一種教養方式（parenting style），子女在青少年階段會較有自信，且問題行為較少？　(A)袖手旁觀型（uninvolved）　(B)寬容溺愛型（permissive）　(C)民主威信型（authoritative）　(D)獨斷專權型（authoritarian）

(　　) 2. 根據布朗費布納（U. Bronfenbrenner）的生態系統論，教育工作者必須重視家庭對青少年成長之影響。此觀點指出下列哪一個系統的重要性？　(A)外系統（exosystem）　(B)中系統（mesosystem）　(C)微系統（microsystem）　(D)巨系統（macrosystem）

(　　) 3. 已升上國一的小英跟導師說：「我已經上國中了，可是爸媽老是把我當小孩子看，什麼事都問得很仔細，好像我都不懂一樣。好煩喔，我很想要自己試試看！」下列哪一個句子最接近導師展現同理心的回應？　(A)「你是不是做過什麼事讓他們不放心呢？」　(B)「你覺得很煩，希望父母可以支持你獨立。」　(C)「你應該極力去爭取你的自由，不要輕易放棄。」　(D)「這就是天下父母心，總是愛自己的孩子，你要好好珍惜。」

(　　) 4. 張老師發現，近年來入學新生中學業成就較高的兒童，多半來自於高社經地位家庭，或是父母比較願意投入資源在教育上的家庭。此發現最符合下列何項說明？　(A)環境的確會影響學業成就　(B)基因決定兒童的學業成就表現　(C)學業成就和遺傳間的關係不大　(D)學業成就和社經地位有高度負相關

5-6為題組　閱讀下文後，回答5-6題。林老師在班級的親師會中，與家長做了雙向交流與溝通，希望了解家長的管教方式。其中，林老師和小美的家長懇談後，了解到家長對她要求極為嚴格，而且不容她質疑或是討論；林老師和小雄的家長懇談後則發現，父母對小雄幾乎是有求必應。

(　　) 5. 根據林老師和小美家長的交流與溝通，會認為小美父母的管教方式，係屬於下列何者？　(A)袖手旁觀型　(B)獨斷專權型　(C)民主

威信型　(D)縱容溺愛型

(　　) 6. 根據小雄父母對他的互動方式，下列何者是小雄最可能出現的行為表現？ (A)成績表現較差　(B)與同學相處人緣佳　(C)能夠把自己照顧好　(D)自制力和挫折容忍力低

(　　) 7. 李老師發現班上小莉的家庭屬於混合家庭（blended family），下列敘述何者正確？ (A)小莉的家庭為三代同堂　(B)小莉的家庭為重組家庭　(C)小莉同時擁有繼父和繼母　(D)小莉的父母共同監護小莉

(　　) 8. 小英是家中三姊妹的老大，父親長年臥病，家中經濟靠母親在外工作維持，因而家中照顧爸爸和妹妹的責任多由小英協助承擔，使小英於同儕之間顯得相對成熟許多。小英的行為表現，最符合下列哪一種類型？ (A)親職化兒童　(B)代罪羔羊兒童　(C)小飛俠症兒童　(D)跨世代聯盟兒童

(　　) 9. 九年級的家豪受到集體主義文化的影響，他的自我概念最不可能包括下列何者？ (A)尊重權威人物　(B)追求自我獨立性　(C)依照父母的期望進行職業選擇　(D)不在班上公開表達不同的看法

(　　) 10. 小梅想跟同學去逛街看電影，媽媽覺得不妥，就和小梅討論，並解釋她不同意的理由。小梅媽媽使用的教養方式，就控制和關懷兩個層面來看，屬於下列何種特質？ (A)高控制與高關懷　(B)低控制與高關懷　(C)高控制與低關懷　(D)低控制與低關懷

(　　) 11. 下列哪一種家庭規則的做法對青少年自尊有正面影響？ (A)不設定規則，給予青少年完全的自由　(B)父母訂定規則的過程中與孩子充分討論　(C)為能慎重，父母常為家規的內容時有爭辯　(D)為了形塑服從家規的重要性，規則一旦訂定即不容修改

(　　) 12. 導師在母親節前夕提醒學生送一份禮物表達感謝。考量班上有同學的父母離婚，他在說明這項活動時，採下列哪種說法較為適切？ (A)母親節快到了，不要忘了送一份禮物給媽媽！　(B)大家要好好感謝母親，祝福媽媽母親節快樂！　(C)母親節到了，記得要送一份禮物給照顧你的人！　(D)每個人從小到大，都受到媽媽的照顧，我們要好好感謝她！

(　　) 13. 十年級志雄的父母教育他的方式，符合包姆林（D. Baumrind）的威信型（authoritative style）管教。下列哪一種較可能是志雄在學校的人際相處情形？　(A)退縮害怕，總是孤單一人　(B)能接納成人的規範並與同儕相處良好　(C)依賴權威，卻對權威充滿疑惑或焦慮　(D)喜歡挑戰權威，不太清楚管教的界線

(　　) 14. 下列關於親子關係的描述何者正確？　(A)與子女建立共依附關係的父母不會情感勒索子女　(B)父母與子女之間必須緊密黏合、沒有界線，才是理想的親子關係　(C)共依附的親子關係會讓人不自主地想要控制對方，並且失去自我　(D)父母與子女保有各自的自主空間，將不利於親子關係的發展

(　　) 15. 根據單親家庭狀況調查，下列那一項陳述不符合臺灣的單親家庭狀況？　(A)形成單親家庭的原因以離婚為主因　(B)最困擾的議題為就業及經濟問題　(C)女性單親家庭多於男性單親家庭　(D)女性單親家庭的子女多於男性單親家庭

參考答案

1.(C)　2.(C)　3.(B)　4.(A)　5.(B)　6.(D)　7.(B)　8.(A)　9.(B)　10.(A)　11.(B)
12.(C)　13.(B)　14.(C)　15.(D)

二、問答題

1. 在包姆林（D. Baumrind）的研究基礎上，學者將父母的教養風格分成四種。寫出此四種教養風格，並說明它們如何受父母控制程度（demandingness）和涉入程度（responsiveness）的影響。

2. 小明是國小五年級學生，由於父母離異，家庭完整性破壞，導致家庭功能無法發揮，對小明的適應影響重大。
   (1) 試述三項父母離異對小明心理與行為可能產生的影響。
   (2) 針對小明的心理適應問題，試擬定兩項主要的輔導目標，並說明之。

3. 何謂共親職？離婚父母要如何共親職？

4. 青少年時期的親子關係或多或少有緊張與衝突的情形，因此親子衝突的情形會經常出現。面對親子衝突父母及子女應採用哪些適當的回應方式？

5.試述親子關係對青少年的發展有什麼重要的影響。

6.單親、隔代教養家庭原先被列為「高風險家庭」，近來改稱為「脆弱家庭」。請問這兩類家庭面臨怎樣的困境？對青少年的教養方面會產生哪些問題？

7.父母管教態度的不一致，易使青少年對環境的適應和行為發展造成負面影響。試提出三種父母管教態度不一致的類型及其對青少年的影響。

第十一章

青少年的危機與問題

　　傳統觀點認為青少年正值人生中動盪不安的「狂飆期」（storm and stress），青少年起伏不定的情緒，被認為是源自於青春期的生理變化，屬於普遍的現象且會隨著時間而趨緩，但近代的論述則轉而認為環境中的壓力源是造成青少年情緒起伏的關鍵原因。從近幾年來的研究發現，只有少數的青少年會經歷到「狂飆期」的狀態，大多數青少年適應良好，並沒有與家人疏離、未與父母有溝通上的障礙、未經歷嚴重的認同危機（Arnett, 2018）。青少年這個階段會經歷許多的壓力事件，例如考試、課業表現、金錢、同儕關係及外表等，但是為什麼有些青少年在面臨相同的壓力時，並不會經驗到混亂或憂鬱情緒，還能保持良好的適應？正向心理學的研究發現正好可以解釋這樣的現象，學者強調個體內在的心理能量，稱為復原力（resilience），可以在生活事件中緩衝挫折與壓力的影響，當個體身處逆境與困難，卻不易落入極度的沮喪、焦慮、憂鬱的狀態之中，並且可以發展出健康的因應行為（王昭琪、蕭文，2007）。本章分為三節，首先探討青少年面臨的壓力與因應方式，其次探討青少年常見的問題，最後探討青少年的復原力。

第一節　青少年的壓力與因應

　　當個體遭遇刺激事件時，若自身沒有足夠資源回應外在環境要求，即會產生壓力。壓力因子存在於各個年齡層、族群以及職業當中，不同的社會角色有著不一樣的壓力。青少年時期面臨生理與心理的快速發展，加上社會文化和他人期待的影響，若缺乏相關的因應方法或抒發管道，容易感受明顯的生活壓力。青少年的行為表現與其生活壓力相互關聯。國內研究發現生活壓力愈大的中學生，出現憂鬱症狀的可能性愈高。學習壓力、情感壓力以及人際壓力皆有可能導致學生產生自殺意念（吳承翰、魏希聖，2016）。

壹　壓力的來源

　　壓力（stress）是一種刺激，稱之為壓力源（stressor），這種刺激會影響到心理狀態，並逼使我們重新調適，進而產生身體上的反應或回應。學者薛黎（Selye, 1982）提出一般性適應症候群（general adaptation syndrome, GAS）的概念來說明壓力的影響，首先是驚覺階段（alarm stage），個體感受到壓力的出現，並試著要消除壓力，當無法消除時就進入第二階段稱為抗拒階段（resistance stage），個體嘗試取大的努力要對抗壓力，就如同身體的免疫系統要對抗病毒的入侵，如果失敗即進入第三階段稱為耗竭階段（exhaustion stage）。如果壓力源一直未消除，個體的抵抗能力將會消耗殆盡，個體喪失適應能力，身心疲憊。薛黎所提出的概念說明當壓力出現時，個體要如何因應。但是因為個體對壓力的認知不一致，什麼刺激才算是壓力？這方面存在著個別差異。拉扎勒斯（Lazarus, 1966）就提出對於壓力源要加以評估的概念，當評估壓力源會對自己構成威脅，則再進行第二次評估並採取對策，如果壓力仍然存在，便形成長期壓力，對生理及心理產生影響。青少年階段會經歷到許多的事件、改變和轉變，某些壓力可能來自身體發展，因此學者將壓力源分成常規事件（normative events）、非常規事件（non-normative events）和日常煩惱（daily hassles），所有青少年都會面臨的事件稱為常規事件，例如青春期的發展、學校的轉換、同儕的壓力等，是否構成壓力則是因人而異。非常規事件可能在任何時期出現，其特性是非預期，例如生病、失去家人、父母衝突或分離、與好友決裂、父或母失業等。相對於日常煩惱便顯得微不足道，但是有時會累積成為壓力源，例如青春痘、體重增加。當很多生活事件同時出現時，就會構成壓力源（Coleman & Hendry, 1999）。青少年面臨的壓力源有以下幾類：

一、學業成就

　　學業成就對臺灣的青少年而言，是一項非常複雜的產物，一方面促使學生努力求表現，另一方面卻對學生的心理健康造成影響。學業成就是先

天能力加上後天努力所獲得的成果，青少年也可能為自己的成績感到驕傲得意或自卑沮喪，尤其高成就者為求更高的成就或害怕失敗，壓力可能特別大。更重要的是，學業成就混合了青少年所面對的實質壓力和父母期望的心理壓力，父母的高教育期望對青少年可能是支持與鼓舞，但過高的期望對心理還是會產生負面影響。然而，儘管壓力大，大部分青少年還是會將父母的期望內化為對自己的期望，有些人會綜合自己的意願及自我評估後而加以調整。但是青少年已經開始有了自己的想法，希望有獨立自主的機會，因此這時青少年自己的教育期望對心理健康的重要性，應該會大於父母的期望（楊孟麗，2005）。

二、負面社會關係

研究顯示，青少年與父母的關係若長期處於負向關係、日常生活中受到同儕的排斥，以及在學校裡受到老師的疏遠、拒絕，這是皆是導致青少年壓力的重要因素。青少年最在意的是與父母及同儕的關係，當父母與同儕雙方面所主張的價值觀與實際做法上有所不同時，會造成青少年的強烈衝突，這項壓力稱為「交叉壓力」（cross-pressure）（譚子文、張楓明，2012）。

三、負面生活事件

當青少年遭逢個人、家庭與學校生活的不順遂，例如受到班上同學的霸凌、車禍受傷、親人亡故、父母離異、失戀、創傷事件（traumatic events），以及父母親失業或家中經濟發生困難時，將使其受到負面影響，造成青少年緊張、焦慮的情緒，進而產生挫折與壓力。實徵研究顯示，青少年若經歷過多的負面生活事件，會增加其藥物濫用行為、攻擊行為或其他各種偏差行為發生的風險性（譚子文、張楓明，2012）。

四、日常生活困擾

除了上述的重要生活事件之外，青少年更多的壓力源是來自於日常生活的緊張、令人煩惱的瑣事、需求得不到滿足、環境的改變等，統稱為日

常生活困擾。日常的緊張例如上學通勤、考試、被老師罵、與同學吵架、與父母爭執等。來自個人的煩惱可能與青春期的發育有關，例如早熟晚熟、青春痘、關注體重的增減、身體外貌等。青少年階段因父母未能滿足其需求，以致產生抱怨或不滿的現象日益普遍，常見的要求是想要擁有自己的手機或機車。環境的改變則是搬家或轉學，以致與好友分離。上述這些事件均構成生活的困擾，日常生活困擾有時候對身心健康的影響大過負面生活事件的影響，可能是因為小壓力的影響具有累加的效果。

 ## 壓力的影響

壓力可分為客觀壓力與主觀壓力，客觀壓力可用個人的生活事件數量來計算，青少年的負向生活事件愈多愈可能形成更大的壓力感受；壓力亦是主觀的認知與感受，相同情境有人視之為絕佳挑戰，有人則視其為威脅，因而產生壓力症狀。然而適度壓力可激發我們的工作表現，但過度則會導致身心健康出現警訊（江承曉、劉嘉蕙，2008）。以下分別從壓力對心理與生理的影響加以說明：

一、對心理的影響

生活中充滿各種壓力，現個體若長期處於高壓力下，在心理層面上易產生緊張、焦慮、憤怒與攻擊、冷漠與憂鬱。認知缺損等現象，其中憤怒與攻擊將於第二節中的外向問題探討，焦慮與憂慮已於第七章中有所討論，以下僅就以下三方面作說明：

㈠創傷後壓力症候群

創傷後壓力症候群（post-traumatic stress disorder, PTSD）是與焦慮有關的壓力反應，指遭遇超越人類平常生活經驗的重大創傷事件，特別是威脅到生命或極重大的傷害時，往往會有極度害怕、恐懼或無助感，隨之而來的焦慮感受，主要起因於正常的防衛反應沒有成功。這裡所指的創傷可以分為兩類，第一型創傷的發生是突然且無預期的，例如地震、洪水、火

山爆發、颱風等天災所造成的傷亡；第二型創傷是指人為的傷害，例如車
禍、犯罪事件（綁架、被槍指著）、戰爭、性侵害、家暴、受虐待等。
青少年經歷創傷經驗之後，會引起以下的症狀反應：1.對周遭生活事件感
到麻木，與家人親友產生疏離感；2.在睡夢中重複經歷創傷事件，因此不
敢入睡，或是有「閃回」（flashback）的現象，即浮現重回事發現場的記
憶；3.睡眠障礙、無法集中注意力或過度警覺。通常女性較男性易患上創
傷後壓力症候群，人為創傷比天災更容易得到此症候群（黃惠卿、莊羚
迪、湯婉孄，2017；危芷芬等譯，2015）。

　　㈡習得無助感

　　習得無助感（learned helplessness）由塞利格曼（Seligman）從對動物
的研究所提出的理論，他把狗關在籠子裡，只要蜂音器一響，就給以難受
的電擊，多次實驗後，蜂音器一響，狗不但不逃，反而絕望地等待痛苦的
來臨，這就是習得無助。當人或動物接連不斷地受到挫折，便會感到自己
對於一切都無能為力，陷入一種無助的心理狀態。在現實生活中，當一個
人發現無論如何努力，無論怎麼做，都會以失敗而告終，他就會覺得自己
控制不了整個局面，於是精神支柱就會瓦解，鬥志也隨之喪失，最終就會
放棄所有努力，嚴重者會造成焦慮、憂鬱（蔡純純，2015）。當青少年對
學校的學習缺乏動機、經常考試得低分、交不出作業等情況，即是習得無
助感的表現。

　　㈢認知缺損

　　除情緒反應外，面臨重大壓力時，也會出現認知能力的缺損，其症狀
為難以集中注意力、無法以符合邏輯的方式組織思考。認知缺損可能出於
兩個原因：首先是高度情緒激發狀態干擾訊息處理，其次是腦海中在思考
可能採取的行動，以及擔心可能的後果，以致引起分心。例如產生考試焦
慮的青少年可能擔心考試考不好，以及責備自己沒有充分準備，使他們無
法充分發揮所學來應付考試（危芷芬等譯，2015）。

二、對生理的影響

　　面對壓力，身體會產生一系列複雜反應來回應壓力源，當覺察到威脅解除時，緊急反應也隨之消退，但壓力情境若持續，將刺激中樞神經系統的下視丘，活化內分泌及交感神經系統，進而引發一連串的壓力生理反應。以下分為急性、慢性壓力兩類，說明壓力對生理的影響（周秀娟、趙振瑞，2009；危芷芬等譯，2015；孫景文譯，2000）：

(一)打或逃反應

　　壓力生理反應機制有許多的模式，但主要為「打或逃模式」（fight-or-flight pattern），當面臨緊急壓力狀況時，身體會動員能量，很自然準備好迎接緊急狀況，決定是要逃離威脅情境或直接採取攻擊。這個模式是因應短期的急性壓力（acute stress）由下視丘控制交感神經腎上腺髓質系統（sympathetic adrenal medullary system）分泌腎上腺素（epinephrine）與正腎上腺素（norepinephrine），藉以維持生理的激發狀態。此時生理的改變尚包括：呼吸率提高、血壓上升、心跳加快、消耗貯存的能量、減少非主要器官血流，如消化系統、腎臟、皮膚。

(二)慢性壓力

　　如果壓力是長期存在，就會形成長期的慢性壓力（chronic stress），或稱為「被動模式」（passive pattern）。被動模式由腦下垂體—腎上腺皮質系統（pituitary-adrenal cortical system），即下視丘—腦下垂體—腎上腺路徑調控。在慢性壓力或憂鬱壓抑的情況下，由於上述路徑的調節功能異常，使體內可體松（cortisol）濃度提升。可體松可促進肝臟的葡萄糖新生作用，以因應壓力反應所需的能量。但長期處於慢性壓力下，可體松分泌增加，將使血糖持續增高，並破壞β細胞分泌胰島素的功能，產生糖尿病。可體松也會使脂肪組織分解，產生脂肪酸及膽固醇，作為壓力階段能量來源，但過多的脂肪組織分解，將產生高脂血症，增加血管阻塞的機率。可體松也會增高動脈壓，提升高血壓的發生率。此外，可體松有刺激食慾的效果，也會降低下視丘飽足訊息的敏感性，導致體重增加。慢性壓

力下生理的改變與急性壓力相同，但焦慮、憂鬱、擔憂、生氣、冷淡、
疏離等情緒常伴隨著慢性壓力發生，若壓力因子與反應持續，健康將受威
脅，易引發疾病。國中生由於長期處於考試壓力之下，加上體能活動的不
足，以致肥胖人口逐年上升，其後遺症為慢性疾病與代謝症候群的逐年上
升且年輕化。

 ## 參 壓力的因應模式

　　所謂壓力因應（coping）即當人們與環境互動因遭受壓力而引起緊
張、不安等感覺時，為了維持身心平衡以符合個人內在外在的要求而採取
的各種回應。回應的作用包含改變、管理及其他方法，消極面是在減輕壓
力所帶來的痛苦，積極面則努力營造新的轉換契機，以成功掌控情境（王
昭琪、蕭文，2007）。這樣的定義說明當個體面臨重大的壓力時，防衛系
統會產生調適因應策略與心理防衛機轉以減少生活威脅。心理學者提出多
種壓力的因應模式，希金斯和恩德勒（Higgins & Endler, 1995）將因應策
略分為任務導向、情緒導向和逃避導向，任務導向是直接採取行動來改變
問題，情緒導向是改變對壓力源的情緒反應，逃避導向則是逃避問題、否
認問題的存在。以下先說明青少年因應壓力的策略，然後再提出兩種因應
壓力模式。

一、壓力因應策略

　　一般將壓力因應策略分為情緒焦點與問題焦點兩類，情緒焦點不在於
改變外在環境壓力，而是改變個體的主觀情緒認知與解釋，問題焦點則在
於調整、改變或移除外在環境壓力或問題。以下分別說明這兩種因應策略
（王昭琪、蕭文，2007；危芷芬等譯，2015；Coleman & Hendry, 1999）：

　　㈠情緒焦點因應

　　採取情緒焦點因應可以避免個人被問題所帶來的負面情緒壓垮，但也
妨礙他們採取問題焦點因應來解決問題。通常當問題無法控制時，比較會

使用這種方式。對於負面情緒的因應可分為認知或行為策略，行為策略包括運動、放鬆技巧、使用酒精或藥物、宣洩怒氣、報復攻擊、向朋友傾訴等，精神分析論所提出的防衛機轉，例如合理化、否認、昇華等作用，可以減低情緒的激動。但某些策略具有正向功能，某些策略則是無功能，甚至會引起更多的紛爭。向他人尋求情緒支持，可以幫助個人面對壓力時得到情緒的調適，定期與親人和朋友的互動是一種相當正向的因應方式。

㈡問題焦點因應

問題焦點因應是直接改變壓力源，藉由改變生活環境、解決問題、尋求他人協助或謀求共同解決問題等策略，以消除或減輕壓力與情緒的緊張或不安。解決問題則需要有以下的步驟：首先是界定問題，其次是尋求可能的解決方案並評估得失，最後則是決定及採取行動。改變自己也是一項解決問題的策略，改變目標、尋求新的滿足來源、學習新技巧等，皆由自身的改變開始。

二、年齡及性別因應壓力的差異

上述兩項策略各有其應用時機及功能，對於青少年使用壓力因應策略的研究發現，青少年後期會使用更多無功能的策略來減少緊張及壓力，例如使用酒精及藥物、增加自我責備。塞夫格—克倫克（Seiffge-Krenke, 1995）研究發現15歲是使用因應策略的轉捩點，15歲以後的青少年會尋找具有相同問題經驗的朋友，得到解決問題可能的策略，但不一定會有行動。性別在因應策略上的差異也是心理學者想要探討的主題，研究發現男生具有主動因應壓力的傾向，會去尋找更多的資訊，來協助解決問題；對於人際關係的問題則比女生更多使用攻擊、對抗或否認等方式來因應。女生比較容易受到壓力的影響，生活中會經歷較多的壓力事件，處在壓力情境中比較容易朝負面的預期思考。在因應策略方面，女生使用社會支持比男生多，更可能依賴朋友、父母和其他成人的協助。女生因為過於依賴社會關係，很容易陷於無法解決的困境（irresolvable dilemma）（Coleman & Hendry, 1999）。

三、壓力因應模式

在探討青少年情緒發展的第七章中，曾提到情緒管理的做法，這是屬於壓力因應的策略之一，所謂壓力因應模式，是個體對壓力的知覺之後，會採用何種策略來處理壓力所造成影響的歷程。以下以康普斯（Compas, 1995）及塞夫格─克倫克（Seiffge-Krenke, 1995）所提出的模式說明之。

㈠康普斯模式

康普斯（Compas, 1995）的壓力因應模式如圖11-1所示，此模式重視評估（appraisal）在因應壓力源的過程中所扮演的角色。拉扎勒斯（Lazarus, 1966）首先提出評估的概念，將評估區分為初級評估及次級評估。在此模式中，初級評估主要與影響情緒的壓力事件或挑戰有關，次級評估則是有關壓力的威脅性，以及個人處理壓力能力的認知性評價。要成功地因應壓力一定做好壓力的評估過程，後續要如何行動則視評估的情形而定。成功因應的另一重點是個人的控制信念，青少年認為壓力源是否可以受到

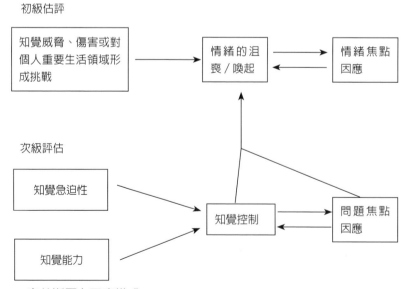

圖11-1　康普斯壓力因應模式

資料來源：Coleman & Hendry（1999, p.221）

控制，會影響到後續的行動。如果認為學業壓力比人際壓力更可控制，則會採用問題焦點因應學業壓力，而以情緒焦點因應人際壓力。青少年認為對壓力愈有能力控制，則愈會使用問題焦點因應策略。這個模式說明控制信念是與問題焦點因應相互影響，但控制信念與情緒焦點因應是無關的（Coleman & Hendry, 1999）。

(二)塞夫格—克倫克模式

塞夫格—克倫克（Seiffge-Krenke, 1995）將因應壓力的策略分為主動因應、內在因應及退縮或逃避（withdrawal）三種，前兩種與問題焦點因應及情緒焦點因應相同，是屬於有功能性的因應，第三種則被認為是無功能的。塞夫格—克倫克所提出的模式如圖11-2所示，他在針對青少年壓力因應的研究發現，因應方式不只受到年齡、性別的影響，也受到可用的社會支持影響。面臨壓力時，青少年首先會尋求家庭內的支持，如果父母能提供有用的資訊和協助，青少年會更常使用父母的支持；如果父母的支持是受到限制的，則青少年會使用無功能的因應策略。他將家庭氣氛分為四種類型，不同氣氛下會產生不同的因應方式，在無結構衝突取向（unstructured conflict oriented）家庭的青少年，其因應技巧較差，偏向被動性和逃避等無功能的因應；在控制取向（control oriented）家庭的青少年，依賴家庭的決定，也是偏向被動的因應行為；無結構表達獨立取向（unstructured expressive-independence oriented）和有結構表達想法取向（structured expressive-intellectual oriented）這兩類家庭的因應技巧包括作計畫和使用社會支持（Coleman & Hendry, 1999）。這四種家庭氣氛的分類方法，很接近第十章所提到的麥克比和馬丁（Maccoby & Martin, 1983）的四種父母教養方式類型，使用開明權威型的家庭，其子女使用社會支持和問題焦點取向的可能性最高，其中重要一項中介因素是自我的控制感，開明權威型家庭能提升青少年的能力感，因此當處在壓力情境中，能促進自我控制感的提升。

同儕也是提供社會支持的重要角色，當青少年年齡漸長，愈朝向同儕團體尋求支持，研究發現17-19歲的青少年當遇到挫折或困擾時，尋求同

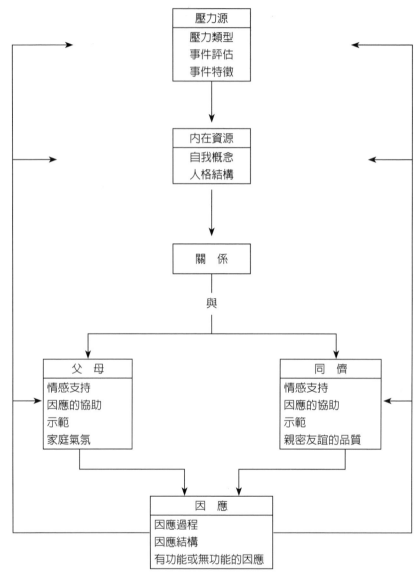

圖11-2　塞夫格—克倫克壓力因應模式
資料來源：Coleman & Hendry（1999, p.216）

僑支持的人數最多。尤其是在校外的時間，當青少年有社會技巧欠缺、家庭衝突、競賽活動道德顧慮等困擾時，會去尋求同僑的支持（Coleman & Hendry, 1999）。青少年從朋友所提供的因應策略，再發展出自己因應壓力策略，這些策略包含有功能和無功能的策略。

第二節　常見的青少年問題

　　任何年代出生的青少年都會遇到許多的問題，只是問題的性質可能有所不同，學者將青少年所遇到的問題分為內在問題（internalizing problems）和外在問題（externalizing problems）兩類，或稱為內化問題及外化問題。內在問題影響個體的內在世界，包括憂鬱、焦慮、飲食疾患等，有時這些問題會同時出現，例如憂鬱導致飲食疾患。內在問題又稱為過度控制（overcontrolled），其源頭可能來自於家庭中父母親使用嚴格的心理控制，以致形成過度控制和自我懲罰的人格，這類問題男女生都可能發生。外在問題形成個體外在世界的困擾，包括犯罪行為、打架、物質濫用、危險駕駛、未保護的性行為等。這類問題又稱為過少控制（undercontrolled），來自於家庭中的父母親疏於監督和控制，青少年因缺乏自制能力而導致失控的行為，通常外在行為是男生多於女生。外在問題的動機通常是尋求興奮的慾望和刺激的經驗，對青少年的生活和健康帶來很大的威脅（Arnett, 2018）。

 ### 壹　外在問題

　　外在問題也稱危險行為（risk behavior）或問題行為，以下分別探討中輟、物質濫用及偏差行為三種問題行為。

一、中輟

　　中途離校即一般所稱之輟學（school dropout），在我國法規當中，

「中途輟學」專指國中小階段的學生，「中途離校」專指高中階段學生，皆表示在學生未畢業之前因故提早離開學校且沒有完成學業之情形（李佩珊，2021a）。以108學年度為例，我國國中生的中輟總人數是2,741人，占國中生人數的0.45%；高中休學人數為15,251人，所占比例為2.37%（教育部，2021）。因高中階段不屬於義務教育，不需要將中輟生找回來，美國或歐盟因為義務教育的年數長達12年，因此中輟比率極高，以2016年全體歐盟國家的比率為例，男生中輟率為12.3%，女生9.3%（李佩珊，2021a）。國中生中輟所占的比例雖然看似不大，對整個社會、個人影響很大，若再加入仍在學的中輟高危險群，則國中學生在學業完成之前「離開學校」的問題將更嚴重。根據國內外研究，中輟所帶來的影響有以下四項：犯罪率的提高、個人生涯發展中斷、政府社會福利支出增加、學生自尊貶抑（廖裕星、林清文，2007）。

關於青少年中輟的原因，國內外許多相關研究皆證實個人、家庭、學校及社會等種種危機因素是導致青少年不想上學的主要癥結。在個人因素方面包括成就低落、對學科不感興趣、意外傷害或罹患重大疾病、智能不足、精神異常等；家庭因素包括親屬失和無法安心上學、家庭關係紊亂、家庭發生重大變故、家庭漠視、舉家躲債等；學校因素包括學校管教方式、考試壓力、師生關係等（張高賓、許忠仁、沈玉培，2017）。當學生覺得在學校中，與教師、同學互動是疏離或甚至是具衝突性的經驗，便無法從中得到認同、慰藉，那麼學生就可能會轉而投向校外偏差同儕團體以尋求認同、慰藉，甚至可能反而以從事偏差行為來尋求校外偏差同儕團體中成員的認可（廖裕星、林清文，2007）。

現行國中小學生中輟係以協尋方式辦理，其法源依據為《強迫入學條例》及中輟輔導相關辦法，年齡限制為15歲以下。在這幾年中，教育部面對中輟高危險學生處遇的焦點有所不同，先前的重點主要在於「將中輟生找回來」，即強調中輟生在被尋回後的復學安置，因此有「中途班」、「中輟學園」等中介教育機制。近期教育部則明確肯定預防學生中輟才是中輟之最佳輔導策略（廖裕星、林清文，2007）。

二、物質濫用

　　一般將一個人長期服用酒精或某種藥物稱為酒癮或藥癮（addiction），上癮的現象有三：耐受性（tolerance）、禁戒症候群（abstinence syndrome）及復發（relapse），但藥物的過度使用或濫用（drug abuse），有時也不一定出現這些特徵，因此世界衛生組織建議以藥物「依賴」來代替「藥物成癮」這個名詞，藥物依賴的定義是凡起因於重複使用某種藥物，且週期或連續地使用後，產生必須依賴此藥物的狀態。但像香菸、酒精、強力膠等都不能算是「藥物」，因此以「物質」取代「藥物」，物質濫用（substance abuse）其涵蓋面寬闊許多，例如香菸、檳榔，甚至咖啡都可列入其中（李璧伊、王建楠，2006）。青少年的藥物成癮一般是從菸、酒入門，接下來吸食大麻，最後才使用非法藥物，以下分別說明吸菸、飲酒及非法藥物對青少年的危害。

㈠吸菸

　　世界衛生組織（WHO）指出菸草使用是早逝、疾病與失能的重要病因之一，全球每年幾乎有500萬人死於菸害相關疾病，預計在2030年，吸菸致死人數將超過800萬人。「吸菸」是當今世界各國公認最重要、最可預防的疾病與死亡的原因。國民健康署110年青少年吸菸行為調查結果顯示，國中生吸菸率由97年7.8%降至110年2.2%，降幅超過七成（71.8%）；高中職生由96年14.8%降至110年7.2%，降幅超過五成（51.4%）。惟國中生、高中職生電子煙使用率分別由107年1.9%與3.4%上升至110年3.9%與8.8%，合併計算青少年電子煙使用率由107年2.7%上升至6.6%，短短3年時間快速倍增，顯見電子煙氾濫已對青少年形成嚴重的健康危機。多數電子煙含有尼古丁容易導致成癮，尼古丁會影響正值青春期少年的大腦發育，對大腦前額葉皮質會產生神經毒性作用，干擾青少年的認知發展、執行功能和抑制控制能力，導致對尼古丁產生更高的依賴。國外研究顯示，學生使用電子煙後，會導致氣喘盛行率上升及上學缺課率增加（國健署，2022）。

　　至於吸菸的原因，研究指出大部分的吸菸者都是在青少年期間開始抽

菸，青少年吸菸的動機除了好奇外，更隱藏著個人的家庭衝突、學習挫折的壓力及同儕團體的影響等問題，因而以吸菸來印證自己價值的存在和得到同儕團體的認同（林奕彤、丘周萍，2009）。林彥良等人（2013）以新北市某偏鄉地區的國高中生為對象，探討學生的吸菸行為、動機以及戒菸意願，結果顯示此區域國高中生最常吸菸之場所為家中，尤其是國中生；而學生的吸菸動機前三名分別是抒壓提神（35.8%）、好奇（32.1%）、同儕吸菸（24.5%）。有吸菸習慣之國高中生之中，約半數以上有戒菸的意願，且女性高於男性，多數學生明白吸菸對健康是有害的，但因為同儕壓力、吸菸習慣，而使得青少年戒菸成效不彰。王家甄等人（2010）研究臺中縣國中生的吸菸行為，結果發現男生吸菸者占10.61%，女生占5.69%。研究者建議政府及衛生單位應嚴格執行菸害防治政策，以杜絕青少年有機會接觸菸商提供免費香菸；學校也應發展適合青少年的菸害防制教材及課程，教導拒絕的技巧和抗拒同儕壓力，以降低國中生的吸菸行為。

(二)飲酒

菸、酒是青少年最常使用的物質，飲酒對青少年的危害，包括對健康及社會心理因素的負面影響。依據國民健康署2021年青少年健康行為調查結果，國中生曾經飲酒率為49.7%，而高中職生為72.8%。過去30天內飲酒率，國中生為14.1%，而高中職生為30.6%。國中生曾經喝醉率達7.8%，較107年9.4%降低；而高中職生為19.4%，較108年18.3%上升。上述數據揭示著青少年飲酒為不容忽視的重要公衛議題（菸害防制組，2022）。

酒精成癮疾患多始於青少年及成人早期，且研究顯示愈早接觸成癮物質，日後發展為成癮疾患之風險也愈高。14歲前即開始飲酒者，有高達15%日後會發展為酒精使用疾患，相較於21歲後才接觸酒精者，僅2%發展為酒精使用疾患。多數青少年從合法物質（如菸、酒）開始，逐步進展到非法藥物使用。青少年為腦部關鍵發育期，於此時期開始飲酒會顯著影響腦部發展及認知功能，亦會嚴重影響青少年學業成就、社會角色轉型等重要人生歷程。此外，青少年飲酒者有高比例合併其他精神科疾病，常見

如品行疾患、注意力不足過動症及憂鬱症等，亦和自傷行為及暴力風險具顯著相關。青少年飲酒更是造成青少年非自然死亡（如自殺、他殺、交通事故）主要原因之一。相較於成年飲酒者，青少年飲酒者的模式常為狂飲（binge drinking），即在短時間內喝下大量酒精，此模式更讓青少年因飲酒過量猝死或意外傷亡風險大增（臺北市立聯合醫院，2022）。

由實證性的研究發現，影響青少年飲酒行為的因素很多，包括：對飲酒有正向的期待、自我心像、自我效能、同儕規範、同儕飲酒、情感依附、父母親飲酒行為等。飲酒效果預期及拒酒自我效能，可以影響青少年對飲酒行為的認知與抉擇，飲酒者若對飲酒抱持著正向效果預期的認知，相信飲酒可以帶來很多正向的結果，包括降低社會壓力及增進社交關係等，將會增加青少年的飲酒行為。當拒酒自我效能愈強，拒絕飲酒的能力也就愈明顯，飲酒行為的頻率及量也隨之減少。因此，防治青少年飲酒行為的策略包括：澄清飲酒的正面效果預期、強化飲酒的負面後果、強化社交壓力下的拒酒自我效能、培養青少年不飲酒也能擁有自信，以及加強壓力調適與情緒紓解的策略等（葉美玉、陳雅欣，2007）。

(三)藥物

全球約有3,500萬人有藥物濫用的問題，2017年全球高達58.5萬人死於施用毒品，例如合成鴉片類藥物（synthetic opioids）的海洛因、嗎啡、芬太尼（fentanyl）、曲馬多（tramadol）等，各式各樣毒品所造成的危害已經成為全球性的議題（林君翰，2020）。所謂藥物濫用是指未經醫師處方，或非基於醫療需要，卻自行服用藥物。服用藥物之後會引起身心情緒功能受到嚴重影響，產生一些違反社會規範的行為，而且長期服用會造成藥物上癮而無法自拔，這種濫用藥物的行為，不但傷害個人健康，還會對公共秩序與社會安寧造成嚴重危害。青少年常見的藥物濫用有安非他命、搖頭丸、快樂丸、K他命（Ketamine）、安眠鎮靜劑（FM2、青發、紅中、白板）、大麻（marijuana）等（周新富，2016）。以下僅就大麻及K他命說明之。

1. 大麻

大麻是全球使用最廣泛的毒品，2018年估計大麻的使用人口即高達1.92億，在已開發和開發中國家皆被廣泛使用。而大部分的大麻依賴均來自於高收入國家的青少年，患病率在20至24歲之間達到高峰，且男性（0.23%）高於女性（0.14%）。在生理方面，大麻長期使用者通常會因為肺部功能的喪失而顯得精神萎靡，並伴隨著缺乏動機及冷漠；而在精神方面，不僅大量使用大麻會導致精神病，對於那些原本心理就脆弱的人，大麻的使用更容易讓這些人罹患精神病。在青少年族群中，由於心智年齡成熟度不足，使得青少年對於大麻的使用缺乏成熟的反應，甚至有些青少年不認為大麻是毒品，因此常發生濫用的情形。我國在青少年使用大麻原因方面的研究發現：男性、學業緊張、家庭緊張、學校緊張、師生關係緊張、低自我控制、接觸偏差同儕和認同非法手段、教育程度、低風險感知、具合法物質（例如：菸、酒、檳榔）使用經驗、回饋監控系統的弱化等因素的交互作用，是青少年使用大麻的主要原因（林君翰，2020）。

2. K他命

K他命又稱愷他命，近年我國青少年藥物濫用的增加，主要是搖頭丸（MDMA）與愷他命等新興毒品的使用量逐年增加，直到2006年之後，愷他命取代搖頭丸成為主要濫用之新興毒品，盛行率約為0.06%至0.08%。K他命屬於中樞神經抑制作用，其娛樂性來自於迷幻作用，低劑量使用時，會有鎮定、放鬆的感覺（行政院衛生署，2013）。當劑量提高，可達到瀕死經驗的感覺，此時使用者出現幻覺，奇特的視覺扭曲，使用者常感覺不到疼痛而容易導致受傷。長期使用K他命可能導致中樞神經方面的後遺症，包括記憶與執行功能方面的損害，以及解離與精神病症狀。泌尿系統方面主要是頻尿、血尿與解尿疼痛及腎水腫等，多數患者只要停用K他命數個月後，問題都能獲得解決，但是少部分患者出現明顯的不可逆性的膀胱病變（曾寶民、邱獻輝，2016）。

曾寶民和邱獻輝（2016）的研究發現，青少年因為進入青春期的發展階段，遭遇到認同危機，思想行為變得叛逆，同儕團體的影響力增加，再加上本身對藥物的認識不足，心理上對藥物的好奇，還有成長過程與生活

中的壓力與挫敗驅使，很容易受到用藥同儕的影響而接觸使用K他命。加上慣他命的生理成癮性不高，反而讓青少年更容易再度使用，而讓青少年受到K他命以及其他藥物傷害的風險增加。

三、偏差行為

偏差行為（deviant behaviors）出是指個體與社會互動過程中，脫離文化標準或違反社會機構，包括家庭、學校及社會中的角色價值期望、法律規範及紀律等行為，其範圍包括翹家等輕微非行，以及參加幫派、藥物濫用等嚴重犯罪行為；而狹義的偏差行為，指的是行為觸犯《少年事件處理法》，可依法受刑罰制裁或管訓處分，又稱為少年犯罪（juvenile delinquency），青少年主要犯罪類型，以傷害罪、竊盜罪、詐欺罪、公共危險罪、毒品犯罪及妨害性自主罪為主。實際上偏差行為的定義會隨著情境、對象、年齡、時間、法律規則與各地民情文化之不同而有其適用度與解釋（吳智泰，2020）。美國的青少年可輕易取得槍枝，所以校園內發生槍擊事件變得極為普遍，我國青少年的暴行則是以傷害、暴力霸凌、恐嚇取財、毀損等較為常見，其餘多為日常偷竊或細微案件（吳智泰，2020）。由於偏差行為類型相當多，以下僅就青少年暴力行為詳加探討。

㈠校園暴力

所謂的「校園暴力」（campus violence），係指發生於校園內對老師或學生之肉體或口頭的人身攻擊暴行與物件毀損，對人的攻擊行為有：殺人、傷害、恐嚇取財、強盜搶奪等，對財物之攻擊有：破壞學校公物、縱火、竊盜等，原則上以校內成員在校園內發生的暴行為主。近年來臺灣發生許多駭人聽聞的校園暴力事件，例如屏東某國中生因不滿老師責難，書包重擊老師頭部致命；臺南某學生受女友唆使砍殺女老師；高雄某學生因被懷疑出賣同學，而被活活打死；向學妹求歡不成，殺害學妹後焚屍等。專家學者的調查研究發現校園暴行實際上比官方之統計數字高出許多，學生曾受恐嚇、勒索、毆打、辱罵之情形時有所聞，且施暴者經常以校外不良幫派為後盾，犯行也日益兇殘，但受害者大都抱著花錢消災之態度，

悶在心裡不敢聲張。臺灣的校園暴力問題已達到不容忽視的階段，故需要探討出妥善的防治對策，以降低日益嚴重的校園暴力問題（周新富，2016）。

(二)學生霸凌事件

霸凌（bullying）又稱為「同儕凌虐」（peer abuse），是指一個或一群學生對另一個學生重複的、無故的、有害的行為，這些行為有可能是身體的，也可能是心理的。身體霸凌稱為直接霸凌，包含了面對面對抗、公開攻擊，還有威脅或嚇人的姿勢。心理霸凌則是間接霸凌，包含謾罵、戲弄、威脅及被團體排斥。新的霸凌形式為網路霸凌（cyberbullying），即透過網路嘲笑、威脅、羞辱及散布謠言（方德隆譯，2014）。另有一種性霸凌，包括偷窺、性要求、性騷擾、身體接觸的虐待行為及性攻擊。霸凌行為除了對學校的氣氛造成負面影響，而且讓學生生活在恐懼感之中，也對霸凌者和受害者的一生帶來不好的影響。霸凌者常覺得自己是強者具有優越感，擁有超越其他人的力量，除了戲弄他人之外，有些還會使用暴力、恐嚇和一些不友善的策略，這些霸凌者在成年之前的「反社會」行為有增無減，成年之後其犯罪紀錄較一般人要高。受害者方面，他們常對學校產生恐懼，並認為教室是一個不安全和不快樂的地方，因而請假在家不來學校。在美國有些霸凌的受害者會採取以暴制暴的方式來進行報復，甚至拿槍至學校槍殺欺侮他的同學（周新富，2016）。

(三)犯罪行為

犯罪行為（delinquency）可以分成兩類：輕微的和嚴重的，輕微的如故意破壞、未達法定年齡的吸菸、喝酒；嚴重的如強暴、攻擊（assault）。青少年的犯罪行為有些是偶一為之的微罪，有些則是嚴重的、長期性的犯罪行為（Arnett, 2018）。臺灣近8年間青少年人口（12歲以上至未滿24歲）銳減81萬，但青少年嫌疑犯卻增加16%，從2014年3.6萬人增至2021年4.2萬人，以詐欺及毒品為最大宗。若將範圍縮小至12歲至未滿18歲的少年，近3年平均每年查獲約1萬人犯罪，其中詐欺超過1,600人最多。青少年變少，卻有更多人觸法，使得「青少年犯罪人口率」8年攀升

47%，即使近兩年疫情導致社會活動減少，該比率仍持續上升（聯合報，2022）。

莫菲特（Moffitt, 1993）提出「挑釁理論」（provocative theory）區別「青少年限期型」（adolescence-limited）與「終生持續型」（life-course persistent）兩類犯罪次群的犯罪動機。大部分的青少年犯罪者屬於前者，約占所有青少年犯罪的90%，大抵而言這些人是守法的，且有能力抑制反社會行為的衝動。當青少年在逐漸進入成年時期時，難以適應一些期望和責任，如約會、工作等，而發生偏差行為，他們希望獲得成人地位之認同是犯罪行為之主要動機。因此他們的犯罪行為往往是具有追求成人地位的喝酒、藥物濫用、偷竊、遊蕩等較低層次之行為，對社會之威脅亦輕。莫菲特認為終生持續犯罪者對社會構成的威脅比較嚴重，通常這類青少年的犯罪行為主要因兩項神經心理缺陷所致：語言智力（verbal intelligence）和執行功能（executive function）。神經心理缺陷的青少年比較容易不守法、破壞、好動及使用暴力。除此之外，終生持續犯也處在兩種極為不利的環境下：第一是青少年的父母親是易衝動的、易使用暴力的，如此更加惡化孩子的神經心理缺陷。第二是終生犯罪者所成長的家庭環境往往是貧窮、有精神疾病、單親或社會孤立的。這些孩子在相當不利的環境中成長，到了青少年他們參與較多的犯罪活動，更嚴重的是會一直持續到成人期，而且幾乎是終生不變。莫菲特的理論得到許多實證研究的支持（許春金、洪千涵，2012；Arnett, 2018）。

預防與治療青少年犯罪必須結合家庭、學校、社區資源，建立可行的輔導網路。家庭生活對青少年而言是初級與次級預防高危險行為的重要場所，學校應主動規劃並執行相關輔導策略或措施，例如宣導未婚懷孕的後果、反毒宣導等。治療高危險群青少年的策略包含微觀的，以個人為主的輔導，也需要以宏觀的策略多管齊下，由家庭、學校和社區共同參與解決青少年犯罪的問題（楊瑞珠、連廷嘉，2004）。

貳 內在問題

　　青少年的內在問題包含沮喪、憂鬱、焦慮等心理因素，以及由心理問題所引發的飲食疾患、拒學或自殺等問題，飲食疾患已於第二章討論，憂鬱情緒也在第七章有所討論，本小節聚焦在探討自殺的問題，以及低學業成就的問題。

一、憂鬱與自殺

　　青少年的憂鬱是學術研究以及心理衛生實務中的重要議題，青少年容易出現憂鬱情緒，而研究也確認憂鬱情緒與憂鬱症候群具有理論上及統計上的相關，憂鬱症候群容易出現的症狀包含焦慮感、社會退縮、思考問題、注意力問題、偏差行為、攻擊行為、自殘、自殺（suicide）等，當個人出現憂鬱症候群時，表示在心理及社會層面上已出現適應不良的狀況，如果再經由精神科醫師或心理師的臨床評估，很容易達到憂鬱症的診斷標準（黃昱得，2014）。青少年的憂鬱症常未被診斷出來，其原因為青少年情緒經常起伏不定，因此父母、教師和周遭人常認為青少年的某些想法只是暫時的現象，是青少年的行為和思考方式，不是心理疾病。

　　臺灣青少年的自殺人數，近年來快速成長，成為青少年第二大死因，僅次於事故傷害（41.9%），與惡性腫瘤（12.5%）並居第二。依據全國自殺防治中心統計，15至24歲為青少年自殺的主要族群，近5年每年死亡人數約在200人上下；14歲以下學童自殺的人數則在近年有明顯成長，2005至2017年皆只有個位數，但在2018年突破十位數，更在2020年翻倍至21人。若以各年齡層自殺粗死亡率來看，25歲以上的族群皆有下降趨勢，惟12至17歲及15至24歲年齡層的自殺粗死亡率逐年上升（董容慈、陳芳儀，2022）。

　　自殺為複雜的人類行為表現，在研究上為探討青少年自殺的原因為何，最常見的自殺分類法分為自殺意念、自殺企圖與自殺死亡，研究發現憂鬱症與青少年自殺意念和自殺企圖的增加有密切關係。吳純儀等人（2007）的研究探討自殺企圖與意念的影響因素，發現情緒向度與整體自

殺行為、自殺意念與自殺企圖等自殺類型皆有高關聯性存在，呼應學者的
觀點：自殺的根源在沮喪、憤怒、憂鬱等無法忍受的負向情緒。同時該
研究也發現影響自殺行為的危險因子包括：整體傷害史、心理疾患、情
緒、認知、行為、人格特質、家庭結構、家庭功能、學校問題、壓力與
社會支持等向度。12至17歲青少年自殺，不能解釋為因為臺灣高樓增加，
青少年一時衝動而跳樓。思覺失調、重度憂鬱、焦慮等精神疾病，也有加
重自殺風險的可能，以思覺失調的青少年來講，他的跳樓很可能是聲音、
幻聽，叫他要跳下去，這種就是要從疾病的防範做起（董容慈、陳芳儀，
2022）。

　　正在就學的青少年，當他們在心理上產生困難與問題時，需要父母
及教師的主動關懷及協助。當他們在情緒、學業、人際關係表現上出現憂
鬱、成績低劣、獨行、對人生茫然、家庭聯結力低、長期心情低落、有自
傷的可能、過度壓抑、人際關係不穩定等等現象，此時學校透過心理諮商
與輔導，協助學生能夠平安度過危機，回復問題處理的能力（周新富，
2019b）。

二、低學業成就

　　所謂低學業成就（underachievement）是指個人在學業的實際表現上
未達到其能力所應有的水準。若經由智力測驗得知學生的學業能力在前百
分之十，而成績卻在中等或同儕中最後三分之一，就可界定為低成就。低
成就可能造成自尊心低落，在學校形成自我孤立或與其他同學衝突，因此
如何輔導低學業成就學生發揮其潛能是一項重要課題。低成就學生由於長
期的學習失敗經驗，因而形成消極的學習態度、自尊心低落，而導致學習
適應更不良。研究發現低成就學生常出現發呆或打瞌睡、注意力不集中、
生活無目標、家庭作業完成不多、不做學習計畫、對課業學習興趣低落等
特徵（劉秀菊、丁原郁、鄭如安，2010）。

　　青少年的學業成就反映的不光是智力高低，不比他人聰明的青少年，
也可以發揮他們的適應性動機模式（adaptive motivational pattern），展現

堅持到底的決心和解決問題的自信，表現出很高的成就。相反地，有些資質聰穎的學生，因適應性動機模式不良，如輕易放棄或缺乏信心，反而因表現欠佳而成就低落。要改善青少年低成就的現象，父母及教師需要找出阻礙學業成就的原因為何，常見的因素有以下四種類型：1.拖延（procrastination），忽略學習任務，浪費太多時在電腦遊戲和瀏覽網頁，卻不見學習的行動；2.完美主義，為自己設定過高的標準，當未能達成目標時，即會陷入自我批評，進而產生高度的焦慮而干擾學習；3.焦慮，面對學校的課業會焦慮是正常的，但是有些學生過度焦慮，尤其是面對考試時的高焦慮，對學業成就造成負面的影響；4.藉由逃避失敗以維護自我價值，千方百計避免可能的失敗，例如不付出努力、拖延、考試前不做準備等，當表現低於應有水準時，即可歸因於情境因素，而不是自己能力不足（陳增穎譯，2022；Santrock, 2008）。

第三節　青少年的復原力

　　1970年代起，許多學者探索為什麼有些人經歷逆境卻能夠仍然擁有發展良好的能力，在此年代之前，能夠克服貧窮、虐待、父母有精神疾病、長期生活壓力、疾病與災難等逆境的個體，往往被歸因於他們具有過人之處，而被貼上無敵或超級的標籤。後來卻有愈來愈多的實證研究顯示，能夠超越困境者，除了個人的特質之外，家庭與社會環境的資源也貢獻良多，這些研究所發現個人與環境因素有助於逆境中個體維持正向適應（positive adaptation）的心理社會資源，就被歸納為保護因子；在逆境中透過保護因子的效果維持正向適應的動力過程（dynamic process），則稱為復原力（resilience）（曾文志，2006）。本節即聚焦復原力此一概念，除闡述其理論大要外，亦探討在教育上要如何培養青少年的復原力。

復原力的定義

　　復原力有許多不同的譯名，像是韌性、自我韌性、彈性、挫折容忍力以及挫折復原力等，名稱雖然不同但是本質是一樣的（梁信忠，2019）。復原力是適應環境變化的一種正向功能展現，通常解釋個體的復原力需要兩項依據，其一是個體經歷重大逆境，例如危機、壓力或創傷；其二則是個體適應結果良好，例如個體呈現正向適應結果、沒有負向適應問題或心理徵狀（曾文志，2007）。個體若具有高度的復原力，則能夠有效因應生活壓力與促進成長。根據以上所述，復原力即是個體經歷逆境且還能維持正向適應的特質或能力。

　　所謂經歷重大逆境，則包括特定的創傷事件，例如性侵害、災難事件，或是個體親身經歷、目睹或面臨真實或威脅性的死亡或嚴重傷害的事件，使其產生強烈的懼怕、無助，以及恐怖感受。而童年時期歷經創傷事件，也可能成為日後心理適應的危機，常見的是身處失能家庭或貧窮家庭，例如父或母具有精神疾病或酗酒惡習，或對兒童施以家暴或虐待，或是幼年時經歷父母的離婚等等。人們歷經創傷事件累積愈多，更有可能增加適應不良的可能性。另一項指標是適應結果，過去適應的研究大都關注於負向適應問題，例如憂鬱、焦慮、困擾等，近年來隨著正向心理學的發展，學者強調健康的內涵應該不只是沒有疾病問題，幫助人們提升快樂或幸福感的概念等正向適應也是相當重要。心理幸福感的內涵包括自主性、環境掌控、與他人的正向關係、自我接納等（曾文志，2006，2007）。

 ## 復原力之運作歷程

　　有關復原力的研究發現個體在高壓力情境雖然能夠表現良好的行為能力，但同時仍有可能在情緒方面會有困擾的問題，亦即個體正向適應的顯現是有領域性而非全面性，因此探討復原力要跳脫「非全有即全無」的迷思。早期復原力的研究著重在釐清保護因子與危險因子的作用，後來的研究則開始把重心轉移到復原力的因子如何與環境相互作用，以了解其動

力的過程，如此即可了解保護因子在環境中如何發發揮保護的效果（鄭如安、廖本富、王純琪，2009）。在高危險背景、壓力、創傷下，個人之所以能夠維持良好適應，是由於保護性因子（protective factor）降低或消除危險性因子（risk factor）及傷害性因子（vulnerability factor）之作用所致。因此有三種模式用來解釋保護性、危險性及傷害性因子與復原力的關係（陳金定，2015）：

一、補償模式

補償模式（compensatory model）是保護性因子愈多，愈能降低或抵消危險性因子與傷害性因子的作用，當保護性因子的作用大於危險性因子與傷害性因子，便會帶來復原性適應。因此家庭或學校應多提供及培養青少年增加保護性因子的數量。

二、挑戰模式

挑戰模式（challenge model）是危險因子及傷害性因子的作用，並未超過個人的承受能力，如此便能助長個人的勝任能力。此模式較強調危險性因子及傷害性因子的正面影響，教導青少年正面看待危機、提供適當的挫折，皆可促進良好的適應。

三、保護模式

保護模式（protective model）認為保護性因子具有提高個人勝任能力，緩和危險性與傷害性因子的負面影響。這個模式的重點放在保護性因子的正面作用，而非數量的多寡，培養青少年具有保護性因子，對形成自我力量有所幫助。

 ## 保護性因子的培養

復原力究竟是個人的認知能力與心理特質，或是由個人與環境保護因子互動所促發，不同學者有不同看法。特質論的學者就主張復原力是個人

具有同理心、有良好的溝通與問題解決能力、對自己的生活有掌控感、知道如何增加抗壓性，並且感覺自己是獨特、有價值的（白倩如、曾華源，2022）。溫加爾（Ungar, 2011）主張應將復原力促發的關注焦點轉移到青少年的社會生活環境系統，而非個人特質上，他提出「社會生態復原力」的觀點，認為個體在面臨重大逆境時，復原力既是足以維持心理、社會、文化與物質資源幸福的能力（capacity），也是指具有和個人的、集體的資源協商的能力，且資源使用的經驗必須是以符合文化意義之方式提供。以下綜合相關學者的論述，提出培養青少年保護性因子的方法：

一、社會生態觀點

與家人、同儕、無親屬關係的成人之間，建立健康的、利社會的社會參與及建構社會資本等有意義的支持關係，有助於形塑個人正向心理，而利社會行為的社會參與，則有助於培育自我效能和問題解決能力。因此有必要培養以下四個核心保護因子（白倩如、曾華源，2022）：

㈠與重要成人之正向依附關係

亦即要與父母或其他親密家庭成員建立溫暖、健康的成人依附關係或至少要與一個無親屬關係的成人有此等關係。

㈡與同儕之間健康的依附關係

是指擁有能夠信任的朋友和同事，以利獲得多元的互惠交換關係的機會，包括提供相互鼓勵和情緒支持、給予適當行為的務實回饋。

㈢社區參與利社會行為

是指透過參與正式及非正式活動、組織或機構與社區系統組織互動，以提供個人投資公共善行（common goods）的機會。

㈣問題解決技巧

是指上述的社會關係能協助個人發展多樣的問題解決技巧，促進個人執行功能性的因應與適應策略。

二、特質論的觀點

在個人層面的要如何培養保護性因子？學者布朗森（Bronson）整理不同心理學理論，說明發展健全自我調適機制的關鍵要素，這些關鍵要素即保護性因子，也是自我力量。這些培養保護性因子的方式，可以透過青少年自我培養，或家庭、學校及社會提供學習機會。布朗森認為要培養的保護性因子有以下幾項：強化協調自我衝突的自我能力、安全型依附、滿足延後及抗拒誘惑能力、因果歸因、無條件積極關愛、理性思考（陳金定，2015）。科爾曼和亨德利（Coleman & Hendry, 1999）歸納出構成復原力的五大因素，以下分別說明之：

㈠智力和問題解決能力

許多研究顯示高智力與復原力有關，智力至少要在平均數左右，但這項因素還不是增進青少年復原力的充分條件。

㈡外在的興趣或依附

許多研究指出發展較多的家庭以外興趣，以及發展家庭以外成人的依附，會使青少年更具復原力，這項建議強調家庭以外的因素對發展復原力的重要性。

㈢父母的依附和凝聚

青少年與父或母其中一方形成溫暖和支持關係可保護青少年對抗不利因素或家庭經濟困頓的影響。

㈣早期的氣質

有關兒童氣質（temperament）測量工具的效度雖然存在爭議，但許多研究指出兒童時期若具有溫順、主動尋求協助、容易相處的性情，即有可能成為具有復原力的青少年。

㈤同儕的因素

雖然研究較少注意這項因素的影響，但有研究指出較少與具有偏差行為的同儕親近的青少年，其復原力較高。正向的同儕關係可以抵消家庭危險因子的影響。

自我評量 ....

一、選擇題

( ) 1. 可預期但不可避免的壓力情境是現代青少年感受挫折的主要來源，請問下列何者較屬於這類型的壓力情境？ (A)抽煙對身體的危害 (B)車禍奪去心愛的母親 (C)家庭問題和學校課業壓力 (D)同儕鼓勵吸食安非他命

( ) 2. 關於青少年的交叉壓力（cross-pressure）之來源，下列敘述何者正確？ (A)青少年團體之間 (B)父母與同儕之間 (C)師長與同儕之間 (D)學校與家庭之間

( ) 3. 源自於父母與同儕雙方所主張的價值觀和實際做法不同所造成的強烈衝突」稱為？ (A)比較壓力（comparative stress） (B)交叉壓力（cross-pressure） (C)矛盾壓力（paradoxical stress） (D)趨避壓力（approach-avoidance pressure）

( ) 4. 十年級的佳佳常常莫名的心情低落、對未來充滿無望感，有憂鬱傾向。身為他的導師，採取下列哪一個做法較為適當？ (A)與佳佳討論轉介輔導教師諮商的意願 (B)請佳佳在家休養，等心情好了再復學 (C)鼓勵佳佳：「你會度過這個困境的，不用擔心。」 (D)告訴所有同學佳佳心情低落，要多接近他、幫助他

( ) 5. 小津曾經遭遇嚴重車禍，現在雖然身體復原，仍然常常夢到車禍當時的狀況而睡不安穩，並且再也不敢坐車。他的狀況最接近下列哪一種心理疾患之典型症狀？ (A)恐慌症 (B)創傷後壓力症 (C)情感思覺失調症 (D)雙相情緒障礙症

( ) 6. 胖虎經常在班上辱罵、欺負大雄，使得大雄害怕上學。下列處理方式何者較不正確？ (A)校方可以不受請假相關規定之限制，彈性處理大雄之出缺勤紀錄 (B)為了給予雙方當事人陳述意見之機會，應盡可能讓大雄與胖虎對質 (C)校方得知疑似霸凌事件，應於三工作日內召開防制校園霸凌因應小組會議 (D)校方在不知情的情況下，如果大雄以匿名書面申請調查，學校得不受理

( ) 7. 十二年級的小飛，下禮拜就要模擬考，下列哪一個方法較無法提高

學習效率？　(A)反覆研讀全部的教材　(B)擬定讀書計畫並確實執行　(C)從讀過的內容摘錄綱要及重點　(D)針對還不瞭解的部分加強研讀

(　　) 8. 當學校發生校園自殺事件，輔導教師進行班級輔導時，下列哪一項做法較不適當？　(A)引導學生轉移注意力　(B)協助學生覺察並紓解情緒　(C)示範並增進學生因應壓力的技巧　(D)評估班上是否有需要個別輔導的學生

(　　) 9. 有關學業成績低落個案的輔導，主要有三大步驟，其正確的順序為下列何者？　(A)分析問題原因→了解問題性質→進行輔導矯治　(B)了解問題性質→進行輔導矯治→分析問題原因　(C)了解問題性質→分析問題原因→進行輔導矯治　(D)分析問題原因→進行輔導矯治→了解問題性質

(　　) 10. 有關「低成就學生」的敘述，下列何者不正確？　(A)通常男生多於女生　(B)輔導策略是利用藥物為主　(C)可以分成情境性及長期性低成就兩種類型　(D)是指智力與同齡者相似，學習成就顯著低於一般學生

(　　) 11. 有關青少年中途輟學問題的敘述，下列何者較不正確？　(A)輟學青少年常有輟學的朋友　(B)給予青少年完全的自由才能避免中輟　(C)中輟問題是多元因素交互作用的結果　(D)某些青少年中途輟學問題和早年經驗有關

(　　) 12. 八年級的小如被大部分同學排擠和孤立，小如最像是遭受到哪一種類型的霸凌？　(A)關係霸凌　(B)反擊霸凌　(C)言語霸凌　(D)網路霸凌

(　　) 13. 小馨上課極少主動發言，下課時都是一個人靜靜坐在位子上。最近，她常常向接她回家的奶奶抱怨上學很有壓力，不想到學校去。小馨所表現出來的問題，最傾向於下列何項適應困難型態？　(A)外向性行為　(B)內向性行為　(C)不良習癖行為　(D)學業適應問題

(　　) 14. 青少年時期個人具有相當大的心理與生理能力以克服困難，此為何種適應能力？　(A)容忍力　(B)青春力　(C)自發力　(D)復原力

（　　）15. 有些成長於危機家庭的子女，雖然處於惡劣的家庭經濟或人際互動下，仍有良好行為與勝任狀態。下列何者屬於此種成長歷程？(A)自我認同　(B)復原性適應　(C)創傷症候適應　(D)危機重塑

（　　）16. 在「復原力」理論中，用來說明當個人面臨生活壓力事件或處於有害環境時，喪失防禦力、表現出無助的概念，比較傾向下列何項？　(A)危機（crisis）　　(B)脆弱性（vulnerability）　　(C)逆境（adversity）　　(D)悲劇（tragedy）

參考答案

1.(C)　2.(B)　3.(B)　4.(A)　5.(B)　6.(B)　7.(A)　8.(A)　9.(C)　10.(B)　11.(B)
12.(A)　13.(B)　14.(D)　15.(B)　16.(B)

二、問答題

1. 小軒上了高中以後愈來愈悶悶不樂，導師某天發現小軒有自我傷害的行為，說明導師輔導小軒時，可以表現的因應態度（兩項）與採取的風險評估作法（三項）。

2. 請從個人、家庭、學校、社會面向各舉出一個青少年中輟的可能成因，並舉出三項教師可以改善中輟行為的具體輔導措施。

3. 請說明學校教師可從哪些徵兆辨識自殺高危險群，請舉出兩項；如果有學生提及自殺議題時，教師適當的因應做法為何？請舉出三項。

4. 小君很重視學業成績，但每到考試都會很緊張，常有肚子痛或害怕上學等焦慮情形。(1)列出二項引發小君焦慮反應的可能原因。(2)陳老師想要改善小君的焦慮反應，他可以採取哪些輔導策略，並扼要說明之。（列出二項）

5. 你是高中某一班的導師，看到班上有位學生，常悶悶不樂，愁眉不展。有一回你找他談話，他在言詞中透露輕生之意，你該如何處理？

6. 青少年常常給人「血氣方剛」容易衝動的印象。當你的學生聚眾鬥毆，你將會如何處理？事後應如何處理以預防不斷報復之後果？

7. 近年來校園霸凌問題層出不窮，政令頻頻宣導師生應注意校園安全，以進行適當的霸凌防治措施。請就以下兩項問題加以闡述：(1)校園霸凌的種類有哪些？列舉五項並扼要說明之。(2)以輔導角度來處理校園霸凌時，宜考慮哪些面向？（至少提出三項）

8.何謂「復原力」（resilience）？試分別從青少年個人、家庭、家庭外環境系統等三類特徵中，各列舉兩項培養復原力的方式。

9.臺灣青少年首次使用毒品的年齡層逐年下降。

(1) 誘發青少年開始使用非法藥物的可能因素有哪些？請針對個人因素及環境因素分別舉出二項。

(2) 就中學生藥物濫用的情形，請舉出三種導師可進行的預防措施。

參考文獻

一、中文部分

內政部統計通報（2022）。110年國人離婚計4.8萬對。2022年11月29日檢索自https://www.moi.gov.tw/News_Content.aspx?n=9&sms=9009&s=263812

方崇雄、周麗玉（2003）。在融入中完成經驗統整的生涯發展教育。**研習資訊，20**(2)，9-17。

方德隆譯（2014）。**有效的班級經營：課堂的模式與策略**。臺北市：高等教育。（C. J. Hardin, 2012）

王文秀、田秀蘭、廖鳳池（2011）。**兒童輔導原理（第三版）**。新北市：心理。

王秀美、李長燦（2011）。五大人格特質量表中文版之信效度研究。**美和科技大學報，5**，1-13。

王建雅、陳學志（2009）。腦科學為基礎的課程與教學。**教育實踐與研究，22**(1)，139-168。

王春展（2006）。高中職生情緒智慧、憂鬱傾向與情緒調整之研究。**嘉南學報（人文類），32**，484-507。

王昭琪、蕭文（2007）。國中生之生活壓力、憂鬱經驗與復原力之相關研究。**生活科學學報，11**，1-31。

王英偉（2018）。**兒童肥胖防治實證指引**。臺北市：衛生福利部國民健康署。

王郁琮、李佳儒（2018）。國中青少年三波段自尊類型潛藏轉移對心理適應之研究。**教育心理學報，50**(1)，53-82。

王家甄、嚴雅音、林碧莉、彭武德、黃曉靈（2010）。國中生吸菸行為之相關因素探討：以臺中縣為例。**臺灣口腔醫學科學雜誌，26**(2)，135-150。

王純蕙（2017）。**在學青少年就業狀況與健康之相關**。國立臺灣大學公共衛生學院健康政策與管理研究所碩士論文，未出版。

王素女、陳宗田、吳娟娟（2005）。自慰有害論的起源和惡性發展。**臺灣性學學刊，11**(1)，77-93。

王迺燕、林美珠、周兆平、溫嬛椿（2011）。高憂鬱情緒青少年之憂鬱疾患及自殺傾向：跨一年追蹤之研究。**中華心理衛生學刊，24**(1)，25-59。

王淑俐（1995）。**青少年情緒的問題、研究與對策**。臺北市：合記。

王淑俐（2017）。**情緒與壓力管理：幸福「馬卡龍」**。臺北市：揚智。

王博韜、魏萍（2021）。道德情緒：探尋道德與創造力關係的新視角。**心理科學進展，29**(2)，268-275。

王舒芸、鄭清霞、謝玉玲（2009）。**男女單親家庭福利現況及需求差異研究**。臺北市：內政部。

王煥琛、柯華葳（1999）。**青少年心理學**。臺北市：心理。

王道還（2004）。人腦何時成熟。**科學發展，380**，80-82。

王榕芝（2005）。**青少年自慰知識、態度與行為關係之研究：以高雄市高中職三年級學生為例**。樹德科技大學人類性學研究所碩士論文，未出版，高雄市。

王榮、佟月華、孫英紅（2021）。臺灣青少年社會關係認知特點：多情境、多維度探討。**教育心理學報，52**(3)，489-518。

王爾暄、李承傑、董旭英（2017）。國中生生活緊張因素、負向情緒調節能力與幸福感之相關研究 —— 以臺南市國中生為例。**教育理論與實踐學刊，35**，31-61。

王震武、林文瑛、林烘煜、張郁雯、陳學志（2008）。**心理學（第二版）**。臺北市：學富。

王叢桂、羅國英（2008）。華人對情緒智能與人情世故的認知：性別與世代的差異。**應用心理研究，39**(3)，215-251。

王巒襄、賈紅鶯（2013）。Bowen自我分化理論與研究：近十年文獻分析初探。**輔導季刊，49**(4)，27-39。

付建中（2018）。**教育心理學（第二版）**。北京市：清華大學。

古琪雯（2003）。青少女體型不滿意、社會體型焦慮與飲食異常傾向之關係研究。國立臺灣師範大學衛生教育研究所碩士論文，未出版。

甘孟龍（2013）。青少年自尊特質、家庭型態與憤怒型式之相關研究。**中華輔導與諮商學報，36，**91-116。

田秀蘭（1991）。生涯輔導工作的現況與展望。載於中國輔導學會（主編），**輔導理論與實務——現況與展望**（271-305頁）。臺北市：心理。

田秀蘭（2003）。社會認知生涯理論之興趣模式驗證研究。**教育心理學報，34(2)，**247-266。

田瑋茵、施香如（2016）。女大學生網路親密友誼之發展歷程。**中華輔導與諮商學報，47，**27-58。

白倩如、曾華源（2022）。我命由我不由天？當代弱勢青少年社會生態復原力保護因子之建構。正向心理：**諮商與教育，1，**65-76。

危芷芬等譯（2015）。**心理學導論**。臺北市：雙葉書廊。（S. Nolen-Hoeksema et al., 2010）

危芷芬譯（2012）。**人格心理學**。臺北市：洪葉文化。（Jerry M. Burger, 2008）

危芷芬譯（2017）。**人格心理學（第二版）**。臺北市：聖智學習。（D. P. Schultz & S. E. Schultz, 2013）

朱迺欣（2010）。人的情緒面——大腦的角色。載於黃政傑、江惠真（主編），**人是什麼：生命教育**（頁312-327）。高雄市：復文。

朱敬先（1997）。**健康心理學**。臺北市：五南。

江承曉、劉嘉蕙（2008）。青少年壓力調適、情緒管理與心理健康促進之探討。**嘉南學報，34，**595-607。

江南發（1990）。**青少年期自我統合發展之研究**。國立政治大學教育研究所博士論文。未出版，臺北市。

江南發（2005）。**青少年自我中心理論與測量之研究**。高雄市：昶景。

江漢聲（1997）。青少年的生理發展：男女大不同。**學生輔導雙月刊，48，**88-93。

行政院衛生署（2013）。**愷他命濫用之臨床評估與處置建議**。臺北市：行政

院衛生署。

何英奇（1990）。大專學生之認證危機與生命意義追尋的研究。臺北市：
　　南宏。

何琦瑜（2003）。超過半數國中生：作弊沒關係。天下雜誌，**287**，48-50。

何瑞珠、姜培芝、楊鎮偉、李文浩（2015）。「商界─學校」協作：裝備香
　　港弱勢學生升學就業技能。香港中文大學教育學報，**43**(1)，153-177。

何端容、楊明磊（2013）。看不見的鞭子──罪惡感與自責的意義與心理治
　　療的應用。諮商與輔導，**334**，30-34。

何銘隆、吳唯雅、顏啟華、陳俊傑、李孟智（2004）臺中地區從事性工作青
　　少女之性傳染病調查。臺灣家庭醫學研究，**2**(1)，31-37。

吳志文、葉光輝、何文澤（2019）。知覺父母衝突溝通模式對青少年生活適
　　應的影響：探討衝突情緒調控策略的中介效果。人類發展與家庭學報，
　　20，24-63。

吳承翰、魏希聖（2016）。生活壓力和同儕支持對青少年偏差行為之影響：
　　現實與網路支持效果之分析。青少年犯罪防治研究期刊，**8**(1)，1-53。

吳明燁、周玉慧（2009）。臺灣青少年的道德信念：社會依附的影響。臺灣
　　社會學，**17**，61-100。

吳芝儀（2000）。生涯輔輔導與諮商。嘉義市：濤石。

吳姿瑩（2017）。缺席的雙薪家庭。臺灣教育評論月刊，**6**(7)，185-186。

吳秋園、葉高華（2021）。高中班級內友誼網絡與課業諮詢網絡的生成。調
　　查研究：方法與應用，**46**，161-191。

吳純儀、顏正芳、余麗樺（2007）。青少年自殺危險因子之後設分析。臺灣
　　精神醫學，**21**(4)，271-281。

吳康寧等（2005）。課堂教學社會學。臺北市：五南。

吳惠真（2013）。青少年性態度與相關因素探討：以桃園縣高中職生為例。
　　元智大學社會暨政策科學系碩士論文，未出版，桃園市。

吳智泰（2020）。以緊張理論探討青少年偏差行為影響因素之調查研究──
　　以雲林縣為例。青少年犯罪防治研究期刊，**12**(1)，1-51。

呂玉瑕、周玉慧（2015）。二十一世紀臺灣青少年性別角色態度之形成與變

遷。**臺灣社會學刊，58**，95-155。

呂羿慧（2011）。青少年面對死亡事件之失落反應與因應。**諮商與輔導，301**，10-13。

宋修德、謝品軒（2017）。高職建教合作現況與問題之探討。**中華科技大學學報，72**，45-60。

巫博瀚、陸偉明（2010）。延宕交叉相關與二階層線性成長模式在臺灣青少年自尊的發現。**測驗學刊，57**，541-565。

李文車、吳唯雅、陸玓玲、李淑杏、李孟智、顏啟華（2008）。臺中市初產青少女避孕及再度懷孕初探。**臺灣家庭醫學雜誌，18**(3)，149-158。

李文瑞、陳詳衡（2008）。技職院校學生兼職工作行為之研究。**管理實務與理論研究，2**(4)，73-86。

李玉嬋（2008）。未婚懷孕的輔導與醫療諮商重點。**諮商與輔導，275**，46-53。

李芊蒂、吳齊殷、關秉寅（2005）。**母親教養行為對青少年子女學業成就的影響：婚姻衝突的效果**。臺灣社會學會暨社會學與臺灣社會的反思研討會宣讀論文。國立臺北大學，臺北市。

李佩珊（2021a）。中途離校穩定就學與輔導——生態系統合作。**臺灣教育，726**，89-99。

李佩珊（2021b）。青少年同儕性騷擾行為人之教育輔導策略——生態系統觀點。**輔導季刊，57**(2)，37-50。

李岳庭（2018）。反思含攝文化下的Bowen理論及其運用在華人文化中。**中華輔導與諮商學報，53**，23-44。

李怡青（2014）。同性戀者的親密關係與家庭功能之剖析。**女學學誌：婦女與性別研究，35**，123-145。

李玲、金盛華（2016）。Schwartz價值觀理論的發展歷程與最新進展。**心理科學，39**(1)，191-199。

李淑杏等（2016）。**人類發展學**（第六版）。臺北市：新文京。

李逢堅（2010）。國中生友誼面向觀點取替之研究。**當代教育研究，18**(4)，161-210。

李逢堅、陳彥聿（2006）。青少女墮胎經驗之研究。**臺灣性學學刊，12**(1)，25-40。

李維譯（1995）。**自我的發展概念與理論**。臺北市：桂冠。

李璧伊、王建楠（2006）。談青少年物質濫用。**基層醫學，21**(11)，312-317。

李麗卿（2007）。**高中生同儕社會地位之研究**。國立嘉義大學國民教育學系碩士論文，未出版，嘉義市。

沈育如（2020）。高中生打工三成六未達基本工資。**國語日報**。2022年10月19日檢索自https://www.mdnkids.com/search_content.asp?Serial_NO=%20115966

阮芳賦、林燕卿（2003）。**人類性學**。臺北：華騰文化。

阮琳雅（2017）。Bowen自我分化概念應用在華人文化脈絡中之初探。**諮商與輔導，375**，40-44。

兒童及少年福利與權益保障法（2021）。

兒童福利聯盟（2016）。2016年離婚／分居家庭子女心聲調查報告。2022年11月28日檢索自https://www.children.org.tw/publication_research/research_report/2195

卓貴美（2005）。**圖解生理學**。臺北市：五南。

周甘逢、劉冠麟譯（2002）。**教育心理學**。臺北市：華騰。（R. J. Sternberg, & W. M. Williams, 2002）

周秀娟、趙振瑞（2009）。慢性壓力與代謝症候群的相關性。**臺灣膳食營養學雜誌，1**(2)，1-6。

周念縈譯（2004）。**人類發展學**。臺北市：巨流。（J. W. V. Zanden, 2004）

周培萱、夏萍褀、許樹珍（2006）。臺北未婚媽媽之家青少女生育決定的經驗歷程。**護理雜誌，53**(6)，34-44。

周愫嫻（2008）。**少年犯罪**。臺北市：五南。

周新富（2006）。**家庭教育學：社會學取向**。臺北市：五南。

周新富（2016）。**班級經營**。臺北市：五南。

周新富（2019a）。**幼兒班級經營（五版）**。臺北市：華騰。

周新富（2019b）。**輔導原理與實務**。臺北市：五南。

周新富（2021）。**教育研究法**。臺北市：五南。

周新富（2022a）。**教學原理與設計（第二版）**。臺北市：五南。

周新富（2022b）。**教育社會學**。臺北市：五南。

周業謙、周光淦譯（1998）。**社會學辭典**。臺北市：貓頭鷹。（D. Jary, & J. Jary, 1991）

性別平等教育法（2022）。

林君翰（2020）。大麻除罪化對青少年身心影響之研究趨勢與關連性探究：文獻計量分析。**藥物濫用防治**，**5**(4)，93-123。

林育陞（2016）。從生涯輔導關點看青少年生涯與協助之影響——以大學生為例。**諮商與輔導**，**364**，43-47。

林幸台、田秀蘭、張小鳳、張德聰（2010）。**生涯輔導**。新北市：心理。

林南、陳志柔、傅仰止（2010）。社會關係的類型和效應：臺灣、美國、中國大陸的三地比較。**臺灣社會學刊**，**45**，117-162。

林奕彤、丘周萍（2009）。協助一位青少年因應戒菸壓力之護理經驗。**源遠護理**，**3**(2)，81-91。

林建福（2009）。同情、道德與道德教育的哲學研究。**當代教育研究季刊**，**17**(4)，1-26。

林彥良、劉旺達、蔡宛臻等（2013）。某偏鄉地區國高中學生吸菸行為及動機之調查研究。**臺灣醫學**，**17**(3)，229-237。

林秋芬（2017）。離異父母共親職之服務與挑戰。**社區發展季刊**，**159**，206-218。

林哲寧（2013）。乘風少年學園——弱勢青少年職涯準備計畫。**聯合勸募論壇**，**2**(2)，121-135。

林峰儀、鄭群達（2015）。情傷經驗者未竟事務於完形取向諮商空椅技術之探討。**諮商與輔導**，**360**，43-46。

林惠生（2002）。**臺灣地區高中、高職及五專在校學生之性知識、性態度及危害健康與網路之使用**。「第五屆臺灣性教育協會年會暨研討會」發表之論文，臺北榮民總醫院。

林惠彥、陸洛、佘思科（2011）。工作價值落差與工作態度之關聯。**彰化師大教育學報，19**，13-30。

林惠娟（2001）。幼兒利社會行為背景因素之探討：從與父母的訪談說起。**八十九學年度朝陽科技大學教育學術研討會論文集**（頁3-31）。臺中市：朝陽科大。

林惠雅（2010）。父母共親職類型與親職壓力之探討。**應用心理研究，46**(2)，125-151。

林惠雅（2014）。青少年知覺父母教養行為、服從義務性與服從管教之關聯探討。**應用心理研究，60**(2)，219-272。

林惠雅、林麗玲（2008）。青少年知覺之家人關係型態與幸福感。**本土心理學研究，30**，199-242。

林雅容（2009）。自我認同形塑之初探：青少年、角色扮演與線上遊戲。**資訊社會研究，16**，197-229。

林雅淑、謝春金（2020）。一位青少女未婚懷孕接受終止妊娠之護理經驗。**領導護理，21**(4)，73-87。

林雅萍、林惠雅（2009）。父母共親職互動歷程的面貌。**本土心理學研究，32**，41-97。

林嘉梅（2007）。**臺北市高中職學生愛情態度、憂鬱情緒與分手因應之相關研究**。國立政治大學行政管理碩士學程碩士論文，未出版。

林蔚芳、賴協志、林秀勤（2012）。社會認知生涯理論模式之文獻回顧。**輔導季刊，48**(3)，50-63。

林鋐宇、周台傑（2010）。國小兒童注意力測驗之編製。**特殊教育研究學刊，35**(2)，29-53。

林燕卿、宋陽（2010）。高職綜合職能科學生自慰現況調查。**人文社會電子學報，6**(1)，13-30。

林璟玲、林儒君（2009）。混齡班級幼兒同儕互動之研究——以社會計量法為例。**幼兒保育論壇，4**，125-143。

法務部（2022）。**中華民國刑法**。臺北市：法務部。

邱珍琬（2004）。隔代教養家庭的優勢——個案研究。**南大學報，38**，33-

44。

邱珍琬（2010）。國中生在隔代教養下的家庭教育。**家庭教育與諮商學刊，8**，33-66。

邱珍琬（2013）。隔代教養親職教育實際──一個跨年研究：探看教養內容與挑戰。**彰化師大教育學報，23**，63-84。

邱紹一、胡秀媛（2009）。大專學生家庭功能、親子衝突、因應策略與生活適應之相關研究。**臺北海洋技術學院學報，2**(2)，77-102。

邱硯雯（2019）。經濟弱勢青少年的教師支持與憂鬱情緒之關係：以自我概念為中介變項。**國立臺灣科技大學人文社會學報，15**(2)，95-112。

金樹人（1998）。**生涯諮商與輔導**。臺北市：東華。

侯季吟、蔡麗芳（2013）。親職化蘊涵著正向力量？弱勢家庭子女親職化與利社會行為之相關研究。**輔導與諮商學報，35**(2)，25-46。

姜永志、白曉麗（2015）。文化變遷中的價值觀發展：概念、結構與方法。**心理科學進展，23**(5)，888-896。

洪光遠、連廷嘉譯（2018）。**青少年心理學：發展、關係與文化**。臺北市：學富。

洪光遠、程淑華、王郁茗譯（2017）。**社會心理學**。臺北市：雙葉。

洪敬舒（2014）。失落的一代：當前青年世代的結構性就業困境。**社區發展季刊，146**，65-77。

胡秀媛、鄭光燦、丘金蘭（2016）。青少年打工活動之影響因素及影響相關層面研究：以北區五專生為例。**育達科大學報，4**，41-62。

胡悅倫（2005）。探討青少年A型量表之多向性特質──以心理健康角度分析之。**教育與心理研究，28**(1)，75-100。

胡蘭沁（2006）。大學生兼職與其工作價值觀關聯性之探討。**臺東大學教育學報，17**(1)，35-76。

柯華葳、游雅婷譯（2011）。**發展心理學：以生物、心理與社會架構探討人類的發展**。臺北市：洪葉。（R. V. Kail & J. C. Cavanaugh, 2007）

香港體育教學網（2016）。青少年的生理特點。2022年11月3日檢索自http://www.hkpe.net/

修慧蘭（2005）。共親職、親子關係與國中青少年適應之關係。行政院國家
　　科學委員會專題研究計畫成果報告，計畫編號：NSC94-2413-H-004-016-
　　SSS。

修慧蘭等譯（2016）。**諮商與心理治療：理論與實務（第四版）**。臺北市：
　　雙葉。（G. Corey, 2012）

原住民族委員會（2019）。**108年第一季原住民就業狀況調查報告**。臺北
　　市：行政院原住民族委員會。

孫國華（2011）。從正向心理學的觀點談青少年的道德教育實施之原則。**諮
　　商與輔導，304**，11-14。

孫景文譯（2000）。**心理學：思維、大腦與文化**。臺北市：臺灣西書。（D.
　　Westen, 1999）

徐美雯、魏希聖（2015）。華人文化教養信念、教養行為對青少年憂鬱及偏
　　差行為之影響。**家庭教育與諮商學刊，18**，35-63。

徐維澤（2019）。以5W思維探討雙薪家庭的社會資源整合。**家庭教育雙月
　　刊，77(1)**，54-64。

晏涵文（2004）。**性、兩性關係與性教育**。臺北市：心理。

晏涵文、劉潔心、馮嘉玉（2009）。青少年網路交友與約會、婚前性行為影
　　響因素探討。**臺灣公共衛生雜誌，28(4)**，322-333。

涂曉蝶（2021）。**失去青春的孩子：美髮建教生的圓夢與碎夢**。臺北市：遊
　　擊文化。

秦穗玟、黃馨慧（2011）。青少年愛情關係滿意度：以臺北縣市高中職學生
　　為例。**應用心理研究，49**，219-251。

高振耀（2008）。談資優青少年社會情緒問題與發展性團體諮商。**國教之
　　友，60(1)**，45-53。

高婉嘉（2005）。**國小學齡兒童氣質與親子衝突關係之研究**。國立嘉義大學
　　家庭教育研究所碩士論文，未出版，嘉義市。

高淑清、廖昭銘（2004）。父母親職經驗之現象詮釋：以家有青春期子女為
　　例之初探。**應用心理研究，24**，117-146。

國健署（2022）。110年青少年「電子煙」使用率飆升至6.6%──請支持菸

害防制法修法禁電子煙。2022年11月18日檢索自教育部學校衛生資訊網 https://cpd.moe.gov.tw/articleInfo.php?id=35708

常雅珍（2011）。以正向情緒建構大學生情緒教育之質化研究。**輔導與諮商學報，33**(2)，55-85。

張文哲譯（2005）。**教育心理學**。臺北市：學富。（Robert E. Slavin, 2002）

張文哲譯（2016）。**心理學導論：核心概念**。臺北市：學富。（P. G. Zimbardo et al., 2000）

張玉婷、林美玲（2018）。臺灣東部青少年對避孕的主觀經驗。**臺灣性學學刊，24**(1)，51-71。

張明宜（2018）。我的孩子都是被帶壞的？談友誼選擇與同儕影響。2022年9月22日檢索自巷仔口社會學https://twstreetcorner.org/2018/02/13/changmingyi/

張厚粲、龔耀先（2009）。**心理測量學**。臺北市：東華。

張春興（2007）。**教育心理學：三化取向的理論與實踐（修訂二版）**。臺北市：東華。

張春興（2013）。**現代心理學**。臺北市：東華。

張春興主編（1995）。**張氏心理學辭典**。臺北市：東華。

張美萍（2009）。青少年生殖健康教育的必要性。**中國婦幼保健，23**，3204-3205。

張泰銓、雷庚玲（2018）。臺灣青少年是否認為努力與學業成就關乎道德？**中華心理學刊，60**(3)，151-172。

張高賓、許忠仁、沈玉培（2017）。青少年中輟之危險因子及影響中輟之路徑分析。**家庭教育與諮商學刊，20**，1-31。

張添洲（1999）。**生涯發展與規劃**。臺北市：五南。

張景嘉、陳畹蘭（2017）。依附關係、情緒、與男性青少年無自殺意圖之自傷行為之關聯：以負向情緒及情緒調節困難為中介變項。**長庚人文社會學報，10**(1)，1-42。

張漢宜（2009）。幼兒班級同儕關係之探討：社會測量法與社會關係圖之應用。**幼兒保育論壇，4**，144-159。

張綺瑄、戴嘉南（2009）。青少年社會焦慮初探。**諮商與輔導**，**284**，14-18。

張德聰、周文欽、張鐸嚴、賴惠德（2006）。**青少年心理與輔導**。新北市：空中大學。

張曉楨、何秀慈（2013）。大學生工作與課業衝突、壓力因應方式與離職傾向之關係。**永續發展與管理策略**，**5(2)**，21-48。

教育部（2011）。國中與高中職學生生涯輔導實施方案（100-103年）。臺北市：教育部。

教育部（2021）。教育統計2021。2022年11月17日檢索自http://stats.moe.gov.tw/files/ebook/Education_Statistics/110/110edu.pdf

教育部國民及學前教育署（2021）。**教育人員兒童及少年保護工作手冊（下冊）**。臺北市：教育部。

曹幼萱、顏麗敏、陳香玲（2014）。社區諮商模式在青少年約會暴力輔導之應用。**社區發展季刊**，**146**，220-229。

梁信忠（2019）。性剝削少女於中途學校輔導後復原力之研究——以某中途學校為例。**青少年犯罪防治研究期刊**，**11(1)**，97-226。

梅錦榮（1991）。**神經心理學**。臺北市：桂冠。

莊小玲、汪正青、黃秀梨（2010）。概念分析——親職。**嘉基護理**，**10(1)**，8-14。

莊月麗、李城忠（2022）。青少年正向心理對情緒智商與學習效能之影響。**管理資訊計算**，**11(2)**，288-297。

許春金、洪千涵（2012）。犯罪青少年持續犯罪歷程及影響因素之研究。載於法務部保護司（主編），**刑事政策與犯罪研究論文集（15）**（頁183-213）。臺北市：法務部。

許春金、蔡田木、鄭凱寶（2012）。青少年早期偏差價值觀與偏差友伴接觸對犯罪變化影響研究。**青少年犯罪防治研究期刊**，**4(2)**，109-138。

許慧卿（2010）。性別差異的道德論述初探：女性道德發展的確立。**國立空中大學社會科學系社會科學學報**，**17**，1-20。

許瀞心（2015）。再婚家庭內繼親子互動現況與從何協助。**諮商與輔導**，

355，38-41。

連芷平、施俊名（2018）。臺灣青少年約會強暴相關因素之探討。性學研究，**9**(1)，49-66。

郭本禹（2017）。沙利文人際精神分析理論的新解讀。**南京師大學報（社會科學版）**，**3**，86-96。

郭為藩（1996）。**自我心理學**。臺北市：師大書苑。

郭玲玲、董旭英（2020）。緊張因素、利社會行為與青少年偏差行為之研究。**香港教育學報**，**48**(2)，157-180。

郭旗成、林燕卿、李新民（2020）。高中職學生身體意象困擾、身體活動與憂鬱情緒相關研究之初探。**性學研究**，**11**(1)，63-88。

郭靜晃（2006）。**青少年心理學**。臺北市：洪葉。

郭靜晃、陳正乾譯（1998）。**幼兒教育**。臺北市：揚智。

陳文青（2017）。**非預期懷孕青少女之個案研究**。國立臺東大學教育學系課程與教學碩士在職專班碩士論文，未出版。

陳心怡等（2015）。**魏氏兒童智力量表第五版（WISC-V）中文版**。臺北市：中國行為科學社。

陳月端（2012）。性與法律：性的相關法律制定探討。**應用倫理教學與研究學刊**，**7**(1)，59-78。

陳伊琳（2011）。G. Harman與J. Doris社會心理學情境論與德行倫理學的品格辯論及其對品格教育的啟示。**教育研究集刊**，**57**(2)，1-37。

陳宇平、郭麗安（2022）。被忽略的男性身心健康議題：飲食異常青少年男性吃食相關經驗探究。**人文社會科學研究教育類**，**16**(2)，1-28。

陳志明、關復勇、黃志雄、張志成（2019）。高中職舞蹈班女學生身體意象知覺與飲食態度關係：身體檢視的中介。**臺灣運動心理學報**，**19**(1)，21-39。

陳李綢（2008a）。中學生個人特質測量與適應性指標研究。**教育心理學報**，**40**(2)，323-340。

陳李綢（2008b）。中學生情緒智慧測量與適應性指標研究。**教育心理學報**，**39**，61-81。

陳李綢（2015）。教師情緒智慧及心理健康研究。**教育科學期刊，14(2)，**27-56。

陳佳君（2010）。青少女身體意象扭曲之危機──飲食疾患：預防與心理治療。**諮商與輔導，300，**11-15。

陳坤虎、雷庚玲、吳英璋（2005）。不同階段青少年之自我認同內容及危機探索之發展差異。**中華心理學刊，47(3)，**249-268。

陳怡樺等（2004）。**青少年憂鬱症相關因素與其介入防治模式之監測。**中華民國行政院衛生署國民健康局，國民健康局九十三年度科技研究發展計畫成果報告，計畫編號：DOH93-HP-1305。

陳明珠（1998）。道德推理與同理心之實驗研究。**公民訓育學報，7，**375-393。

陳秉華（1996）。諮商中大學生的心理分離──個體化衝突改變歷程研究。**教育心理學報，28，**145-175。

陳金定（2004）。**兩性關係與教育。**臺北市：心理。

陳金定（2008）。依附關係與憂鬱症狀之因果模式探討：罪惡感與羞愧感之中介角色及其與憂鬱症狀之關係。**教育心理學報，39(4)，**491-512。

陳金定（2015）。**青少年發展與適應問題：理論與實務。**臺北市：心理。

陳冠儒、李三仁（2003）。休閒與人類生命週期之探討。**中華體育，17(4)，**144-152。

陳思宇（2019）。臺灣親子衝突研究之回顧與展望。**清華教育學報，36(2)，**159-193。

陳英和、白柳、李龍鳳（2015）。道德情緒的特點、發展及其對行為的影響。**心理與行為研究，13(5)，**627-636。

陳啟榮（2017）。情緒管理在學校經營之應用。**教師天地，201。**2022年10月10日檢索自https://www.ws.gov.taipei/Download.ashx?

陳國泰（2018）。Erikson的心理社會發展論在負向人格特質的中小學生輔導之應用。**臺灣教育評論月刊，7(12)，**124-131。

陳婉真（2009）。青少年人際關係的量與質、歸屬感以及寂寞感之研究。**輔導與諮商學報，31(1)，**17-37。

陳婉琪、徐崇倫（2011）。愛的教育，鐵的紀律？父母教養方式與青少年心理健康之相關。**教育研究集刊，57**(2)，121-154。

陳敏銓（2016）。十二年國教服務學習時數政策下國中學生利社會行為之研究－以臺南市為例。**教育研究學報，50**(2)，73-100。

陳鈞凱（2019）。臺灣高中職、五專學生性行為 最新調查數字：超過2成未避孕。2022年10月6日檢索自CNEWS匯流新聞網：https://today.line.me/tw/v2/article/kr6XEo

陳毓文（2016）。**性剝削抑或性交易？兒童及少年性交易防制工作服務個案之需求與處遇策略探究**。取自中央研究院人文社會科學研究中心調查研究專題中心學術調查研究資料庫。2022年10月12日檢索自https://srda.sinica.edu.tw › srda_freedownload

陳增穎譯（2022）。**青少年心理學**。臺北市：心理。（J. W. Santrock, 2019）

陳慧女（2018）。被害與加害：一位曾經歷性侵害之安置機構少年的生命經驗。**亞洲家庭暴力與性侵害期刊，14**(1)，75-98。

陳慧女、盧鴻文（2007）。男性遭受性侵害之問題初探。**社區發展季刊，120**，252-264。

陳靜宜（2007）。走出負面情緒的泥沼：以理情治療的個案為例。**諮商與輔導，259**，21-24。

陳韻如（2013）。離婚與婚姻不穩定代間傳遞研究之回顧與分析。**中華心理衛生學刊，26**(4)，527-547。

陳麗欣、翁福元、許維素、林志忠（2000）。我國隔代教養家庭現況之分析（上）。**成人教育通訊，2**，37-40。

陸洛、楊國樞（2005）。社會取向與個人取向的自我實現觀：概念分析與實徵初探。**本土心理學研究，23**，3-70。

黃曉瑜（2004）。**父母失業與高中職學生憂鬱程度之相關探討**。國立陽明大學衛生福利研究所碩士論文，未出版，臺北市。

傅小蘭（2016）。**情緒心理學**。上海市：華東師範大學。

勞動統計通報（2022）。**110年青年（15-29歲）就業狀況**。臺北市：勞動部統計處。

單玉安、鄭其嘉、孫鳳卿（2008）。高中職學生性溝通、性態度及其受同儕關係類型影響研究——以高雄市爲例。**臺灣性學學刊，14**(1)，23-36。

彭福祥、陳美州、楊友仕（2004）。婦產科：青少年之避孕方法。**臺灣醫學，8**(3)，446-449。

曾文志（2006）。復原力保護因子效果概化之統合分析。**諮商輔導學報，14**，1-35。

曾文志（2007）。大一學生歷經創傷事件與復原力模式之研究。**教育心理學報，39**(2)，317-334。

曾治乾等人（2015）。探討臺灣地區高中生性知識來源與其性知識、性態度之關係。**健康促進暨衛生教育雜誌，39**，1-18。

曾敏傑、林佩瑤（2005）。我國青少年勞工的失業風險與變遷。**東吳社會工作學報，13**，1-42。

曾寶民、邱獻輝（2016）。青少年愷他命使用者的心理探究。**藥物濫用防治，1**(1)，79-105。

曾耀霖（2011）。**單親青少年生涯自我概念之研究**。國立臺東大學特殊教育學系碩士論文，未出版。

游捷鈞（2004）。色情網站使用者性態度之研究。**圖文傳播學報，4**，131-145。

程士華（2017）。看見兒童的創傷從兒少「性交易」轉型「性剝削」的一段歷史。2022年10月7日檢索自https://www.peoplemedia.tw/news/ae0568bb-08cd-4ae3-8b77-e8f97542c942

程可珍（2017）。淺談現代家庭與青春期子女的親子衝突。**家庭教育雙月刊，65**(1)，43-55。

程芷妍、沈瓊桃（2022）。影響離婚父母共親職品質之因子。**臺大社會工作學刊，45**(2)，89-132。

程婉若、王增勇（2017）。「我和案主在兩個不同的世界裡」：合意性行為青少女自我保護服務之建制民族誌分析。**女學學誌：婦女與性別研究，41**，1-50。

童怡靖（2020）。青少年生長與青春期發育。**臺灣醫學，24**(4)，402-407。

菸害防制組（2022）。青少年不喝酒身心靈都健康：高中職生目前飲酒率達
　　3成。2022年11月19日檢索自衛生福利部國民健康署網頁https://www.hpa.
　　gov.tw/Pages/Detail.aspx?nodeid=4576&pid=16169

賀美瑜（2019）。**國中生金錢價值觀與消費行為之研究——以一所新北市國
　　中為例**。淡江大學教育政策與領導研究所碩士文，未出版。

馮維（2019）。**青年心理學**。臺北市：崧燁。

馮觀富（1997）。**輔導原理與實務**。臺北市：心理。

黃文三、謝琇玲、李新民（2008）。**心理學**。臺北市：群英。

黃民凱、黃素雲（2013）。尼特族到非尼特族的生涯適應力之研究。**諮商心
　　理與復健諮商學報，26**，103-127。

黃志成、王淑芬（2001）。**幼兒的發展與輔導**。臺北市：揚智。

黃俊豪、連廷嘉譯（2004）。**青少年心理學**。臺北市：學富。（F. P. Rice &
　　K. G. Dolgin, 2002）

黃冠豪、邱于真（2013）。青少年性侵害加害人之處遇方案初探。**亞洲家庭
　　暴力與性侵害期刊，9**(2)，99-120。

黃昱得（2014）。青少年憂鬱情緒與多元風險因子：個別效果與累積效果的
　　驗證。**中華心理衛生學刊，27**(3)，327-355。

黃苡瑄（2018）。情緒教育——以依附理論探究青少年親密關係中之困擾。
　　臺灣教育評論月刊，7(7)，63-67。

黃素菲（2016）。後現代的幸福生涯觀：變與不變的生涯理論與生涯諮商之
　　整合模型。**教育實踐與研究，29**(2)，137-172。

黃堅厚（1999）。**人格心理學**。臺北市：心理。

黃淑玲、李思賢、趙運植（2012）。臺灣人性態度與性價值觀分析：性別、
　　世代與三種集群的差異。**臺灣性學學刊，18**(1)，83-114。

黃淑清、修慧蘭（2003）。失落之探討：以青少年期父母親過世的成人為
　　例。**應用心理研究，20**(4)，217-238。

黃惠卿、莊羚迪、湯婉孄（2017）。一位車禍創傷後壓力症候群青少女個案
　　之護理經驗。**志為護理，16**(1)，115-125。

黃惠惠、蔡麗珍（2010）。四技學生價值觀之研究。**全人教育學報，7**，249-

267。

黃絢質（2020）。在同儕關係中的青少年情緒調節：美國SEL課程方案對當前國中綜合活動領域教材教法之啟示。**臺灣教育研究期刊**，**1**(6)，207-253。

黃絢質（2021）。青少年適應性與非適應性情緒調節策略的應用效能。**臺灣教育評論月刊**，**10**(12)，99-105。

黃雅容（2008）。大學生工作時數的理想上限：從課業學習的觀點探討。**公民訓育學報**，**19**，83-100。

黃德祥（2005）。**青少年發展與輔導**。臺北市：五南。

黃德祥（2018）。**青少年發展與輔導導論**。臺北市：五南。

黃德祥等譯（2006）。**青少年心理學：青少年的發展、多樣性、脈絡與應用**。臺北市：心理。（R. M. Lerner, 2002）

黃韞臻、林淑惠（2009）。中部大學生情緒智慧與生活壓力之相關研究。**聯大學報**，**6**(2)，19-41。

黃韞臻、林淑惠（2010）。中部大學生打工、實習經驗與工作價值觀之相關探討。**臺灣心理諮商季刊**，**2**(2)，36-57。

楊天盾、熊瑞梅（2018）。性別化的青少年友誼網絡與性別角色態度：單一性別與混合性別的班級脈絡。**調查研究：方法與應用**，**40**，7-61。

楊佩榮、廖朕妤、鄭涵尹、史惠姍（2019）。原住民族少年的生涯興趣與生涯追尋。**臺灣原住民族研究**，**12**(2)，1-39。

楊孟麗（2005）。教育成就的價值與青少年的心理健康。**中華心理衛生學刊**，**18**(2)，75-99。

楊國樞（1986）。家庭因素與子女行為：臺灣研究的評析。**中華心理學刊**，**28**(1)，7-28。

楊國樞（1993）。**中國人的價值觀：社會科學觀點**。臺北市：桂冠。

楊國樞（2004）。華人自我的理論分析與實徵研究：社會取向與個人取向的觀點。**本土心理學研究**，**22**，11-80。

楊國樞（2008）。華人自我的理論分析與實徵研究：社會取向與個人取向的觀點。載於楊國樞、陸洛（主編），**中國人的自我：心理學的分析**（頁

133-197）。臺北市：國立臺灣大學。

楊國樞、劉奕蘭、張淑慧、王琳（2010）。華人雙文化自我的個體發展階段：理論建構的嘗試。**中華心理學刊，52**(2)，113-132。

楊瑞珠、連廷嘉（2004）。臺灣都會區高危險群青少年流行率之調查研究。**屏東師院學報，20**，105-140。

楊睿哲（2008）。**打工行為對於大學入學及就業之影響——以北臺灣高中職學生為例**。國立臺灣大學農業經濟學研究所碩士論文，未出版。

楊靜芳（2011）。高中生涯輔導的內涵與實務。**諮商與輔導，306**，16-20。

溫世頌（2003）。**心理學**。臺北市：三民。

葉光輝（1999）。家庭中的循環性衝突。**應用心理研究，2**，41-82。

葉光輝（2012）。青少年親子衝突歷程的建設性轉化：從研究觀點的轉換到理論架構的發展。**高雄行為科學學刊，3**，31-59。

葉在庭（2001）。青少年情緒調適、焦慮、社會支持及生活事件與自殺意念的關係。**中華輔導學報，10**，151-178。

葉怡伶、王鍾和（2012）。國中生父母管教方式、親子衝突議題及其因應策略之研究。**家庭教育雙月刊，38**，6-27。

葉美玉、陳雅欣（2007）。原住民青少年飲酒的認知模式：飲酒效果預期與拒酒自我效能的影響。**衛生教育學報，27**，177-194。

葉重新（2011）。**心理學（第四版）**。臺北市：心理。

葉肅科（2007）。**社會心理學**。臺北市：洪葉文化。

董容慈、陳芳儀（2022）。兒童自殺／自殺人數10年翻3倍　孩子為何無聲墜落？2022年11月20日檢索自公視新聞網https://news.pts.org.tw/article/598507

詹志禹（1986）。**年級、性別角色、心情取向與同理心的關係**。國立政治大學教育系碩士論文，未出版。臺北市：政大。

廖勇凱（2015）。**組織行為學**。臺北市：元照。

廖美蓮（2015）。被閹割的情慾？兒少性交易防制工作——在地實踐知識的反思。**社區發展季刊，149**，110-114。

廖裕星、林清文（2007）。國中中輟高危險學生中輟意圖及其相關因素模式

之研究。**輔導與諮商學報，29**(1)，25-46。

臺北市立聯合醫院（2022）。青少年飲酒風險及篩檢評估。2022年11月19日檢索自臺北市政府衛生局網頁https://health.gov.taipei/News_Content.aspx?n=BB5A41BA1E6CA260&sms=72544237BBE4C5F6&s=A352CF700CAEFDAD

趙倩、曹曉君（2019）。再婚家庭對青少年社會性發展的影響研究綜述。**心理學進展，9**(5)，896-903。

趙榆茹（2008）。青少年飲食疾患與家族治療。**諮商與輔導，274**，23-26。

趙德昌（2004）。學習的腦神經基礎。載於洪蘭、李俊仁（主編），**生命教育身心科學手冊**（頁7-15）。臺北市：教育部。

劉小菁譯（2008）。**理情行為治療**。臺北市：張老師。（A. Ellis & C. McLaren, 2001）

劉世華（2005）。青少年網路交友之探討。**競技運動，7**，87-96。

劉玉玲（2007）。**生涯發展與心理輔導**。臺北市：心理。

劉玉玲（2016）。**青少年發展與輔導：認知、情意與關懷**。臺北市：高等教育。

劉安彥、陳英豪（1994）。**青年心理學**。臺北市：三民。

劉妙賢（2022）。調查指4成中學生遭網絡性虐待——專家：羞恥自責下恐變隱青。2022年10月13日檢索自https://topick.hket.com/article/3262689/

劉杏元、鄭丞傑（2013）。從手淫到自慰：手與生殖器的交合。**臺灣性學學刊，19**(1)，53-66。

劉秀娟（1998）。**兩性關係與教育**。臺北市：揚智。

劉秀菊、丁原郁、鄭如安（2010）。現實治療團體輔導方案對國小國語科學業低成就學生學習態度與學習成就輔導效果之研究。**教育心理學報，42**(1)，53-76。

劉宗幸（2021）。實施社會情緒學習課程提升青少年自我調節能力。**臺灣教育，731**，83-90。

劉金花、林進材（2007）。**兒童發展心理學**。臺北市：五南。

劉俊良、張弘遠、陳意文（2019）。父母管教方式與青少年偏差行為之相關

研究。**致理學報，39**，419-458。

劉奕蘭（2009）。臺灣大學生的認知發展、人格特質、生活經驗及自我發展的關係：華盛頓大學造句測驗的應用。**中華心理學刊，51**(1)，57-80。

劉珠利（2005）。臺灣年輕女性性別角色特質之研究——以高中高職畢（肄）業女性為例。**東吳社會工作學報，13**，45-84。

劉淑慧、夏允中、王智弘、孫頌賢（2019）。自我及其在生活世界中的運作：從存在現象學處境結構觀。**中華輔導與諮商學報，55**，1-26。

劉焜輝編（2000）。**諮商與心理治療新論**。臺北市：天馬。

劉麗芳、陳志賢（2021）。青少年生氣情緒表達、幽默感與幸福感之相關研究。**人文社會科學研究教育類，15**(1)，49-78。

歐用生（1996）。價值澄清法。載於黃光雄（主編），**教學原理**（頁199-215）。臺北市：師大書苑。

潘秋燕、張弘勳（2018）。臺南市國中生同儕關係之研究。**學校行政雙月刊，114**，81-108。

潘琴葳（2019）。打造同志家庭：女同志家長如何協助子女建立家庭認同。**女學學誌：婦女與性別研究，45**，59-91。

潘慧玲（1994）。角色取替的探討。**教育研究所集刊，35**，193-207。

蔡任圃（2004）。「盲女早熟」？有影嘸？——談青春期的產生與松果腺的角色。**科學教育月刊，266**，14-22。

蔡佳靜（2014）。道德情緒類型與強度對不使用環保筷之藉口的影響。第六屆創新管理與行銷專案研討會，高雄應用科技大學企業管理系主辦，高雄市。

蔡函錤、陳國彥、黎進三（2014）。都會區青少年愛情觀、愛情關係與分手經驗之相關研究。**樹德人文社會電子學報，8**(2)，14-28。

蔡宜穎、曾璧光、宋修德（2016）。建教生權益保障法改善建教合作職場實習問題之探析——以美容科為例。**技術及職業教育學報，7**(1)，49-74。

蔡念家（2008）。**情這條路：成年未婚女性親密關係發展歷程之敘事研究**。南華大學生死學研究所碩士論文，未出版。

蔡純純（2015）。從「習得性無助」談如何幫助孩子不放棄。**臺灣教育評論**

月刊，**4**(9)，66-70。

蔡憶婷、簡梅瑩（2018）。中學單一性別環境對於性傾向流動性之研究。**人社東華，19**。2022年10月1日檢索自https://journal.ndhu.edu.tw/

蔡曙山（2021）。**認知科學導論**。北京市：人民。

衛生福利部社會及家庭署（2014）。**未成年懷孕服務資源手冊**。臺北市：勵馨基金會。

衛生福利部國民健康署（2018）。青少年兒童體位分布。2022年11月3日檢索自https://www.hpa.gov.tw/Pages/Detail.aspx?nodeid=545&pid=730

衛生福利部國民健康署（2022）。**110年度青少年健康行為調查報告**。臺北市：衛福部。

鄭如安、廖本富、王純琪（2009）。論復原力的展現：一位青少女的安置復原故事。**美和技術學院學報，28**(2)，91-113。

鄭君紋、劉世閔（2011）。一位未婚女性在青少女時期懷孕的生育決定與出養經驗之敘事研究。**教育科學期刊，10**(2)，139-172。

鄭昭明（2010）。**認知心理學：理論與實踐**。臺北市：學富。

鄭凱芸（2011）。從生命歷程觀點看危機家庭隔代教養者之困境。**家庭教育雙月刊，34**，6-27。

鄭曉楓、田秀蘭（2016）。以教師觀點理解兒童同儕關係發展和輔導策略。**南臺人文社會學報，16**，89-126。

鄭穎澤（2016）。性傾向流動性之文獻回顧。**婦研縱橫，104**，49-63。

黎士鳴譯（2008）。**心理學概論**。臺北市：美商麥格羅・希爾國際。（John W. Santrock, 2003）

蕭佳純、蘇嘉蓉（2014）。青少年自尊成長趨勢及相關影響因素探討。**教育研究集刊，60**(3)，75-110。

蕭銘輝、謝智玲（2016）。青少年的父母管教、自我調節學習策略與學業拖延之研究。**教育科學期刊，15**(2)，121-148。

賴佳君（2016）。單親家庭生活困境及支持網絡之初探。**諮商與輔導，361**，41-44。

賴慧敏、鄭博文、陳清檳（2017）。臺灣青少年憂鬱情緒與偏差行為之縱貫

性研究。**教育心理學報，48**(3)，399-426。

聯合報（2022）。青少年犯罪人口率激增47%，他們為何反覆觸法？2022年11月20日檢索自https://vip.udn.com/newmedia/2022/youth_crime/problem

薛承泰、蔡昀霑、耿瑞琦（2020）。臺灣的單親家庭。2022年10月28日檢索自國立臺灣大學中國信託慈善基金會兒少暨家庭研究中心https://cfrc.ntu.edu.tw/index.php?

謝玉玲、王舒芸、鄭清霞（2014）。不同單親家庭的生活處境：單親成因及其性別差異。**社會發展研究學刊，14**，1-25。

謝守成、郎東鵬（2009）。**大學生職業生涯發展與規劃**。上海市：華中師大。

謝旭洲（2000）。使用情色傳媒與大學生性態度之關聯研究。**民意研究季刊，214**，102-128。

謝孟穎（2022）。全臺首例同志收養完成登記！3歲女兒一句話暖爆所有人：你本來就是我爸爸。2022年10月30日檢索自風傳媒https://www.storm.mg/article/4148268?page=1

謝龍卿（2004）。青少年網路使用與網路成癮現象之相關研究。**臺中師院學報，18**(2)，19-44。

鍾聖校（1990）。**認知心理學**。臺北市：心理。

韓楷檉、蘇惠慈（2008）。高中輔導教師專業職務角色個人變項、學校變項與生涯輔導專業能力關係之研究。**輔導與諮商學報，30**(2)，63-82。

簡苑珊、陸玓玲、李鴻森、洪百薰（2012）。青少年性騷擾受害經驗與身心適應之相關——以基隆市國中學生為例。**臺灣公共衛生雜誌，31**(4)，326-335。

簡嘉盈、程景琳（2012）。同儕對高中生之利社會行為的影響：檢視同理心與友誼特性之調節角色。**教育科學期刊，11**(1)，105-123。

羅文輝（2000）。色情網站：性別、使用頻率及第三人效果之關聯性研究。**傳播研究集刊，5**，1-41。

羅文輝、吳筱玫、向倩儀、劉蕙苓（2008）。網路色情與互動性活動對青少年性態度與性行為影響研究。**傳播與社會學刊，5**，35-69。

羅梅英（2015）。我的孩子是否性早熟？2022年11月6日檢索自https://www. gvm.com.tw/article/29627

羅皓誠、洪雅鳳（2012）。繼親家庭中的兒童適應、親子關係與親職合作。**輔導季刊，48**(2)，30-41。

譚子文、張楓明（2012）。緊張因素、接觸偏差同儕及低自我控制與青少年偏差行為關聯性之研究。**臺中教育大學學報：數理科技類，26**(1)，27-50。

蘇建文（2002）。**發展心理學**。臺北市：學富。

蘇素美（2014）。大學生的網路使用與其寂寞及憂鬱之關係研究。**高雄師大學報，37**，27-49。

蘇素美、吳裕益（2014）。害羞與婚姻親密度及寂寞之關係：以結構方程模式進行分析。**輔導與諮商學報，36**(2)，21-42。

二、英文部分

Adams, J., & Light, R. (2015). Scientific consensus, the law, and same sex parenting outcomes. *Social Science Research, 53*, 300-310.

Agnew, R. (2006). *Pressured into crime: An overview of general strain theory*. Los Angeles, CA: Roxbury Publishing Company.

Anderson, J. R. (2010). *Cognitive psychology and its implications* (7th ed.). New York: Worth Publishers.

Anonymous (2021). Sex crimes. 2022.10.7 Retrieved from https://www.justia.com/criminal/offenses/sex-crimes/

Arnett, J. J. (2018). *Adolescence and emerging adulthood*. New Jersey: Pearson.

Atkinson, R. C., & Shiffrin, R. M. (1968). Human memory: A proposed system and its control processes. In K. W. Spence & J. T. Spence (Eds.), *The psychology of learning and motivation: Advances in research and theory* (Vol. 2, pp.89-195). New York: Academic Press.

Balk, D. E. (1995). *Adolescent development: Early through late adolescence*. Pacific Grove, CA: Brooks/Cole.

Bandura, A. (1977). *Social learning theory*. Englewood Cliffs, NJ: Prentice-Hall.

Baumrind, D. (1966). Effects of authoritarian parental control on child behavior. *Child Development, 37*, 887-907.

Baumrind, D. (1971). Current patterns of parental authority. *Developmental Psychology, 4*(1, Pt.2), 1-103.

Blos, P. (1979). *The adolescent passage: Developmental issues*. New York: International Universities Press.

Bowen, M. (1978). *Family therapy in clinical practice*. New York: Jason Aronson.

Bowlby, J. (1969). *Attachment*. NY: Basic Books.

Bowlby, J. (1988). *A secure base: Clinical applications of attachment theory*. London: Routledge.

Brown, D. (2012). *Career information, career counseling, and career development*. Boston: Pearson.

Campbell, S. (1980). *The couple's journey*. Retrieved from: http://gcuc.ncf.ca/relate5.html

Cardi, V., Leppanen, J., & Treasure, J. (2015). The effects of negative and positive mood induction on eating behavior: A meta-analysis of laboratory studies in the healthy population and eating and weight disorders. *Neuroscience and Biobehavioral Reviews, 57*, 299-309.

Cherlin, A. J. (2010). Demographic trends in the United States: A review of research in the 2000s. *Journal of Marriage and Family, 72*(3), 403-419.

Coleman, J. C., & Hendry, L. B. (1999). *The nature of adolescence*. New York: Routledge.

Compas, B. E. (1995). Promoting successful coping during adolescence. In M. Rutter (Ed.), *Psychosocial disturbances in young people: Challenges for prevention* (pp.247-273). Cambridge University Press.

Conger, J. J., & Galambos, N. L. (1997). *Adolescence and youth: Psychological development in a changing world*. Longman.

Costa, P. T., & McCrae, R. R. (1986). Cross-sectional studies of personality in a national sample: I. Development and validation of survey measures. *Psychology and Aging, 1*(2), 140-143.

Craik, F. I., & Lockhart, R. S. (1972). Levels of processing: A framework for memory research. *Journal of Verbal Learning and Verbal Behavior, 11*(6), 671-684.

Dolgin, K. G. (2011). *The adolescent: Development, Relationships, and Culture.* Boston: Allyn & Bacon.

Eisenberg, N. (2000). Emotion, regulation, and moral development. *Annual Review in Psychology, 51,* 664－697.

Eisenberg, N., Guthrie, I. K., Murphy, B. C., Shepard, S. A., Cumberland, A., & Carlo, G. (1999). Consistency and development of prosocial dispositions: A longitudinal study. *Child Development, 70,* 1360-1372.

Elkind, D. (1967). Egocentrism in adolescence. *Child Development, 38*(4), 1025-1034.

Ellis, A. (1973). *Humanistic psychotherapy: The rational-emotive approach.* New York: Springer.

Erikson, E. H. (1963). *Childhood and society.* New York: Norton.

Erikson, E. H. (1968). *Identity: Youth and Crisis.* New York: Norton.

Erikson, E. H. (1987). The human life cycles. In S. Schlein (Ed.), *A way of looking at things* (pp.595-610). New York: Norton.

Feinberg, M. E. (2003). The internal structure and ecological context of co-parenting: A framework for research and intervention. *Parenting: Science & Practice, 3*(2), 95-131.

Feldman, R. S. (2008). *Adolescence.* New Jersey: Pearson.

Finer, L. B., & Philbin, J. M. (2013). Sexual initiation, contraceptive use, and pregnancy among young adolescents. *Pediatrics, 131*(5), 886-891.

Freeman, G. D. (2003). Effects of creative drama on self-concept, social skills, and problem behavior. *Journal of Educational Research, 96*(3), 131-139.

Freud, S. (1962). *The ego and the id.* New York: Norton.

Gardner, H. (1993). *Multiple intelligences: The theory in practice*. New York: Basic Book.

Gaultney, J. F., Bjorklund, D. F., & Schneider, W. (1992). The role of children's expertise in a strategic memory task. *Contemporary Educational Psychology*, *17*, 244-257.

Gilligan, C. (1982). *In a different voice: Psychological theory and women's development*. Cambridge, MA: Harvard University Press.

Ginzberg, E., Ginzberg, S. W., Azelrad, S., & Herman, J. L. (1951). *Occupational choice*. New York: Columbia University.

Goleman, D. (1995). *Emotional intelligence*. New York: Bantam Books.

Gottfredson, L. S. (1981). Circumscription and compromise: A developmental theory of occupational aspirations. *Journal of Counseling Psychology*, *28*, 545-579.

Haidt, J. (2003). The moral emotions. In R. J. Davidson, K. R. Scherer, & H. H. Goldsmith (Eds.), *Handbook of affective sciences* (pp.852-870). Oxford, England: Oxford University Press.

Halpern, C. T., & Haydon, A. A. (2012). Sexual timetables for oral-genital, vaginal, and anal intercourse: Sociodemographic comparisons in a nationally representative sample of adolescents. *American Journal of Public Health*, *102*(6), 1221-1228.

Harter, S. (1990). Self and identity development. In S. S. Feldman & G. R. Elliott (Eds.), *At the threshold: The developing adolescent* (pp.352-387). Harvard University Press.

Harter, S. (2006). Developmental and individual difference perspectives on self-esteem. In D. K. Mroczek & T. D. Little (Eds.), *Handbook of personality development* (pp.311-334). Lawrence Erlbaum Associates Publishers.

Havighurst, R. J. (1972). *Developmental tasks and education*. New York: David McKay.

Hazan, C., & Shaver, P. (1987). Romantic love conceptualized as an attachment process. *Journal of Personality and Social Psychology*, *52*(3), 511-524.

Higgins, J. E., & Endler, N. S. (1995). Coping, life stress, and psychological and somatic distress. *European Journal of Personality*, *9*(4), 253-270.

Hoffman, L. M. (1987). Empathy: Justice and moral judgment. In N. Eisenberg & J. Strayer (Eds.), *Empathy and Its Development* (pp.47-80). New York: Cambridge University Press.

Holland, J. L. (1985). *Making vocational choices: A theory of vocational personalities and work environments* (2nd ed). Englewood, New Jersey: Prentice-Hall.

Hyde, J. (2009). Adolescent gender－role identity and mental health: Gender intensification revisited. *Child Development*, *80*(5), 1531-1544.

Kimmel, D. C., & Weiner, I. B. (1995). *Adolescence: A development transition*. NY: Jhon Wiley & Sons.

Knutson, K. A., & Farley, F. (1995). *Type T personality and learning strategies*. https://files.eric.ed.gov/fulltext/ED390001.pdf

Kohlberg, L. (1969). Stage and sequence: The cognitive developmental approach to socialization. In D. Goslin (Ed.), *Handbook of socialization Theory and research* (pp.347-480). Chicago, IL: Rand McNally.

Kohlberg, L. (1971). From is to ought How to commit the naturalistic fallacy and get away with it in the study of moral development. In T. Mischel (Ed.), *Cognitive development and epistemology* (pp.164-277). New York: Academic Press.

Krumboltz, J. D. (1994). Improving career development theory from a social learning perspective. In R. Lent & M. Savickas (Eds.), *Convergence in career development theories: Implications for science and practice* (pp.9-31). Palo Alto, CA: Consulting Psychologists Press.

Lally, M., & Valentine-French, S. (2022). *Lifespan development: A psychological perspective*. An open education resources publication by College of Lake County. https://dept.clcillinois.edu/psy/LifespanDevelopment_08092022.pdf

Lamborn, S. D., Mounts, N. S., Steinberg, L., & Dornbusch, S. M. (1991). Patterns of competence and adjustment among adolescents from authoritative, authoritarian, indulgent, and neglectful families. *Child Development, 62*(5), 1049-1065.

Lazarus, R. S. (1966). *Psychological stress and the coping process*. New York: McGraw-Hill.

Lazarus, R. S. (1993). From psychological stress to the emotions: A history of changing outlooks. *Annual Review of Psychology, 44*, 1-21.

Lerner, R. M. (2002). *Adolescence: Development, diversity, context, and application*. Upper Saddle River, NJ: Prentice Hall.

Levin, J., & Nolan, J. F. (2010). *Principles of classroom management*. Boston, MA: Pearson.

Levine, J. B., Green, C. J., & Millon, T. (1986). The separation-individuation test of adolescence. *Journal of Personality Assessment, 50*(1), 123-137.

Levis, C. C. (1981). The effects of parental firm control: A reinterpretation of findings. *Psychological Bulletin, 90*, 547-563.

Loevinger, J. (1976). *Ego development: Conceptions and theories*. San Francisco, CA: Jossey Bass.

Maccoby, E. E., & Martin, J. A. (1983). Socialization in the context of the family: Parent-child interaction. In P. H. Mussen & E. M. Hetherington (Eds.), *Handbook of Child Psychology: Vol. 4. Socialization, Personality, and Social Development* (pp.1-101). New York: Wiley.

Mahler, M., Pine, F., & Bergman, A. (1975). *The psychological birth of the human infant: Symbiosis and individuation*. New York, NY: Basic Books.

Manning, M. A. (2007). Self-concept and self-esteem in adolescents. *Student Services, 2*, 11-15. Retrieved from http://www.nasponline.org/resources/principals/Self-Concept%20and%20Self-Esteem%20in%20Adolescents%20NASSP%20Feb%2007.pdf

Marcia, J. E. (1966). Development and validation of ego-identity status. *Journal of*

Personality and Social Psychology, 3, 551-558.

Marcia, J. E. (1980). Identity in adolescence. *Handbook of adolescent psychology, 9*(11), 159-187.

McLeod, S. A. (2017). Type A personality. 2022.10.7 Retrieved from https://www. simplypsychology.org/personality-a.html

Miller, G. A. (1956). The magical number seven, plus or minus two: Some limits on our capacity for processing information. *Psychological Review, 63*(2), 81-97.

Moffitt, T. E. (1993). Adolescence-limited and life-course-persistent antisocial behavior: A developmental taxonomy. *Psychological Review, 100*(4), 674-701.

Morgan, J. H. (2014). The interpersonal psychotherapy of Harry Stack Sullivan: Remembering the legacy. *Journal of Psychology and Psychotherapy, 4*(6), 162-166.

Mulvey, K. L., & Killen, M. (2015). Challenging gender stereotypes: Resistance and exclusion. *Child Development, 86*(3), 681-694.

Paris, J., Ricardo, A., Rymond, D., & Johnson, A. (2021). *Child growth and development*. An open educational resources publication by College of the Canyons. https://open.umn.edu/opentextbooks/textbooks/750

Piaget, J. (1981). *Intelligence and affectivity: Their relationship during child development*. Translated and edited by Brown, T. A., & Kaegi, C. E., Annual Reviews, Oxford.

Reiss, I. L. (1980). *Family systems In America* (3rd ed.). NY: Holt, Rinehart & Winston.

Rogers, C. R. (1961). *On becoming a person: A therapist's view of psychotherapy*. Boston: Houghton Mifflin.

Rokeach, O. (1973). *The nature of human values*. New York: The Free Press.

Rosenberg, M. (1965). *Society and the adolescent self-image*. Princeton, NJ: Princeton University Press.

Rumelhart, D. E., Hinton, G. E., & McClelland, J. L. (1986). A general framework for parallel distributed processing. In D. E. Rumelhart & J. L. McClelland (Eds.), *Parallel distributed processing: Explorations in the microstructure of cognition* (Volume 1). Cambridge, MA: MIT Press.

Saarni, C. (1997). Emotional competence and self-regulation in childhood. In P. Salovey & D. J. Sluyter (Eds.), *Emotional development and emotional intelligence: Educational implications* (pp.35-69). Basic Books.

Salovey, P., & Mayer, J. D. (1990). Emotional intelligence. *Imagination, Cognition, and Personality*, *9*, 185-211.

Santrock, J. W. (2008). *Adolescence*. New York: McGraw-Hill.

Schwartz, S. (1999). A theory of cultural values and some implications for work. *Applied Psychology: An International Review*, *48*(1), 23-47.

Schwartz, S. H. (2012). An overview of the Schwartz theory of basic values. Online Read. *Psychol.Cult*, *2*, 1-20.

Seiffge-Krenke, I. (1995). *Stress, coping, and relationships in adolescence*. New Jersey: Lawrence Erlbaum Associates.

Selman, R. L. (1979). Assessing interpersonal understanding: An interview and scoring manual in five parts constructed by the harvard-judge baker social reasoning project. Guidance Associates.

Selman, R. L. (1980). *The Growth of interpersonal understanding: Developmental and clinical analyses*. New York: Academic Press.

Selye, H. (1982). History and present status of the stress concept. In L. Goldberger & S. Breznitz (Eds.), *Handbook of Stress: Theoretical and Clinical Aspects* (pp.7-20). New York: The Free Press.

Sodian, B., & Schneider, W. (1999). Memory strategy development: Gradual increase, sudden insight,or roller coaster? In F. E. Weinert & W. Schneider (Eds.), *Individual development from 3 to 12: Findings from the Munich Longitudinal Study* (pp.61-77). Cambridge, UK: Cambridge Univ. Press.

Steinberg, L. (2017). *Adolescenc*e (11th ed.). New York, NY: McGraw-Hill Education.

Sternberg, R. J. (1985). *Beyond IQ: A triarchic theory of human intelligence*. Cambridge University Press.

Sternberg, R. J. (1986). A triangular theory of love. *Psychological Review, 93*, 119-135.

Sternberg, R. J. (2003). A Broad View of Intelligence: The Theory of Successful Intelligence. *Consulting Psychology Journal: Practice and Research, 55*(3), 139-154.

Strongman, K. T. (1996). *The psychology of emotion: Theories of emotion on perspective*. New York: John Wiley & Sons.

Sullivan, H. S. (1953). *The interpersonal theory of psychiatry*. New York: Norton.

Super, D. E. (1970). *Manual for the Work Values Inventory*. Chicago: Riverside Publishing Company.

Super, D. E. (1980). A life-span, life-space approach to career development. *Journal of Occupational Psychology, 52*, 129-148.

Swain, R. (1984). Easing the transition: A career planning course for college students. *Personnel & Guidance Journal, 62*, 529-533.

Thomas, K. W. (1976). Conflict and conflict management. In M. D. Dunnete (Ed.), *Handbook of industrial and organizational psychology* (pp.889-935). Chicago: Aldine.

Tzeng, O. C. S. (1993). *Measurement of love and intimate relationship*. Westport, CT: Greenwood.

Ungar, M. (2011). The social ecology of resilience: Addressing contextual and cultural ambiguity of a nascent construct. *American Journal of Orthopsychiatry, 81*(1), 1-17.

Van der Graaff, J., Carlo, G., Crocetti, E., Koot, H. M., & Branje, S. (2018). Prosocial behavior in adolescence: Gender differences in development and links with empathy. *Youth Adolescence, 47*, 1086-1099.

Wang, R. J., Huang, Y., & Lin, Y. C. (2007). A study of masturbatory knowledge and attitudes and related factors among Taiwan adolescents. *The Journal of*

Nursing Research, 15(3), 233-242.

Zunker, V. G. (2012). *Career counseling: A holistic approach.* California: Brooks/ Cole Cengage Learning.

Roe, A. (1956). *The psychology of occupation*s. New York, NY: John Wiley & Sons.

Gelatt, H. B. (1962). Decision-making: A conceptual frame of reference for counseling. *Journal of Counseling Psychology, 9*(3), 240-245.

國家圖書館出版品預行編目資料

青少年發展／周新富著. －－初版. －－臺北
市：五南圖書出版股份有限公司, 2023.04
　　面；　公分
　　ISBN 978-626-343-830-9（平裝）

1.CST: 青少年　2.CST: 青少年問題
3.CST: 青少年心理

544.67　　　　　　　　　　112001433

1I7N

青少年發展

作　　者－ 周新富

發 行 人－ 楊榮川

總 經 理－ 楊士清

總 編 輯－ 楊秀麗

副總編輯－ 黃文瓊

責任編輯－ 郭雲周、李敏華

封面設計－ 姚孝慈

出 版 者－ 五南圖書出版股份有限公司

地　　址：106臺北市大安區和平東路二段339號4樓

電　　話：(02)2705-5066　　傳　　真：(02)2706-6100

網　　址：https://www.wunan.com.tw

電子郵件：wunan@wunan.com.tw

劃撥帳號：01068953

戶　　名：五南圖書出版股份有限公司

法律顧問　林勝安律師

出版日期　2023年4月初版一刷

定　　價　新臺幣490元

經典永恆·名著常在

五十週年的獻禮 —— 經典名著文庫

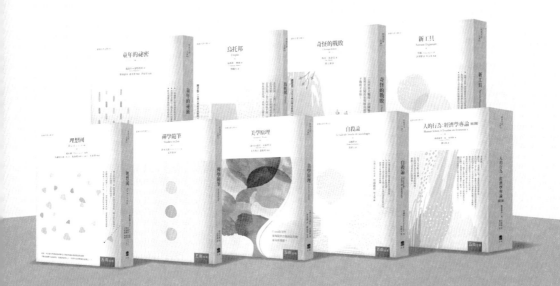

五南，五十年了，半個世紀，人生旅程的一大半，走過來了。

思索著，邁向百年的未來歷程，能為知識界、文化學術界作些什麼？

在速食文化的生態下，有什麼值得讓人雋永品味的？

歷代經典·當今名著，經過時間的洗禮，千錘百鍊，流傳至今，光芒耀人；

不僅使我們能領悟前人的智慧，同時也增深加廣我們思考的深度與視野。

我們決心投入巨資，有計畫的系統梳選，成立「經典名著文庫」，

希望收入古今中外思想性的、充滿睿智與獨見的經典、名著。

這是一項理想性的、永續性的巨大出版工程。

不在意讀者的眾寡，只考慮它的學術價值，力求完整展現先哲思想的軌跡；

為知識界開啟一片智慧之窗，營造一座百花綻放的世界文明公園，

任君遨遊、取菁吸蜜、嘉惠學子！